中国美术学院出版社教材

专业通识基础
# 田野考察·器具

胡晓东 邬露蕾 编著

中国美术学院出版社

# 序

习近平总书记在中国共产党第二十次全国代表大会上的报告中指出："中国共产党人深刻认识到，只有把马克思主义基本原理同中国具体实际相结合、同中华优秀传统文化相结合，坚持运用辩证唯物主义和历史唯物主义，才能正确回答时代和实践提出的重大问题，才能始终保持马克思主义的蓬勃生机和旺盛活力。"*

中国美术学院自成立以来，社会实践教学一直是学校的核心课程与最为重要的育人传统。课程紧扣时代脉搏，融课程思政于一体，以社会为课堂，以生活为对象，以人民为内容，构建了特色鲜明的线下实践课程。教学过程采用在场调研、现场写生的方式，完成从理论到实践，再从实践到理论的全过程。

"下乡"中若要深化自己的"在地"体验，就必须将自己定位到所处的时代，并清楚与体验相关的周遭环境，把握两者之间的关联，从而构建"体验"的角度和目的。如何区分"下乡"和课堂教学？我们在"田野"中如何理解物与地方？如何将自我与社会、历史、环境产生关联？

首先，"下乡"不可脱离历史维度。社会学和历史并无泾渭分明的边界，对它们的研究既是横向的结构剖析，也是纵向的历史叙事，"下乡"应在具有历史维度的社会学研究框架之下。

其次，"下乡"教学应直面时代的大问题。设计必须承担时代的文化责任，发挥相应的公共职能，不能为了设计而设计，为了审美而审美。一件物品的产生不是单纯的设计艺术的问题，而是和社会结构等问题紧密相关。比如社会总体结构如何？它在人类历史上的位置如何？

最后，"下乡"必须基于自身的体验。若是没有社会学的想象力，没有亲身体验，甚至没有个人兴趣，怎么能对现象做出深入的研究和精彩的图绘？借用赖特·米尔斯的话："任何社会研究，如果没有回到有关人生、历史，以及两者在社会中的相互关联的问题，都不算完成了知识探索的旅程。"

---

* 习近平：《高举中国特色社会主义伟大旗帜　为全面建设社会主义现代化国家而团结奋斗》，《党的二十大报告辅导读本》编写组编著：《党的二十大报告辅导读本》，北京：人民出版社，2022年，第15—16页。

"与其制作貌似自然造物的作品,他们更想尝试依照自然的法则进行创造。这些法则包括了大量有机体的不可思议之创造。变异、突变、变化,随时随处不断增加,终于形成全新的形态。"

——《万物:中国艺术中的模件化和规模化生产》

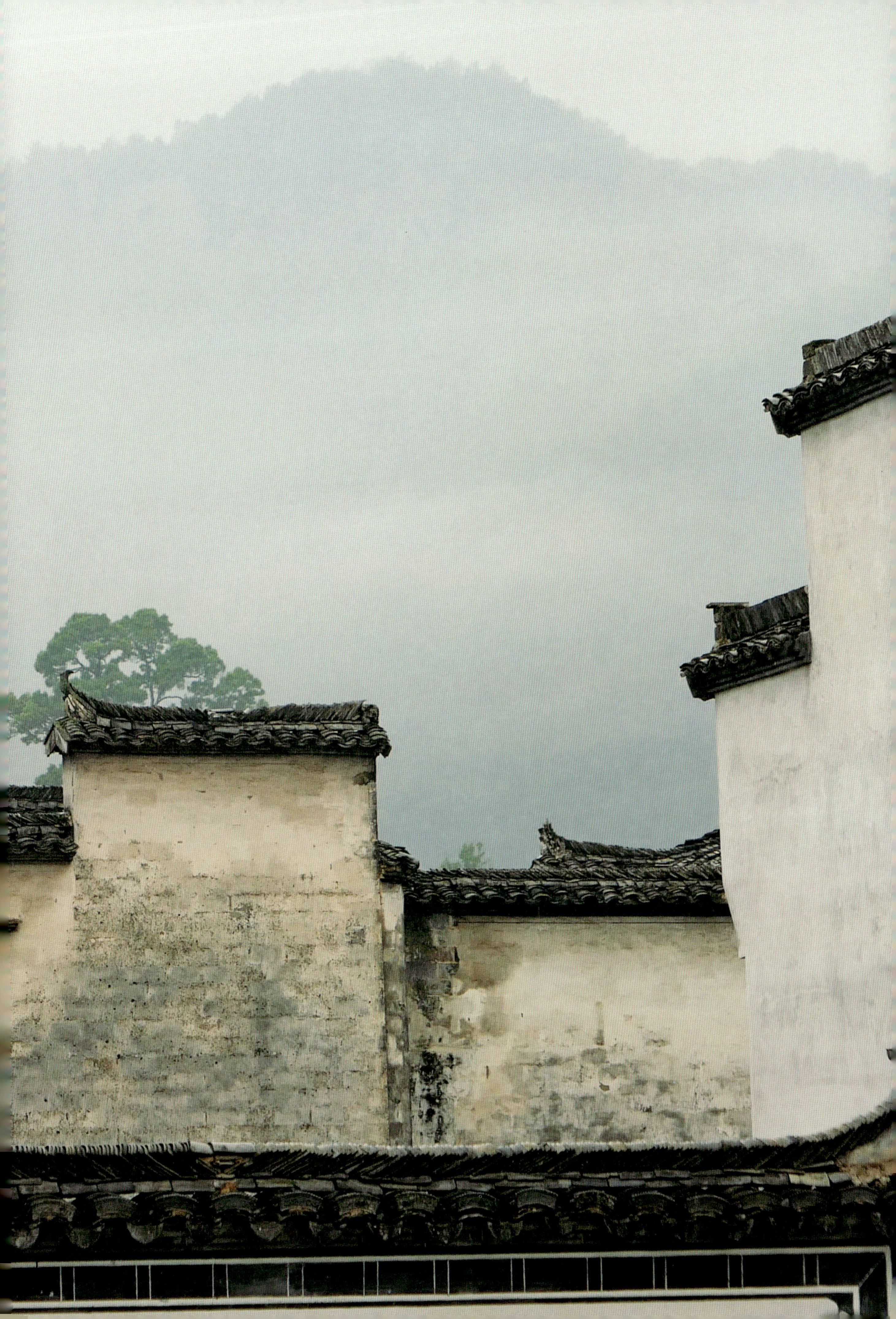

# 目 录

I 序

001 第一章 田野考察（器具）课程导论
002 一、课程简述
002 二、课程历史沿革与思想脉络
002 三、教学方法与问题意识
002 四、对本科生培养方案的支撑作用
003 五、评分方法

005 第二章 田野考察（器具）研究综述
006 一、田野考察（器具）综述
008 二、考察的方向
010 三、研究方法与技术路线
013 四、小结

017 第三章 器具与田野考察
018 第一节 器具与地理
030 第二节 器具与风俗
040 第三节 器具与生活
052 第四节 器具与生产
070 第五节 器具与功能
076 第六节 器具与材料
086 第七节 器具与色彩
094 第八节 器具与工具
108 第九节 器具与工艺
126 第十节 器具与传承

141 后记

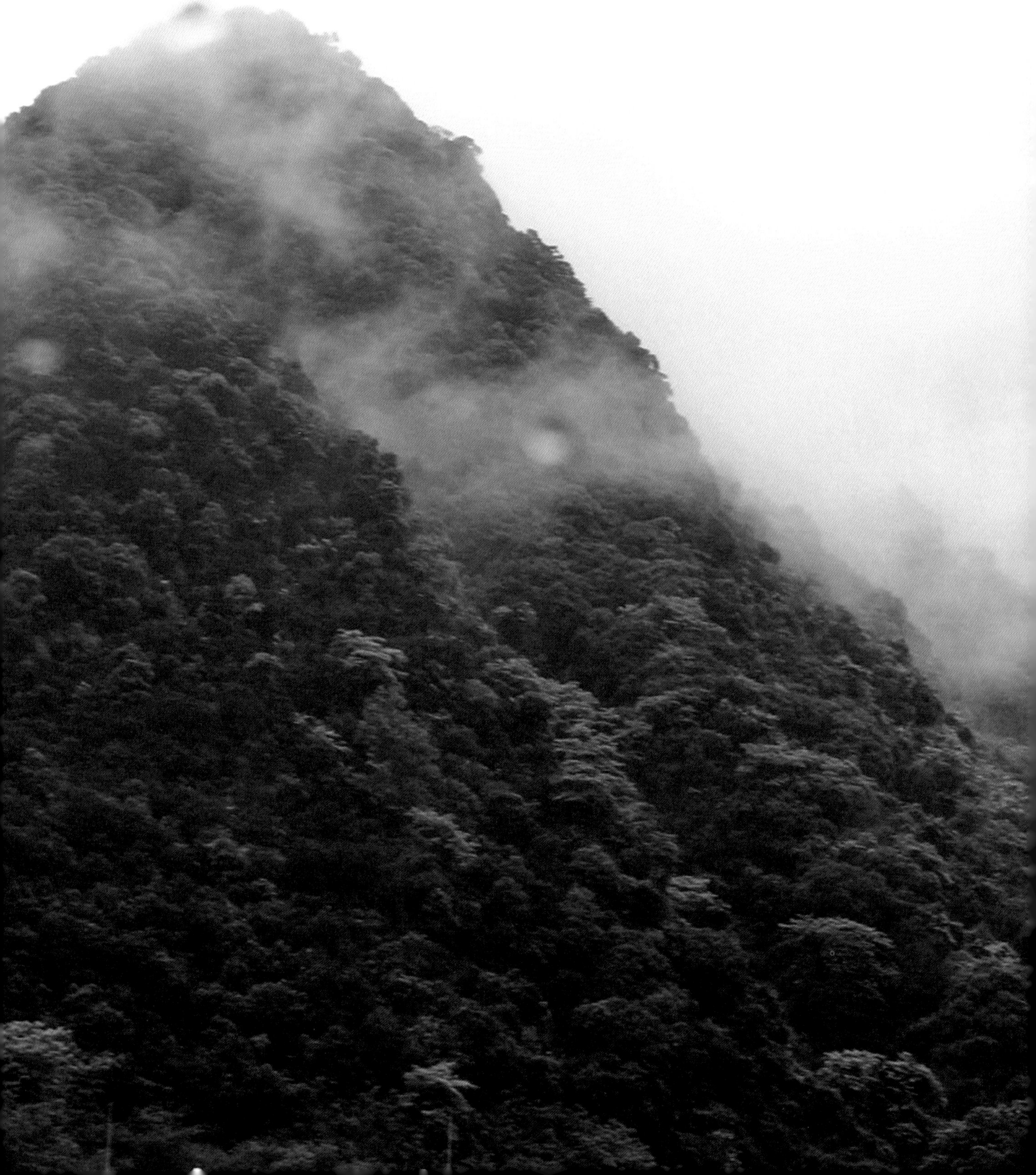

# 第一章　田野考察（器具）课程导论

# 一、课程简述

专业基础教学部设计分部"下乡社会实践"课程,是设计专业从造型基础、语言基础链接到创意基础的重要衔接课程。通过"在地性"研究方法构建的社会实践教学体系,课程逐步建立起学生个体与社会的链接。在主题性教学与社会服务中,在扎根人民和深入生活中,塑造学生对"乡土"与"家国"的深度理解与创作能力,培养他们的艺术态度与工作方法,在以美育人和以美化人中提升人文素养与文化自信。

"下乡社会实践"的教学目的是通过身体介入具体的地方社会及生活,用体察、感知、绘制、分析等学习方法,展开主题调研与场域研究。围绕传统器物的考察调研,在注重对传统造物在物理形态上研究的基础上,同时通过对相关的如地理、风俗、生活、生产、功能、材料、色彩、工艺、工具、传承等切入点,采集现象、发现规律、探其本质,从而厘清传统造物背后的社会、经济和文化等形态和观念。

# 二、课程历史沿革与思想脉络

自中国美术学院成立以来,以"上山下乡"为特征的社会实践教学一直是最为重要的教学育人课程之一。以学院"品学通、艺理通、古今通、中外通"的"四通"人才培养为目标,在与时代同行中不断深化、创新教学模式,扎根乡土、深入生活以回应时代赋予我们的重任,从传统与当代这两条路径探索传统活化与出新,从而形成教学育人的课程建构和学理思考。

专业基础教学部"下乡社会实践"课程自 2012 年至今已形成一套完善的针对大一新生的"三位一体"实践教学育人体系("三位"即思政教育、专业教学、文化传承,"一体"即总体思维与综合素质的提升),课程将思政实践教育与下乡写生、艺术调研有机结合,通过对地方人文地理、社会形态与造物法式的构造关系研究,帮助学生建立田野调研的工作方法、问题意识、研究路径、团队协作等综合能力。

"下乡社会实践"课程紧扣时代脉搏,融课程思政于一体,以社会为课堂,以生活为对象,以人民为内容,构建特色鲜明的课程思政育人工程。在社会实践教学过程中,采用前期现场、调研准备、现场写生,以及现场劳作为教学方式,完成从理论到实践,再从实践到理论的全过程。

# 三、教学方法与问题意识

围绕造物文化的社会实践课程体系的构建,是设计基础教学作为美术类高校践行"传统活化、当代创新、全球视野、中国精神"的关键路径。对设计造物的研究,首先应将其置于学科交叉和综合的位置,从宏观角度分析与总结器物的文化形态、技艺形态与审美形态,阐述发展脉络,表达其背后的思想观念、风俗习惯、生活方式等;其次,深入理解"造物"这一社会活动作为中国优秀传统文化的内涵,我们需要从民众的生活方式、行为方式中寻找器物发展的规律,拓展它在东西方文明比较研究中的视野,从而引导学生立足时代、深入生活,传承和弘扬中华优秀传统文化。

本课程是带着主题和问题的"写生"教学,是对人类造物的"质化"和"量化"研究,最终以"一生一本"习作的形式呈现每位学生在下乡考察中的学习过程和结果。学生们去到乡村,从对环境地理的写生入手,逐步由宏观到微观、由整体到局部,了解和感受传统造物与"地方"的关系。通过对地域、人文系统性的了解与分析,可以从这种"在地性"考察方法中带出知识点、研究方向和工作方法,培养学生独立思考、钻研问题、探索创新的兴趣与能力。它让每位同学明白,如何去读懂一件器物、一种工艺、一个图案,以及造物背后的人文根源,由此探索社会形态与自然历史的因果关系,并在自然造化中体验本源与存在、在日常生活中思考人本与经验、在营造法式中认知造物法则与生活智慧、在社会前沿开启问题意识与批判精神、在主题研究中汇通知识与培养创造力、在团队组织中培养协作意识与协同能力。

# 四、对本科生培养方案的支撑作用

1. "下乡社会实践"课程既是专业教学也是专业育人。课程立足当代社会发展,强调传统审美精神的当代转化,将学生个体与社会整体进行链接,从地方生态保护、历史人文挖掘、民俗民艺活化中,建立他们对文化形态和文化意义的情感联系。深入地方人文与生产生活的主题研究,整合社会实践教学与育人模式,能进一步立足社会现实,构建美术类高校学生植根乡土、深根社会的艺术态度与学理根基,培养其服务社会的文艺创作思想,在现实语境与具体研究中塑造他们的社会责任意识与学术立场。

2. 提升教学质量,深化教学内涵,构建社会实践教学新模式。在时代发展的今天,美术专业的社会实践已不仅仅是艺术采风以及对美的技能表现，而更应注重将课堂知识与社会生产生活相结合。"下乡社会实践"既是作为"学以致用"的知识汇通课程，也是教学进程中的阶段性自检课程。尤其是回校后通过各种展览和图书出版形成课程建设和社会交流，这对于课内外教学内容的链接与延伸、教学方法的梳理与改革、产教融合的方式与方法，都将是场实战演练。与此同时，社会实践对现有课堂教学能反馈更多有价值的经验与思想，对深化教学改革与新教学模式构建有极大的建设性作用。

3. 增强学生的问题意识与团队协作能力。多年的社会实践教学证明，社会为学生提供了丰富而复杂的学习语境，有利于刺激他们在观察、思考、表达和创作等多方面的能动性。通过主题性调研及课题性创作，使学生逐步建立围绕专业学科的工作方法和宽广的思维方式与知识路径。同时，分组研讨与主题创作的机制，能激发学生的问题意识、实验精神与集体协作能力。

## 五、评分方法

1. 以"格物致知"为目标，通过理论与实践的形式制定评分细则。

2. 以"一生一本"、主题调研报告、写生表现等作为课程考核的主要依据，以选题与实验精神作为加分依据。

## 本课程单元进度表

| 周次 | 单元教学内容 | 备注 |
| --- | --- | --- |
| 第 1 周 | 1. 从设计形态学的角度讲解下乡教学目标和任务，着重于传统造物和各种考察要素之间的逻辑及规律；<br>2. 阅读和下乡点有关的书籍、网页，做好知识背景的储备，发现自己的兴趣点，做好笔记。 | |
| 第 2 周 | 1. 在第一周教学任务的基础上，以乡土中国、24 节气、器物传承、守艺人等为方向，和同学展开课题讨论；<br>2. 下乡前准备考察写生用的相机和各类材料、工具。 | |
| 第 3 周 | 1. 出发至下乡地，通过"走乡村"，整体观察和思考传统造物与"地方"的关系，记录和手绘考察点的环境地理、生产方式、生活方式；<br>2. 对周边村落的考察，记录、思考共性与个性；<br>3. 在考察中整理思路、发现兴趣点，以图文并茂的形式记录。 | |
| 第 4 周 | 1. 在个人选题基础上，围绕器具与地理、风俗、生活、生产、功能、材料、色彩、工艺、工具、传承等关系特征，采集现象、发现规律、探其本质；<br>2. 根据课题，展开深入研究，收集考察材料，丰富"一生一本"；也可以在个人研究基础上，以选题内容组成课题小组。 | |
| 第 5 周 | 1. 以设计艺术学科为背景，梳理一生一本中的图文，对选题进行表格化呈现，注重对选题在结构、序列、数据等的视觉呈现；<br>2. 从社会学的角度思考传统造物，结合田野考察的实际观察、测绘、亲身感受，写一篇3000字的调查报告；<br>3. 结课布展。 | |

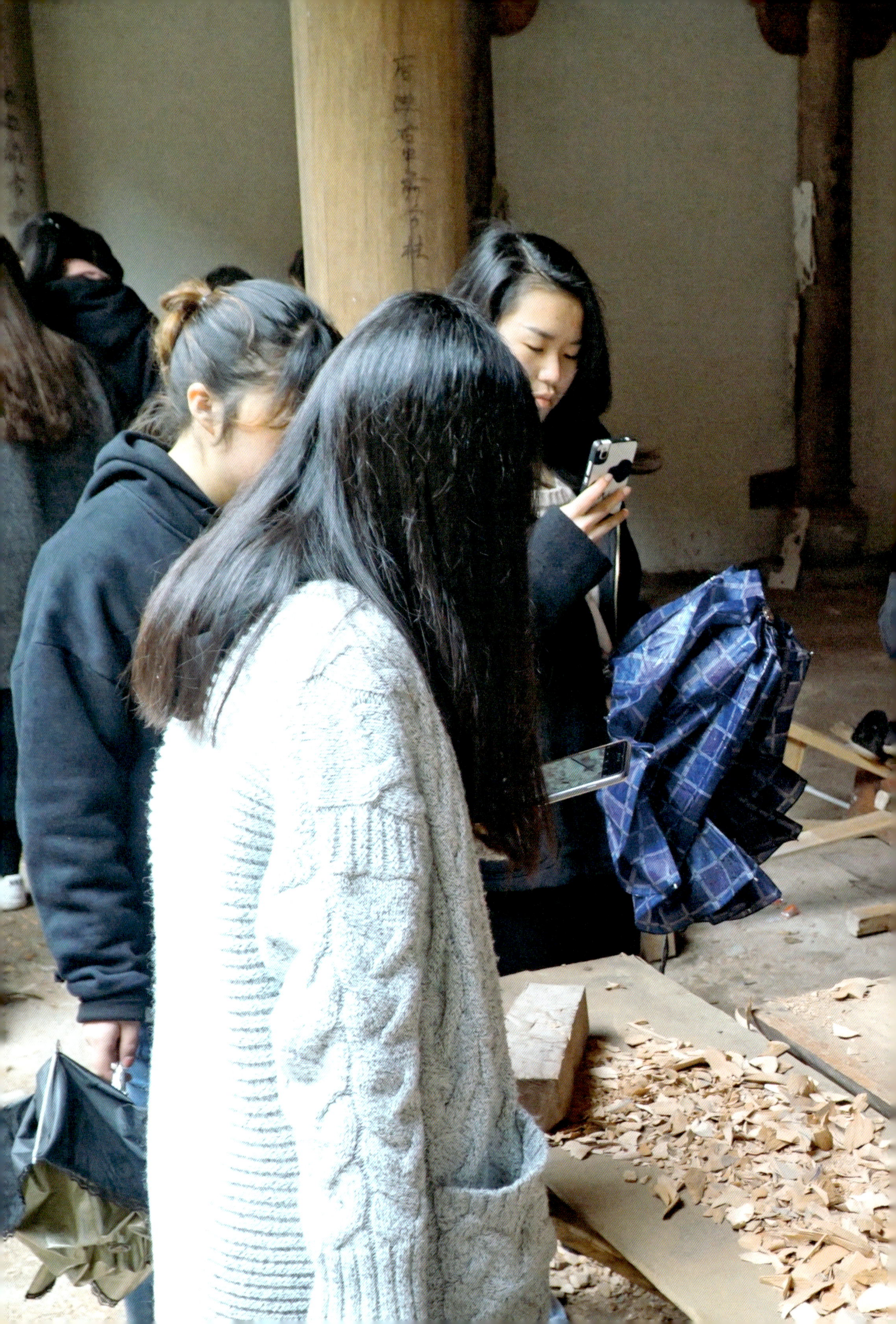

# 第二章　田野考察（器具）研究综述

# 一、田野考察（器具）综述

传统造物门类繁多，各类地方志记载的就有打铁、打金、打银、打铜、打锡、打铧、打镴、制锯、钉秤、木作、石匠、瓦匠、漆匠、铸锅、印染、纺纱、织布、草编、竹编、篾匠、皮匠、制鼓、裁缝、琉璃匠、白铁匠、盔头匠、泥水匠、刺绣、串棕、弹棉、制陶、制瓷、造纸、制皂、制笔、制刷、制剑、制风箱、制玩具、结网、修补、造船、箍桶、雕刻、凿花等等。

器物具有"地方"性，它与所处的地理区域、生活习俗和地方风物有着密切的联系，其功能和外观也随之形成了各自的区域性特征，因此"地方"是研究器物的关键因素。克瑞斯威尔（Tim Creswell）强调："'地方'是一种观看、认识和理解世界的方式，我们可以从人与'地方'之间的种种关系，发现意义和经验的世界。"器物作为地缘性人群的物质生活表征，承载着地方独特的文化与历史记忆，反映了"地方"生活的存在与方式。器物的内涵和外延已从某个特定人群及其依存的地方社会扩展至公共领域，成为地方乃至国家建构和民族认同的文化符号和政治表征。师生一起走进"地方"，从学院和课堂中解放出来，走入日常生产生活，探究器物发展与地缘的关系，观察长期生活在一个整体地缘中的天、地、人、物间的合作和互动。

器物具有实用性，《考工记》中有"天有时，地有气，材有美，工有巧，合此四者，然后可以为良"的造物原则，它最大限度地保留了自然的品质，将设计与制作有机结合，并在长期反复制作中日趋纯熟，达到了体用之美。器物的制作是为了使用，是为了人类生产、生活之便而制作。随着社会的发展和生活的进步，器物的数量与品类也不断增加，制作的技艺也随着动作的重复、经验的积累而改良。

器物具有社会性，它蕴含了民众的智慧和经验，体现了不同区域社会文化的传统和继承关系。它之所以能够在民间长期广泛地流传并在民众中拥有深厚的基础，主要因为它是民众自己的创造，反映了民众的希望和要求，体现了民众的风尚和乡土特色，是民众物质和精神生活中不可或缺的一部分。其中，家庭作为中国传统社会的主要构成单位，成为器物制作与使用的主要场所。家庭成员或分工协作，专门从事器物生产；或在农闲时制作各类器物，就地取材、自给自足，并将部分器物作为市场交换的物资来补助生计。

综上，器物所承载的中国传统造物思想，表现出的是实用性与审美性的和谐统一，感性表现与理性规范的和谐统一，材质工艺与意匠营构的和谐统一。我们将它作为生活的一个维度来研究，能更直接地去感受中国人的自然观和生活观，并从中接续传统、汲取资源。

兰溪建筑结构研究　2016级设计9班　何益昊、单彤、陈叙豪、金楠、李童欣、殷永懿

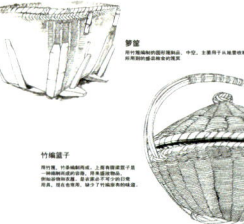

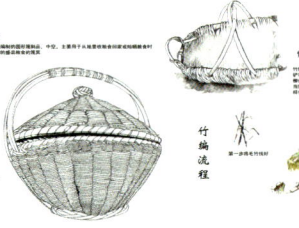

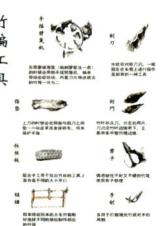

兰溪传统日用调研　2016级设计9班　彭凌霄、乔思佳、温嘉韵、龚文琪、郑玉杰、陈添翼、蒋潇漪

2018级设计7班　高丽靓

兰溪木雕研究　2016级设计9班　殷永懿

闽南民居砖墙的装饰性元素　2019级设计8班　徐邦苗

水一建承　2018级设计7班　吴文坡

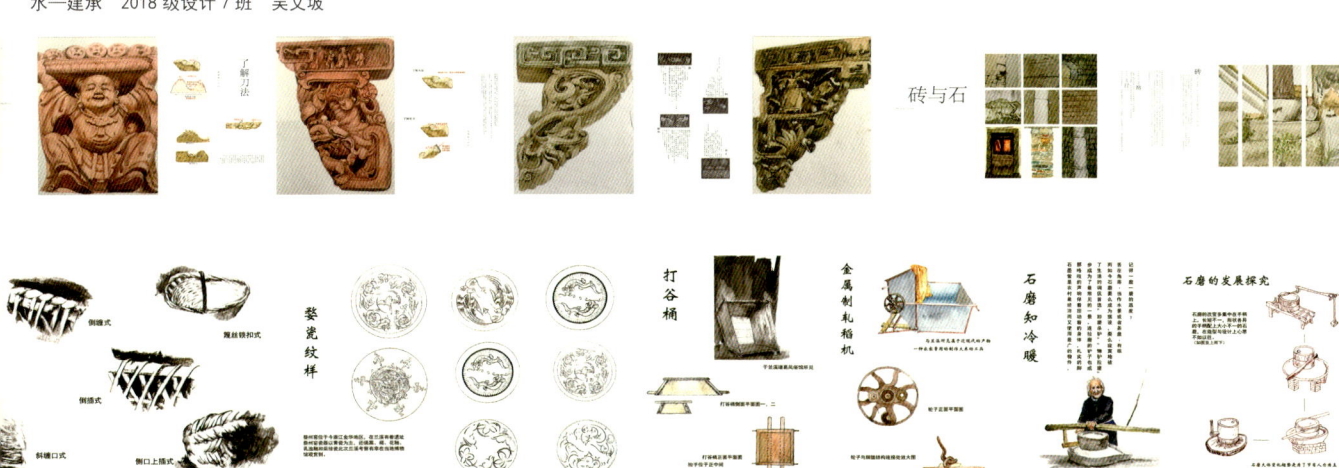

007

# 二、考察的方向

器物中承载了地理、历史、风俗、生产和生活等信息，当我们做"在地性"调研时，试着让自己成为侦探。地理方面，可以从地理的自然及人文两方面入手：自然的地理包括地形、气候、水、土壤、植被、生命的各种现象及它们的相互关系；人文的地理包括人类建造的环境和空间，人类是如何规划、修建及管理，又是如何影响被其占用的空间。历史包括了文字记载的史料、笔记，口头流传的歌谣、口诀，保留下来的遗迹、物品等。风俗的涵盖范围很广，可以包括婚丧嫁娶、送往迎来、岁时节令、神道祭祀等。在田野调查中，考察要素之间紧密联系、相互作用。如工具是用来创造各种生活资料和生产资料，以满足人们衣、食、住、行等必需的物质资料；人的各种活动，包括衣食住行、柴米油盐、琴棋书画等。在此过程中，人们会运用在改造自然和利用自然的过程中积累起来的各种经验、知识和操作技巧来改造自然物质。在一些民间俗语中，"十里一风，百里一俗"，说明了风俗随着地理变化而产生的差异；"凳不离三、门不离五、床不离七、棺不离八、桌不离九"，是指器具尺寸在木匠行业中认同的一般规律，同时反映了风俗（美好寓意）与生产（技术）之间的关系；而"不是省油的灯"又反映了器物生产的标准与生活的需求。同学们只有面对真实的考察现场，才能借助环境展开对器物的想象，从而推理出器物存在的来龙去脉，形成自己的调查方法，实现在现实语境中体验与感悟、亲历与实践，在传统思想与现代理论体系中转化、思考和吸收。

考察传统造物，需要建立与其他相关学科的联系，借助这些学科的研究成果及研究方法，将主题调研置于学科交叉和综合的位置，并和考察地的社会、经济、文化等地域特征相结合，从而更整体、全面地把握器物自身的性质和特征。

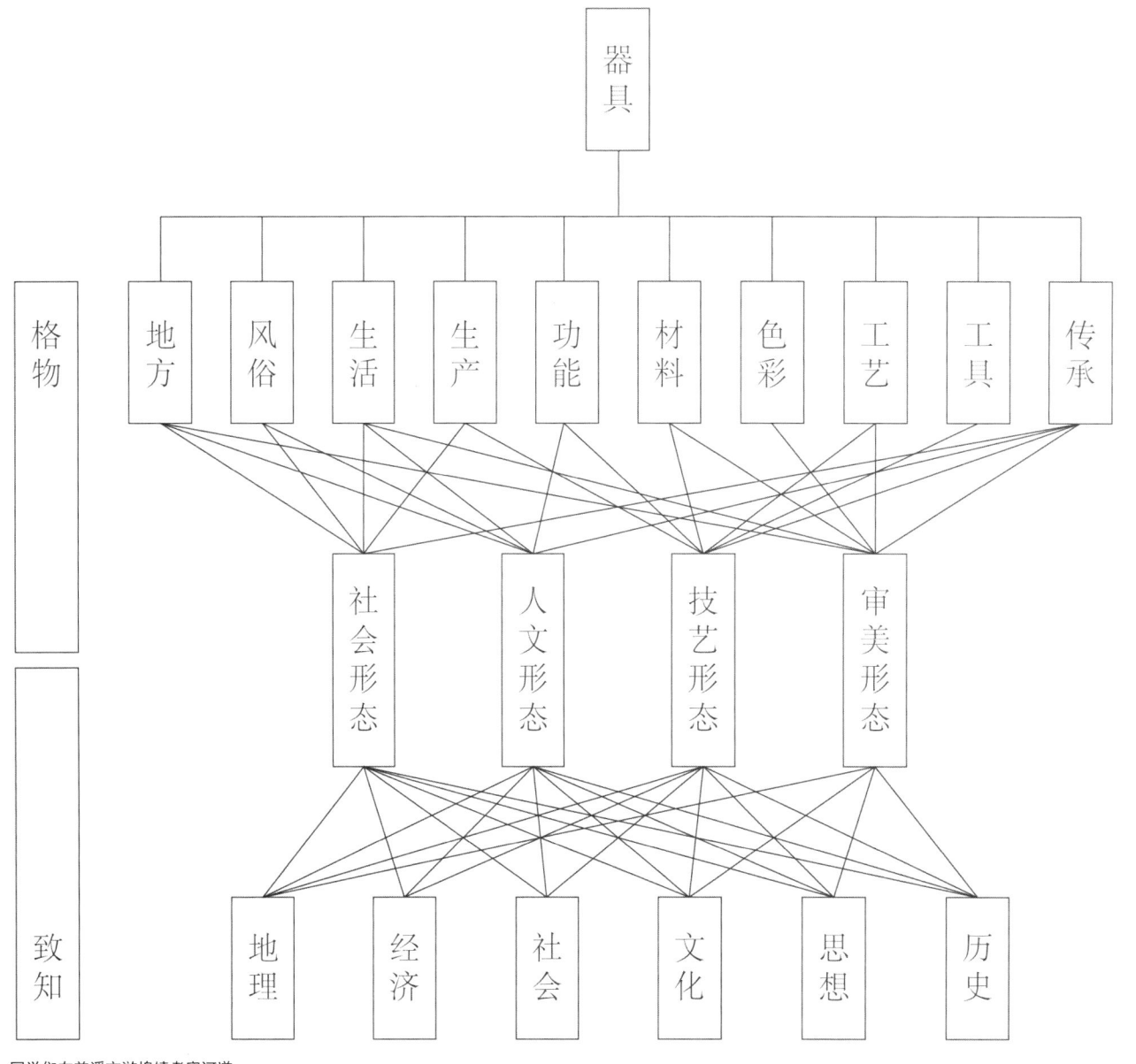

同学们在慈溪市游埠镇考察河道

考察内容可以归纳为三个方面：

一是对造物的社会形态和文化形态的研究。结合地方文献，实地考察下乡点的地理环境、自然资源与社会文化，整理不同地域特征下民众的衣、食、住、行、用等生产生活的各个方面，梳理与分析器物的功能和外观形成的内因。这是展开研究的基础工作，也是制定主题调研方向和计划的第一步。

二是对造物技艺形态的研究。这块内容主要围绕着技能与技术、劳动与组织展开。匠人们在传统的引导下工作，日本民艺学家柳宗悦说："传统有思想，有风俗，有智慧，有技术，有语言，不是个人所有，而是属于全民的财产，亦含有历史和社会的性质。……传统的力量给予我们的文化以固有的性质。"民众在漫长的生产实践中，总结了造物的技能、技巧、技艺的经验和知识，并形成了区别于机器生产和现代工业技术的人文内涵。因为工艺必须是熟练的技巧性工作，只有大量制作器物，技能才能提升；技巧是对制作的理解与转化，当"以神遇而不以目视，官知止而神欲行"之时，技艺才能达到形神兼备的境界。

三是对造物审美形态的研究。"形"作为工艺的载体，是程式的复制，是遵循法则的产物。这是基于社会形态、文化形态和技艺形态下的实物研究，主要涉及器物本身呈现的各种形态，即器物的造型、功能、材料、色彩、工艺、工具等方面，这是在器物研究中最直观及最具感染力的部分。

课程研究的关键是通过实地考察，梳理、分析与总结"地方"的自然环境与社会文化形态，将器物的研究从以往的对象写生，拓展到人类的活动等各个层面，从而整体把握器物的基本特征。

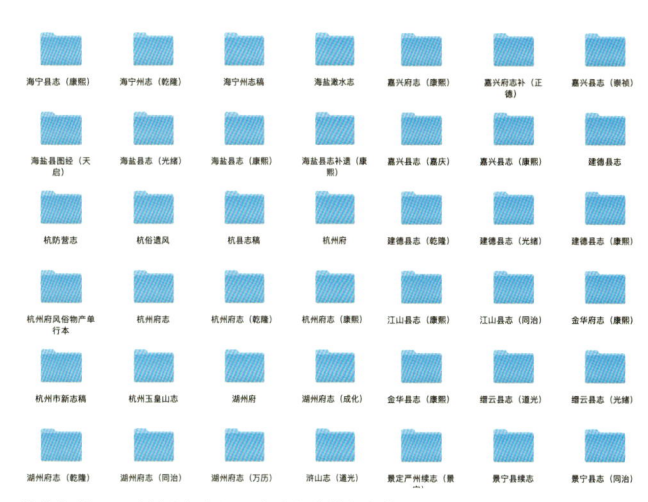

收集与整理反映社会与文化形态的各种地方文献

造物的技艺形态调研

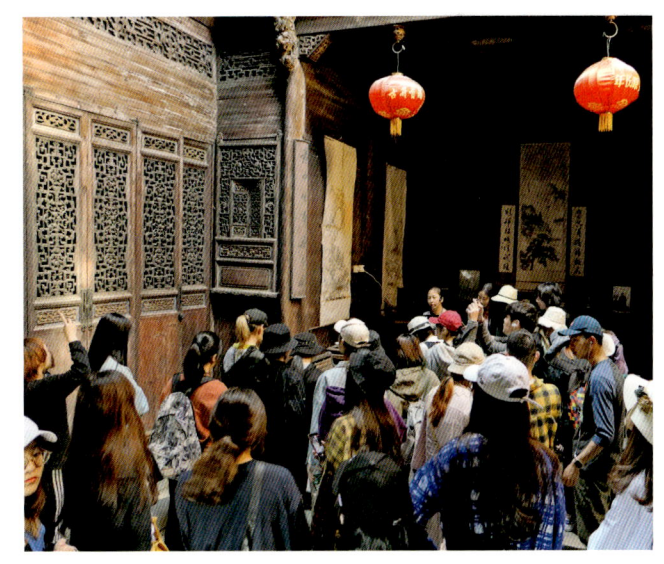

走进古民居，感受工艺在生活环境中的状态

造物的审美形态调研

# 三、研究方法与技术路线

器物是文化的一个组成部分，是民众生活、民俗活动、民间技艺的直接载体，是研究人的活动的不可或缺因素，体现了民族传统文化发展的连续性和继承性。我们需进一步明确"下乡社会实践"关于传统造物考察什么？它可以包括：衣、食、住、行的传统器物，劳动生产资料器物，社会风俗与文化的器物，与传统器物制造相关的材料、色彩、工艺、工具、传承等，传统器物所反映的地理、风俗、生产、生活等。在进入下乡点调研开始前，我们可以先将自己角色转换，设置一些基本问题，绘制几张问题图表，如生活在这个地方的人什么时期从哪里来，如何迁徙？这里是什么环境，人们如何生产生活？村落目前是什么现状，人们要去哪里、做什么？这些问题帮助我们引导如何去呈现器物背后的历史。

### 1. 研究方法

研究方法分以下四方面：一是全面调查，二是分头研究，三是观察趋向，四是未来应用。全面调查包括发掘、认识、收集、记录、整理等方法。田野考察是获取第一手资料的重要手段，能帮助我们直观地感受器物与地域的渊源，以及它的生存现状。过去下乡考察对传统造物的研究、认识往往停留在以审美为主的器物的调查、收集、写生上，而忽略了对器物所包含的设计构思和匠心等社会文化的研究。分头研究即是将课题分为若干部分，通过由点及面的认识，课题组成员按个人研究方向与小组分工展开调查研究工作。这种研究方法既能节省精力，又能从整体考虑建立全面合理的内容架构，有利于研究的系统性和客观性。观察趋向是对造物进行深入观察、全面估量、切入本质，接近客观以避免研究程式化、主观化。未来应用是当代设计发展的重要工作，对初入设计学习的新生来说具有不可忽视的意义。随着我国现代化进程步伐的加快，传统造物的生态环境和人们文化观念、价值观念、审美观念的改变，都要求我们对造物的研究融入现代的意义。

其中，"社会调查"是社会学常用和必需的搜集资料的主要方法，而实地研究（field research）是唯一具有定性特征的研究方式，也就是我们通常所讲的"田野调查"。"田野调查"最早是由人类学和民族学方法发展而来，被用于研究非本族文化和相对原始部落群体，后来被社会学家们拓展用于研究本民族文化、都市社区、亚文化群体甚至是现代生活等方面。实地研究是一种深入到研究对象的工作生活实地中，以观察、访谈、口述史的方法搜集资料，并通过对资料的分析研究来理解、解释现象和社会的社会研究方式。它是一种定性研究方式（Qualitative research，或者被翻译为质的研究），也是一种理论建构类型；它强调的是到"田野"中去，研究者一定要深入到所研究对象的社会工作生活的环境中去，并且要在其中工作和生活相当长一段时间。

进入到"田野"后，就要在日常的工作生活中，去观察、询问、感受和领悟，去理解研究现象，厘清其背后的逻辑，找到解释的因素。一般的工作流程是：研究者在确定了研究问题或现象后，不要带任何假设地进入"田野"中，通过观察和访谈，收集各种数据资料，记录田野日志；在对资料进行初步的分析和归纳后，查阅参考文献、整理思路、发现新问题，然后再次进入"田野"，开始进一步的观察和访谈，再分析归纳；通过多次循环，逐步达到对研究对象和问题的理论概括与解释。

要开展实地研究，如何选择一个有代表性的考察点是调查能否顺利进行的至关重要的第一步。考察点显然不能随便选择，应该根据研究问题、研究方法与实际条件等要求来谨慎地选择。首选，我们应该明确自己的研究内容及其类型，思考与其密切相关的问题。其次，要尽快取得当地居民的信任和他们建立友善的关系，这也是进入田野后的关键性任务。再次，当你和当地居民建立了良好的互动关系，可以敞开心扉收集各种数据资料时，一个新的问题又出现了，那就是主观情感与客观中立之间的矛盾冲突。研究者投入感情越多，就越能够设身处地地理解被调查者；但同时因为陷入的感情越多，研究者就越难保持客观性和敏锐性，变得过于想当然，甚至还会偏离事实真相。这是所有研究者都必须警惕和注意的一个严重问题。因此，在进行"田野调查"中，研究者要逐渐适应一个"先融入""再跳出"的角色转换过程。白天在"田野"中进行观察、访谈和写生的时候，要尽快地进入角色，让自己成为"在地"的一员，和他们拉近关系、保持一致，以达到"移情理解"的目的。晚上或返回驻地后应及时整理田野资料，进行判断、分析和思考时，要能够"跳出角色"，恢复到客观中立的立场上来，从研究者的角度，重新审视考察对象，发掘其背后的逻辑和客观含义，以达到"超脱理解"的目的。在考察中可以依据研究主题采用不同的方法来进行搜集资料，有观察法、访谈法和口述史等方法，当然作为美术院校的特点，写生、测绘是我们应有的手段和最直观的表达方式。但是无论采用哪一种方法，在正式开始调查前，都必须进行详细充分的准备工作：需要对研究主题目前的研究现状、田野点与调查对象的基本情况等有基本的了解，不要对一些参考书上的内容亦步亦趋或照本宣科，而是要在理解的基础上根据考察点做灵活的应变。

斗拱实物测绘

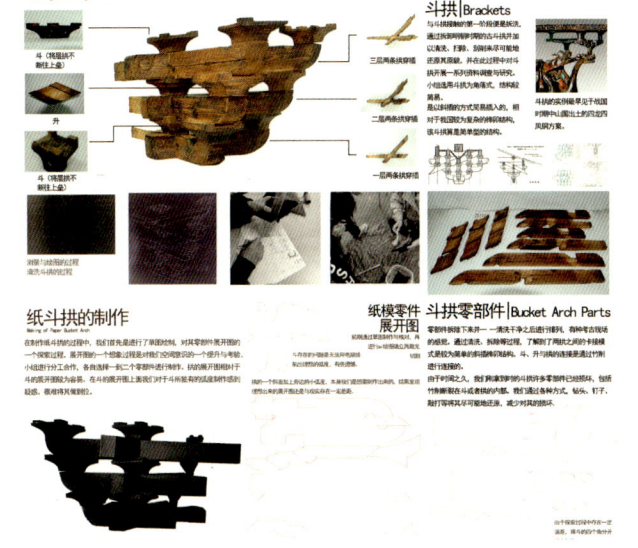

## 斗拱的拆装

**斗拱 | Brackets**

与斗拱制制相第一步检便是拆卸。通过拆卸同时伊随的斗拱升加逐渐展开描，并在过程中可以拆开第一系列的构件调整与改进。小组选马马与角拱推发。结构较简易。且主旋的方式极易辨入角。相对于我国道方为复条的斜拱结构。这拱开展是是最单型的结构。

**纸模零件 | Bucket Arch Parts**
展开图

## 纸斗拱的制作

在搭纸斗拱的过程中，我们首先是进行了图图的确，对其零件进行空间图的确的一个操索过程。整体的一个操索过程意意对空间图的的一个提升与考察，小组进行多工作件，各各参同一起以下零部件进行排布，拱的展开图是与斗拱的展开图展斗拱的展开有非常的联系。的斗拱的展示是与斗拱的展开有非常的联系，在斗的展开展上面我对斗材都是按构件这个展现的规则。极端共展现图。

零件制作过程下第第一一清洁手字之后进行拼料，将树导古风粘进行定图，通过油油，拆除修正图，了解除了用材之间的连接方式是拉为展参构料搭搭拼接中，不拱斗，升于拱拆搭接是通过竹到进行连接的。

由于时间之外，我们到了实拱开多零件都已经部料料，包括包括榫榫料料与材斗或物加扣的榫，我们通过各种方式如，钻孔、钉子，刻打等树料不可避免的发生，减少外的拆开。

斗拱分析与纸模型制作

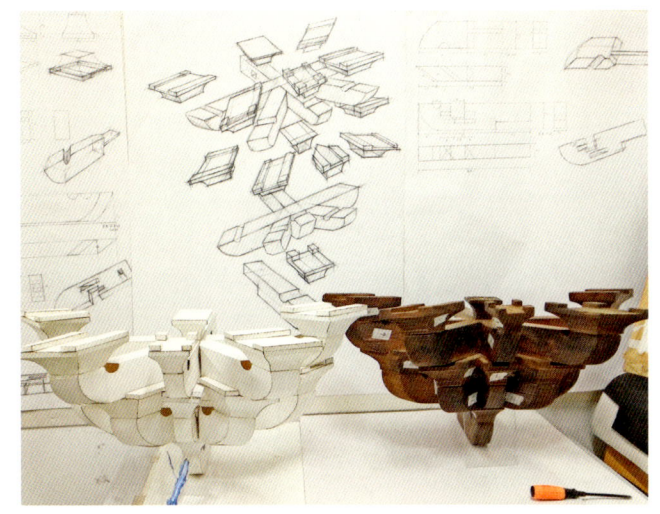

斗拱研究过程展示

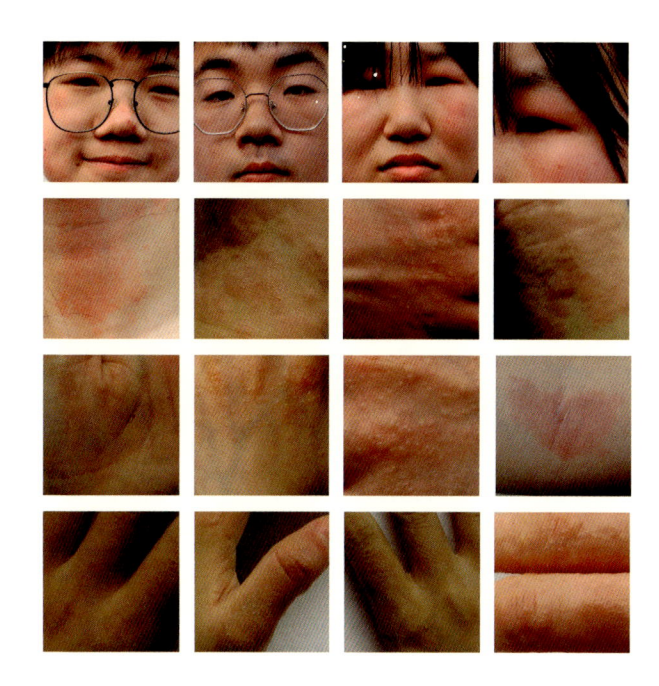

---

# 大漆过敏

**大漆会咬人**

遇到天然大漆皮肤会红肿、奇痒，甚至起水泡，人们称此为"咬人"，也成漆疮，有人神经过敏，谈漆色变，实为皮肤过敏，并不可怕，不必大惊小怪。有10%的人反应比较轻，局部红肿，能照常工作。有10%的人反应严重，红肿、奇痒、起水泡、遍及全身、而且会反复发作。这类人一般不适宜做漆器。而80%的人经过一段过敏之后，即可适应，对身体健康并无妨碍。

**大漆过敏潜伏期**

一般接触大漆后，有一定的潜伏期，一周到数月不等，看个人体质，有少数会接触到大漆就会短时间内有红肿反应。

大漆过敏因人而异，一般过敏在一周左右，长的在半个月时间不等。一般过敏都会数次，逐渐产生抗体，自然痊愈。有少数人长期过敏，多年接触也会过敏。照片上大同学大多数都是接触完大漆一星期后会逐渐过敏，只有少数的同学隔天过敏。

专题研究　2018 设计 5 班　华伊果

## 福建木雕艺术风格流派调查

专题研究　2018 设计 5 班　叶小艺

011

2. 研究路线

张道一先生将民俗研究分为：综合研究、分类研究、比较研究、专题研究等几个方面。这些技术路线有助于我们理清思路，尽快进入田野考察的状态。综合研究方法是以哲学的思考，勾画出主题研究的理论基础和整体研究思路，它有利于了解传统造物与其他学科的相互作用和相互关系。分类研究方法首先要明确整体与局部的关系，将理论思考与实践调查相结合，就其分类对象分为若干研究层次：一是在调查的基础上进行系统的整理，列出详细的调查提纲和思维导图；二是根据提纲展开田野调查与访谈、现场写生、测绘和拍摄所考察的器物；三是结合田野调查资料和第二手资料在高层次上做综合思考，并侧重于某一类属、某一地区或某一问题写出单项研究论文，探讨其原理、规律及其他具有共性的问题。在此方法的指导下，我们可以有计划地分工，构建出更合理的研究结构。比较研究的方法包括对比和类比两种形式。传统造物无论在地理环境、自然资源、社会文化、生产生活、技术工艺和艺术样式上都存在着可比性，这能帮助我们确立器物在分类、内涵和外延的研究方向。专题研究中的对象比较明确，一般具有直观的形象，考察中我们可以观察到材料、造型、纹样等特征，甚至是原材料到实物的制作过程，是一种比较适合于初学者的研究方法。

无论哪一种研究路线，都包含着物与非物两部分。物，即完成此项工作所需的原材料、生产工具、生产过程中产生的半成品和残次品；非物，即生产过程本身，该部分可通过视频、图片、绘画、录音等形式被记录和留存。

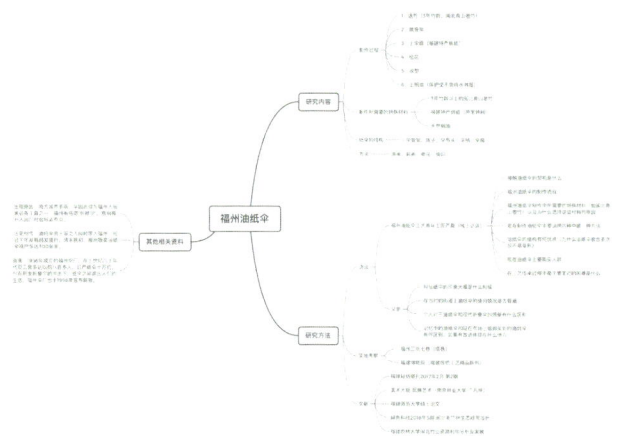

调查问卷与研究思维导图

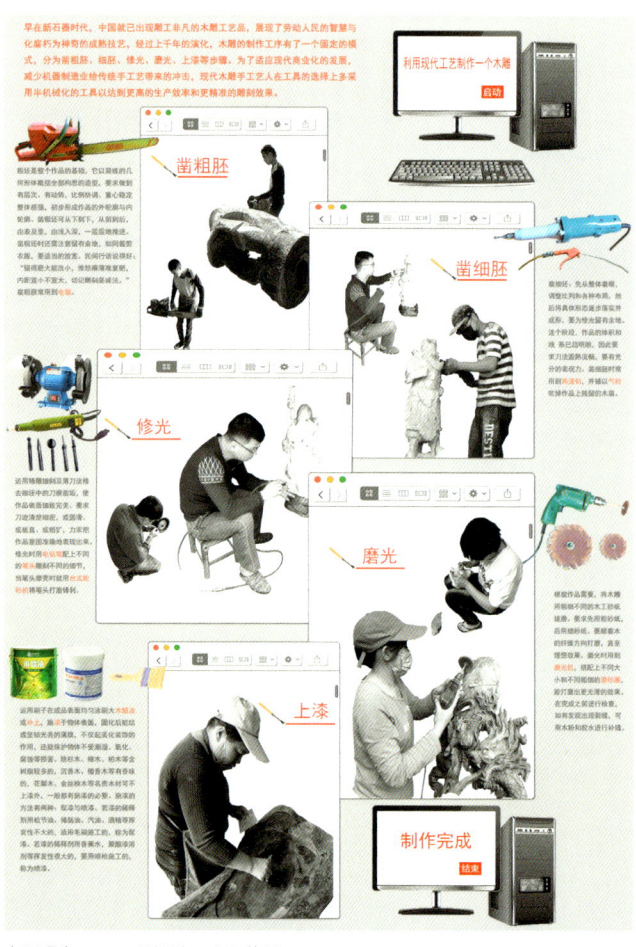

专题研究　2017级设计5班王若雪

工艺制作考察与现场体验

采访手艺人、记录生产过程

观摩与拍摄竹编茶篓技艺演示

## 四、小结

人们在漫长的生产实践中，不仅总结了造物的材料、技能、技艺的经验和知识，而且使传统造物成为一项有着社会理念的工作。它在技艺的传承与精进、生产的协作与统筹、品质的维护与提高、产品的管理与销售等方面都形成了与"地方"的有机统一，具备了区别于机器生产和现代工业技术的人文内涵。

研究器具必须落实到"田野"中的人、地、物：它是地域的，其原料来自当地，能够表现特定地域文化的基本特质，反映不同于其他地域文化的因素和结构；它是社会的，是经过长期积淀形成，同时在历史的发展过程中不断发展和创新；它是精神的，匠人对质量精益求精、对制造一丝不苟、对完美孜孜追求，是工匠精神的思维和理念；它是多元的，民众的传统文化观念、价值观念、审美观念随着时代的发展而改变，造物的生态环境也随之发展。

当然，时代的发展，使一大部分与传统生产生活方式息息相关的器具逐步退出历史舞台；产业革命直接导致了传统造物的式微，新生产方式注重更新换代的频率，虽然外观不断变化，材料和功能与科技更紧密地结合，但是机械化割裂了器物与民族文化、生活习惯的联系，一些工业产品偷工减料、粗制滥造，甚至危害民众健康。

作为深入生活现场的实践课程，我们必须把传统造物作为一个系统工程来研究，因为它不仅是学术的也是生活的，不仅是经济的也是文化的，不仅是乡村的也是城市的，不仅是过去的也是未来的。

## 教学目的与要求

1. 本课程是一次考察方法论的学习和实践，是从（设计）形态学的角度学习和考察（设计）形态和社会形态之间的相互逻辑及变化规律；

2. 对艺术、设计形态的样式整合以及工艺技术的梳理以外，更要了解形成此类艺术、设计形态的社会形态学的必然性；强调造物和设计现象背后的缘由；

3. 通过对考察方法论的学习，不但学习了对艺术、设计形态的横向及纵向的整合及梳理，更让学生从文化的深层了解产生这些艺术、设计背后的社会原因；支撑及促进其发展变化的社会动力；

4. 在大学一年级就掌握一套精简版考察方法论；同时，方法论的学习和实践，贯通整个教学模块。

## 教学内容与重点

1. 设计艺术学科背景下传统造物考察，包括衣、食、住、行传统器物，生产资料器物，宗教与民间文化器物，工艺美术，文化地理、空间、尺度，等等；

2. 从形态学的角度学习和考察"物"和社会形态之间的相互逻辑及变化规律；

3. 田野考察是社会学、人类学、艺术、哲学等惯用的学术考察和研究方式；

4. 通过实地考察，收集当地信息资料，精确、系统地建构起所考察学科的整体框架；

5. 体验一定时间和空间下的生产、生活方式以及相应的思想体系下，传统器物的形态样式、材料工艺；

6. 采用"体察"的方法并以绘画为主要方式记录图像资料并辅助相关的文字资料的记录；

7. 从地域文化切入，探求人与人的行为所引发的传统造物及"物"背后的社会形态的调查。

8. 了解当地居民的日常生活，并通过深度访谈深入了解日常生活中社会形态对生活的影响的方方面面，从而抓住传统器物形态构成的社会形态的因素。

9. 通过体察、感知以及访谈采集到的现象资料，我们需要通过手绘及笔记的方式记录下来，不但是形式材料工艺的简单阐述，而应该是社会形态学的阐释。

## 作业要求及数量

1. 速写本（一生一本），含50张相关活页，要求图文并茂，多种材料、多种表现手法；

2. 3000字以上考察报告，要求附查重报告，查重不超过30%；

3. 将田野考察速写、绘画等整理、加工后，与考察报告一起形成展板或文本，文本要求20页以上，视觉化呈现，具有逻辑性和设计感。

参考文献

[1] 闻人军. 考工记译注 [M]. 上海：上海古籍出版社，2010.

[2] 宋应星撰，邹其昌整理. 天工开物 [M]. 北京：人民出版社，2015.

[3] 孙机. 中国古代物质文化 [M]. 北京：中华书局，2019.

[4] 费孝通. 乡土中国 [M]. 北京：人民出版社，2008.

[5] 费孝通. 江村经济 [M]. 北京：北京大学出版社，2016.

[6] 何小佑，王琥主编. 中国传统器具设计研究 [M]. 南京：江苏美术出版社，2006.

[7] 新望编著. 村庄发育、村庄工业的发生与发展 [M]. 北京：生活·读书·新知三联书店，2004.

[8] 林耀华. 义序的宗族研究 [M]. 北京：生活·读书·新知三联书店，2000.

[9] 让·鲍德里亚. 物体系 [M]. 林志明译，上海：上海人民出版社出版时间，2019.

[10] C. 赖特·米尔斯. 社会学的想象力 [M]. 李康译，北京：北京师范大学出版社，2017.

[11] 艾约博. 以竹为生——一个四川手工造纸村的20世纪社会史 [M]. 韩巍译，南京：江苏人民出版社，2017.

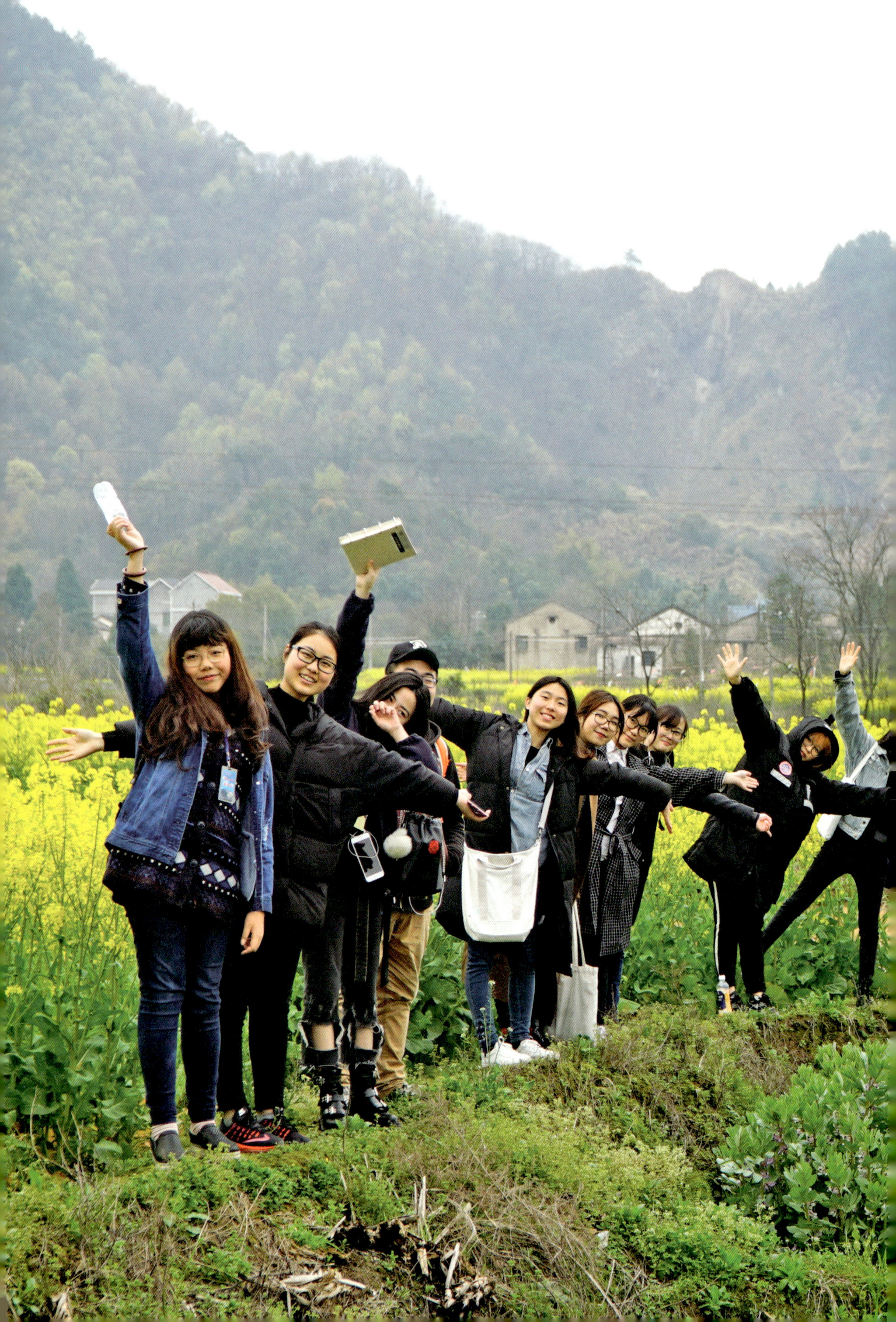

# 第三章　器具与田野考察

# 第一节　器具与地理

地理环境决定了器物的空间分布，一方水土成一方器物。器物本身隐藏着"地方"特殊的气温、地质、物质及人地关系等信息。如浙江省的地形自西南向东北呈阶梯状倾斜，西南以山地为主，中部以丘陵为主，东北部是低平的冲积平原，故浙江地理特征有"七山一水二分田"之说，也塑造了不同环境下的器物生产：浙北杭嘉湖平原水网密布、河渠纵横、水质优良，形成了养鱼畜牧与栽桑养蚕形成相互促进的自然循环，加之此地丝光白韧，在传统养蚕技术上重视蚕种培养，从而使这一带成为重要的丝绸产地，并以杭州刺绣、西湖绸伞、嘉锦、余杭丝绵、桐乡绢布等闻名天下；浙西南为低山丘陵红壤区，地势起伏大，属于亚热带季风气候，降水集中且多雨，其独特的水、土组合非常适合竹子的生长，地理植被决定了东阳竹编、嵊州竹编、昌化竹编、黄岩翻簧竹雕、富阳竹纸等地方竹工艺的产生；浙东南地处沿海，过去有一种用打磨成薄片的贝壳代替窗纸制作而成的窗屏，称为海镜窗，"土人鳞次之为天窗"，阳光通过海镜窗可以滤掉紫外线，形成温和的七彩虹光。

浙江的临安有一种"暖凳"，这是凳子和火盆相结合的木桶状设计，冬日里可以坐在其上，双脚搁在暖凳底部靠近火盆的踏脚处，用火箸夹火炭或是拨火盆中的炭灰和木炭取暖，火箸闲置时可以插到凳边的装饰板条孔里。这类凳子的产生和中国南方山区的湿冷有关，既可以部分解决房屋中没有取暖设备的问题，又可以将灶头里多余的火炭再利用以节省日用。同样是取暖设备，北方冬季寒冷而漫长，居室中常见的炕用砖或土坯砌成，上面铺席，下有孔道与烟囱和锅灶相通，既解决了坐卧起居问题，又可以通过如此多的炕面散发热量，保持室内较高的温度。这些都是具有地域特色的器物发明。

思考题：

① 同学们可以从自己家乡的地理环境出发，思考有哪些独特的地方生活器物，它们和当地环境有哪些联系？

② 地理环境与人的生产生活间是如何相互影响的？

③ 以"二十四节气·时与地"为主题，思考气候、降水等自然因素与造物的关系。

同学们在慈溪市游埠镇考察河道

残存的海镜窗

临安"暖凳"

## 教学案例一："走村庄"
作者：2016级设计9班 学生

我们初到一个地方，首先会带领大家进行"走村庄"，用脚步丈量土地，用五官感受环境，从而形成对考察点的整体认识，并结合书籍和网络的知识整理，绘制出从宏观到微观的地理图，借此将自己置于这个新环境中。

这个特定的地方所处的整体地理和社会环境是什么？它的基本要素有哪些，彼此如何关联？它与其他地方有何分别？在这个地方的人处于什么位置，是什么样的动力在推动着地方的变迁？在整个历史发展中，它处于什么位置，具有什么意义？我们所考察的任一具体特征，是如何反映了它所属的历史时期，又是如何受其影响？这一历史时期具有哪些基本特点，与其他时期有何差别？它塑造历史的方式有着怎样的特色？这个地方的男人和女人的主流类型是什么样子，他们在历史和社会变迁中是如何被塑造成现在的面貌的？我们所考察的地方的方方面面，对于"人"有着怎么样的意义？这些问题是田野考察中的研究支点，我们要去置身于这个"地方"、这个社会、这个时期，至少也会自觉地把自己当作旁观者，从而去感知它们的相互依存性，认识到历史的转型力量，以及在社会维度和历史维度上的意义。

诸葛八卦村"走村庄"，从宏观到微观到环境示意图
制图：2016级设计9班 计奕乐、黄东尔

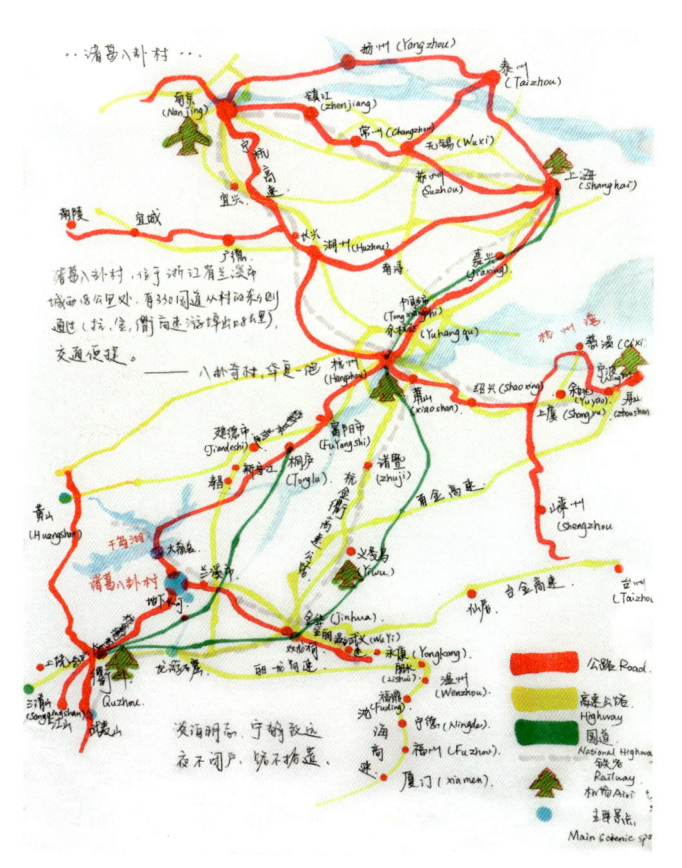

1. 诸葛八卦村在浙江省域的位置图

2. 诸葛八卦村周围的环境地理示意图

3. 诸葛八卦村内示意图

4. 诸葛八卦村内主要建筑和景观示意图

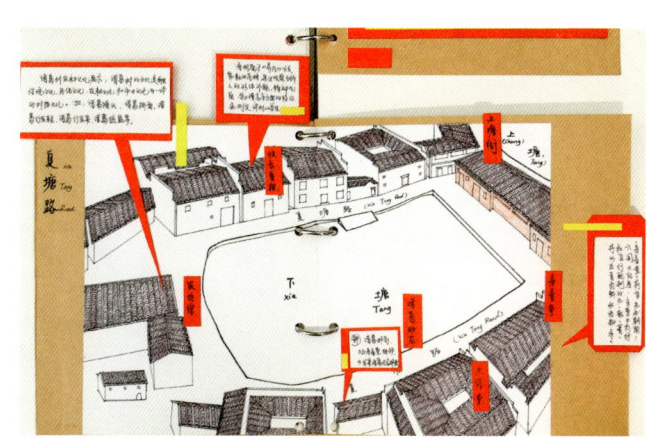

5. 诸葛八卦村中心区域示意图

019

## 教学案例二:"治水最前线"——兰溪调研

作者:2016级设计9班 学生

田野考察的理念和体系,需将自然、人和人造物结合起来,不仅要对人的生活、生产和人造物的形态开展研究,而且对人得以生存的自然规律,对人与自然的关系予以高度重视。地方作为塑造器物的单位,涵盖了太多环境、气候、物产、生活、生产、思想、制度、文化等信息。正因为此,器物与地方能如此紧密地关联在一起。也正因为此,才会有到"田野"中去亲历体验的要求。我们如果想充分地理解"物",就不能视之为孤立的物体,必须在与地理环境和社会历史结构的整体框架下来理解和分析。

2017年4月,基础部响应学院号召,以"五水共治"为教学主题,千余名师生选择了浙江最具特色和实践性的十几个"治水"一线作为教学育人的课堂,以具体乡村为对象,结合新农村建设,从"水"与人文、环境、经济、建筑、造物等展开社会调研,对地方人文历史、社会形态及造物法式的构造关系研究,以此帮助学生建立调查研究的基本工作方法与对事物的认知方式,构建起相对完整的社会认知模型,培养学生社会意识与问题意识下的结构性思维。在这鲜活的治水现场,引导学生在社会生活的前线,从格物体验中认知造物法则与生活智慧,以团队作业培养协作意识与沟通能力。通过这种"在地"的工作方式,学生个体得以与社会相链接,并建立起对"乡土"的深度理解。

兰溪调研组在半个月时间中跑遍了兰溪各个与水相关的地点,如诸葛八卦村、游埠、兰溪、三江口、通州桥、垷坦村、灵洞乡杨溪、兰湖旅游度假区等,同学们在实地调研中,认识了兰溪这个以水为名的城市,通过采访、绘画、调研等方式,在一定程度上理解了"水"和兰溪的环境地理、生产方式、生活方式等之间的相互关系。

同学们在梅江镇考察水利

同学们在通州古桥做采访调研

同学们在垷坦村考察

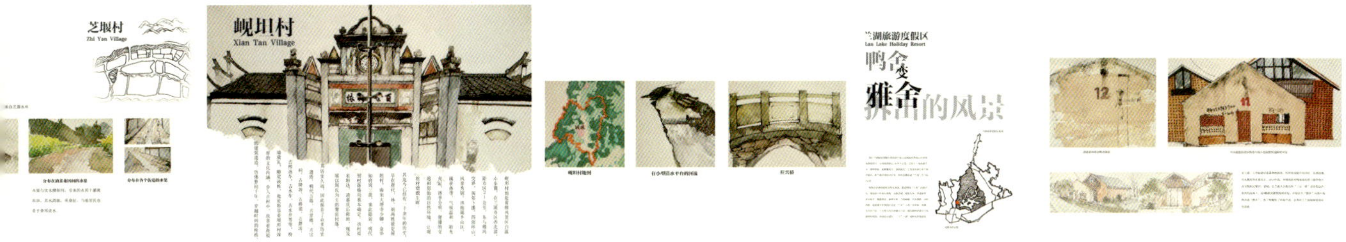

芝堰村
Zhi Yan Village

岘坦村
Xian Tan Village

兰湖旅游度假区
Lan Lake Holiday Resort

鸭舍变雅舍的风景

《兰溪水利考察折页》2016级设计9班 郭峰乔、翁珂洁、王与莹、方卓莹、文舒、李君阳

## 远观通州桥

## 岗岭下村
Gang Ling Xia Village

水坝
油菜花田
光伏发电板

《兰溪水利考察折页》局部

饮水槽局部细节

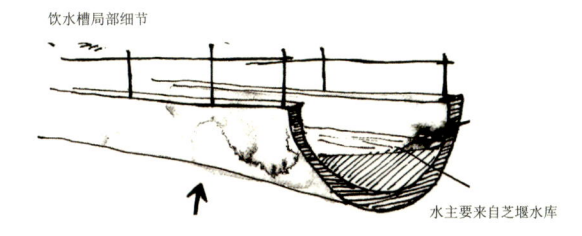

水主要来自芝堰水库

引水槽

分布在油菜花田间的水渠

分布在各个街道的水渠

《兰溪水利考察折页》局部

## 兰湖旅游度假区
Lan Lake Holiday Resort

## 鸭舍变雅舍的风景

改造前的部分鸭舍墙面

可以保留的部分鸭舍与现今的别墅形成鲜明对比

《兰溪水利考察折页》局部

021

## 教学案例三：蓝田老街

作者：2019级设计8班 卢任

### 一、俯瞰老街

蓝田老街地处，是一条被城市包围的街道，在这里依旧保留着许多上世纪的建筑，古井、码头、桥梁、街道、店铺等，这些老建筑承载着生活在这里几代人难以割舍的记忆。走进这条老街，能够感受到非常浓厚的古老气息。如今，随着城市化的发展，这条老街没有了昔日的繁华，它经历了从兴盛到衰落的一个过程，这些历史的痕迹刻在了遗留的建筑上。

老街是一条沿河而建的街道，它东西走向。河流在老街的西段有一个湾，这里被称之为龙头。龙头处有两口古井，叫作龙眼双井，曾经这一区域的生活用水都来自这里。在古井的南侧不到一百米处有一个码头，叫作墨溪码头。在两口古井的东侧不远处就是蓝溪桥，这是一座有着几百年历史的老桥，连接两岸，大大方便了人们的生活。通过蓝溪桥往南走就是老电影院，老电影院现在已经荒废，甚至挂上了"危房请勿靠近"的牌子。再过去就是腰桥，一座建于20世纪70年代的简易桥梁。在腰桥和蓝溪桥之间有一个码头。从腰桥继续向东走就是福星桥了，现在的福星桥因为靠近马路和市场，人流量比较大，桥上会有很多做小买卖的老人。河道的两侧有高低错落的房子，沿路而建，大大小小的商铺聚集在这里，主要以卖生活用品和农具为主，这就是老街。

老街航拍

### 二、历史流变

蓝田老街经历了三个阶段：平庸—兴盛—没落。根据史料记载：蓝田是一个地处湘中的千年古镇，古属安化，为湘江中游的支流涟水的发源地。清嘉庆十六年（1811）《安化县志》载：相传宋张南轩曾经此，谓地宜蓝，后果艺蓝弥于野。

河运是老街形成的主要原因，即史料中的这里是湘江支流涟水的发源地。蓝田地处新、安、湘、邵四县接界，周围几十

蓝田老街

公里内的农产品集中在此航运，竹木也在墨溪口扎筏流放，以换回生活物资。随着贸易逐年发展，人们在羊牯坳等处兴建铺屋，众多商铺依蓝水而建，大大方便了物资聚散、商贾食宿。因此交通的便利促使了蓝田镇的形成，而老街这一块就是其中一个港口。

但是，普通的商业发展是难以带动一方经济发展的，历史机遇造就了老街曾经的辉煌。第一次世界大战时，锑价大涨，新化锡矿山矿石大量经蓝田水运中转。1938年武汉沦陷，长沙全城疏散，因为涟水航线之利，大量长沙、湘潭及长江两岸有外逃条件的人，成千上万涌入蓝田。

1949年以后随着经济结构的调整，蓝田老街更名为中山街，成了蓝田乃至整个涟源的政治经济文化中心，镇政府、工会、银行、图书馆、文化馆、新华书店、照相馆、百货公司、生资公司、果品公司、五交化公司、面馆饭店等全聚集在此，老街迎来了它最辉煌的时刻。现今老街能够看到的老建筑，都来自那个时候。

随着科技的进步和城市化的进程，交通越来越便利，铁路、公路的修建使运输对水运的依赖逐渐变小，最后消失。老街的河道并不很宽广，无法满足大规模的运输，加上城市工业化的进程造成水体污染加重，水土流失、河道变浅，最终船只来往往的景象变为了历史，老街再也没有过往的繁华。

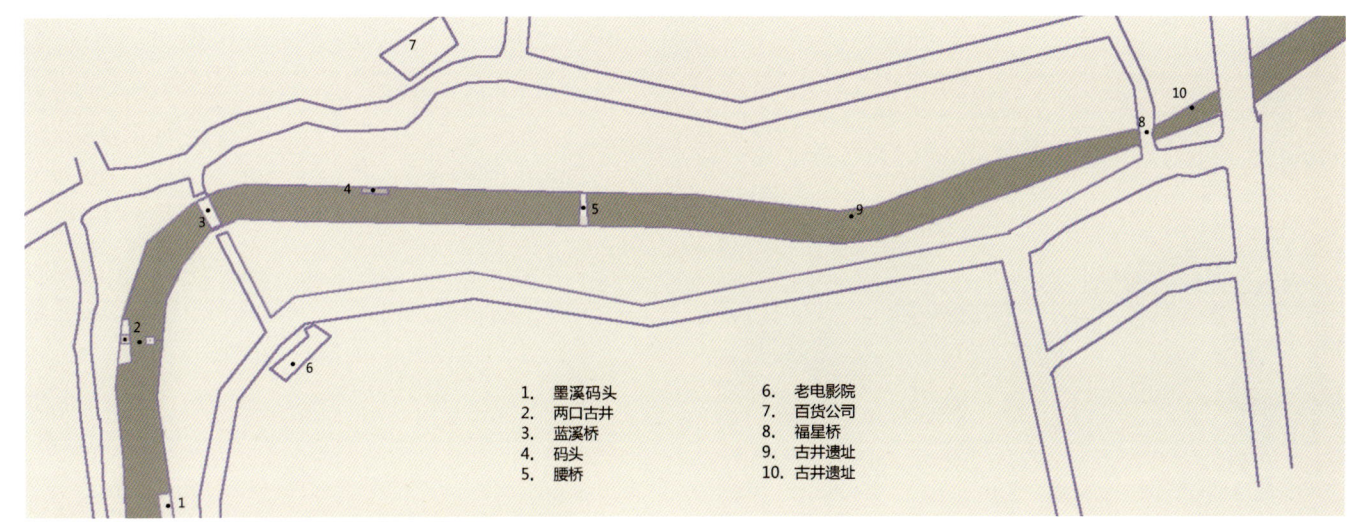

1. 墨溪码头
2. 两口古井
3. 蓝溪桥
4. 码头
5. 腰桥
6. 老电影院
7. 百货公司
8. 福星桥
9. 古井遗址
10. 古井遗址

河道与老街位置图

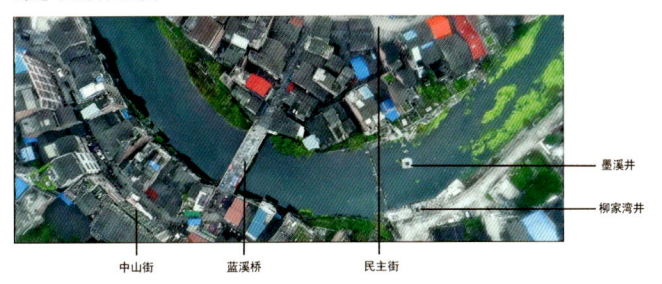

俯瞰蓝溪桥及周边

蓝溪桥侧面图

蓝溪桥石栏上瑞兽纹样

## 三、老街的三座桥

### 蓝溪桥

根据史料记载，蓝溪桥始建于宋。因宋代柳绍玺修建而得名"柳家桥"，附近的"柳家湾"因桥得名。后被洪水冲垮，于道光五年（1825）由乡绅谭义光首倡募资重建，道光十年完工，更名"蓝溪桥"。桥长 33.34 米，宽 7.8 米，高 10 米许。蓝溪桥的特点：主体结构由三个石拱组成，由于桥梁连接的是不同高度的两条街，所以桥的一边是直接和岸相连，而另一边是由 24 级阶梯与岸相连。这座桥是封闭式桥栏，两边的石栏比较矮，为了安全起见，后又增加了一个金属围栏，在桥的正中有一石雕"麒麟送瑞"，虽然经历了几百年历史但是图案依然清晰可见。在石雕的正后方有蜈蚣图，老人们说，它就是传说中的避水神兽，一直忠心耿耿地守护着这一方安宁，在蜈蚣图下方有一扇形石刻，上面写有"蓝溪桥"三个大字。现在基本很难看到这个石刻，只有乘船才能够清楚地看到。桥梁两侧每逢春夏雨水充沛树木丛生，桥梁表面上长满了绿色苔藓，青石配苔藓显得格外的陈旧。

老街繁荣兴盛时期是蓝溪桥最热闹的时候，南接民主街北接中山街，是重要的交通要道，来来往往的船只都要经过这里，两边的商铺林立，从外地和乡下运来的商品都集中在此售卖。随着河道运输的荒废，现在的蓝溪桥不再承担交通要道的重任，仅仅满足本地原始居民的日常需求，非常宁静，仿佛享受着退休时光。在蓝溪桥旁还有一个屹立几十年的老面馆，面馆以桥命名，就叫蓝溪桥面馆，面馆非常朴实无华，就是这一个不起眼的小店，承载了许多蓝田人的乡思，在面馆点上一碗面，感受这里最淳朴的气息。

### 腰桥

腰桥的位置在蓝溪桥和福星桥之间，是 20 世纪 70 年代中期修建的。在此之前，蓝田街上每年要赛龙船，赛船的起点设在墨溪码头，一直赛到十二总的水晶阁。在此之后，修建了蓝溪桥水坝、腰桥、水晶阁水坝，蓝田街上就再也不能赛龙船了。根据那时的人回忆，敬老院的驼院长（他身高不足一米四，背驼得过于严重），是柳家湾龙船的击鼓人，也是龙船的指挥者，是柳家湾数一数二的赛龙船人物。

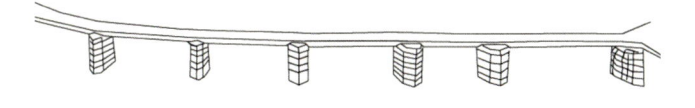

腰桥，由六个桥墩和水泥板组成，桥面无护栏，横立于水面

023

腰桥非常简易，只能并排走三个人，而且没有护栏。腰桥有五个桥墩，桥面是浇筑的水泥板，路边警示牌写着"桥上有行人，车辆禁止通行"。腰桥的修建使得两条街道中间的居民生活得到了便利。

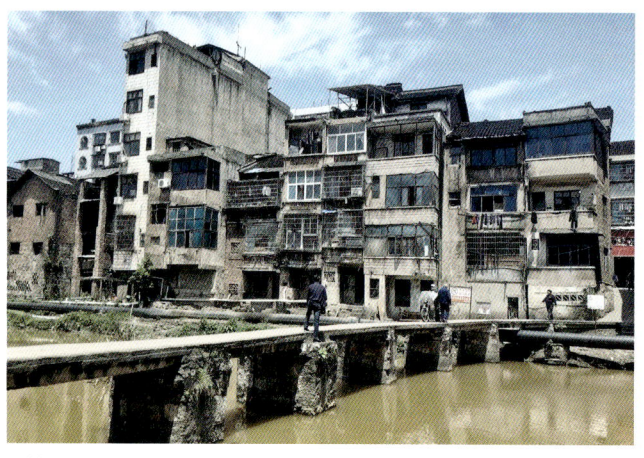

腰桥

福星桥

福星桥和蓝溪桥是同一时期修建的，所以在外观上和蓝溪桥非常相似，也是由三个石拱组成，桥身由一块块花岗岩砌成，石块间非常紧凑，桥面两侧是厚实的花岗岩石栏。岁月的沧桑让栏杆上的浮雕变得斑驳模糊，依稀可见一些人物花鸟造型。

福星桥的过往并没有像蓝溪桥一样繁华，它处于边缘地带，但是经过经济结构的调整，在福星桥的右侧建起了一座现代化的大桥，再加上蓝溪桥水运的衰落，人流都集中在福星桥这边。这里主要以售卖农产品为主，各种水果蔬菜批发、手工作坊等，逢年过节热闹非凡。

福星桥

## 教学案例四：卢村的竹编器具现状
作者：2017级设计6班 伍赡仪

卢村又名雄山村，地处交通要道羊栈岭南侧。卢村靠山临水，四周山峦，林木森森，多产毛竹。过去，大量务农及生活用具均为竹制。将毛竹砍下后阴干一两个礼拜进行剖篾，冬日砍下的竹最耐虫蛀，一般可剖八层，从竹片向内一次为青篾、二青、黄篾、第四层、第五层等，黄篾及其之上的部分品质较好，不易蛀虫。竹篾大体成形，再用刮篾刀进行削篾，直到获得竹编艺人想要的长度、宽度和厚度，之后进行将篾条以纵横交织的方式进行编织，最后在框架处插入竹片、竹条支撑定型。

卢村民居中的竹器种类繁多，但在人们日常生活中的使用率正在减少。因当地盛产茶叶、笋干等农产品，茶篓与晒爬是村民们最常用的竹器具，样式简洁朴实。

卢村里的竹编器具多是以六角孔编法、三角孔编法、一挑一编法、斜纹编法等基本编法为主。而掌握菊底编法、双三角孔编法、回字编法等复杂的编法的匠人却少。主要因为随着乡村旅游业的发展，中老年篾匠们纷纷转行，有的经营农家乐，有的卖农产品，有的在景区卖小工艺品兼带表演简单的竹编来吸引游客，竹编工艺的实用性在当地商业的发展下逐渐式微。

基于卢村的物产与饮食习惯，晒爬在村民的日常生活中具有广泛用途，几乎每户人家都有不同尺寸的晒爬数个，通常被用来晒笋、茶与菜。

竹篮是卢村村民们仍在广泛使用的仅剩几种竹器物之一，有大黄溪篮、元宝篮等，在日常生活中多用于买东西与清洗蔬菜时用。虽然其实用性与性价比高，但还是逐渐被塑料制品所取代。卢村人家一般都会在房梁下装几个铁钩，并将竹篮挂在铁钩上用于放置物品，这既可以通风保证物品的质量，又可避免鼠、虫的啃咬。

竹夫人又叫青奴、竹奴，中国民间夏日取凉用的圆柱形竹具。竹夫人常置床上，长约1米左右，中空或放置1、2个竹编球，可抱，可搁脚，热天消暑供人取凉。现在家家户户都有了电扇、空调，我们只能在卢村里的陈列厅看到它的样子了。

024

卢村周边的竹山

卢村篾匠的工具及现场演示茶篓编法

农家所见竹耙

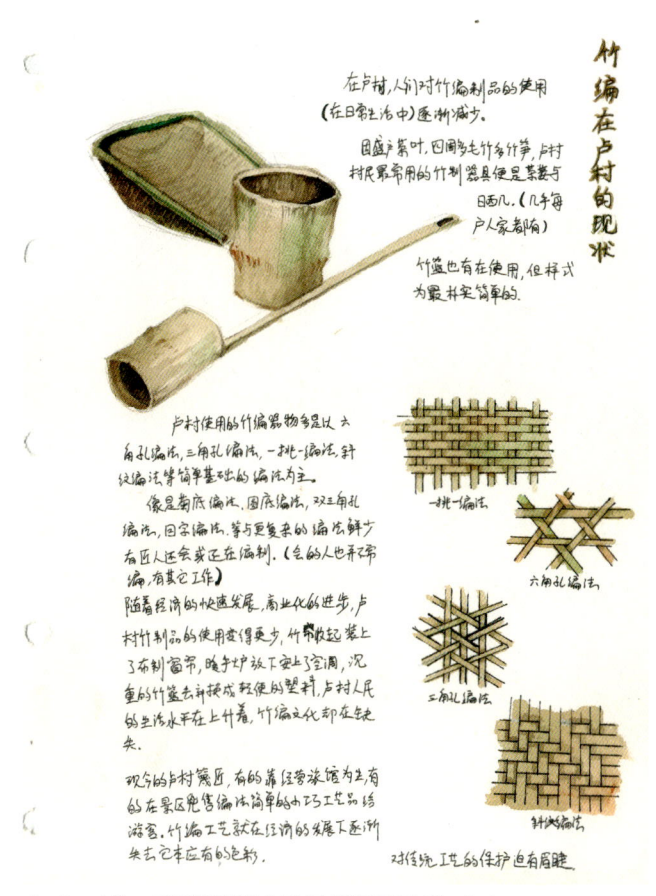

"一生一本"·田野考察笔记《卢村的竹编器具现状》(一)

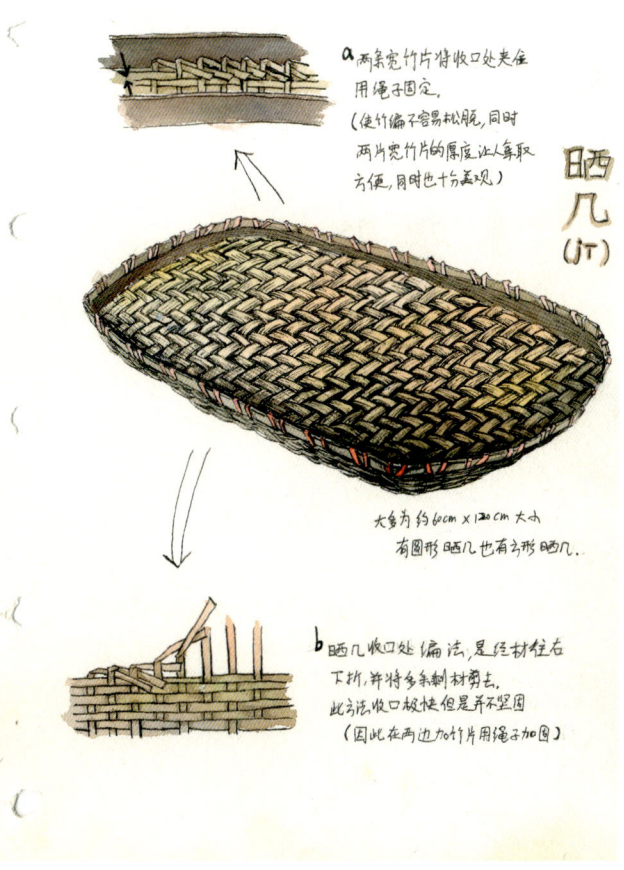

"一生一本"·田野考察笔记《卢村的竹编器具现状》(二)

025

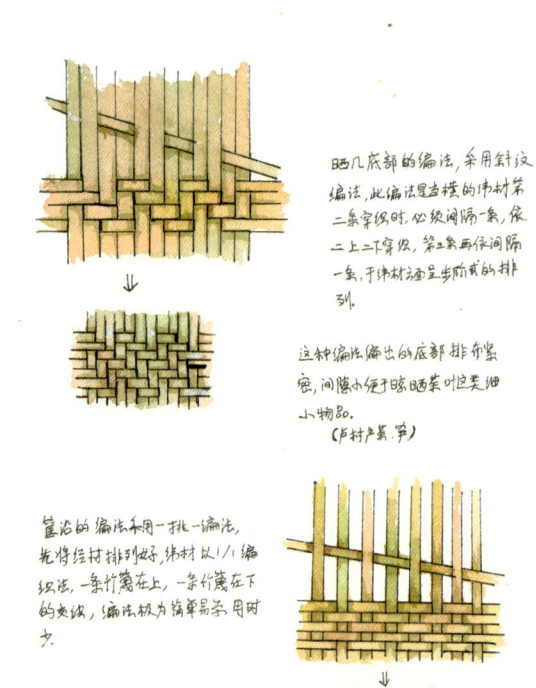

"一生一本"·田野考察笔记《卢村的竹编器具现状》（三）

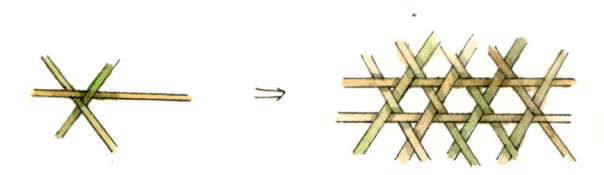

"一生一本"·田野考察笔记《卢村的竹编器具现状》（四）

"一生一本"·田野考察笔记《卢村的竹编器具现状》（五）

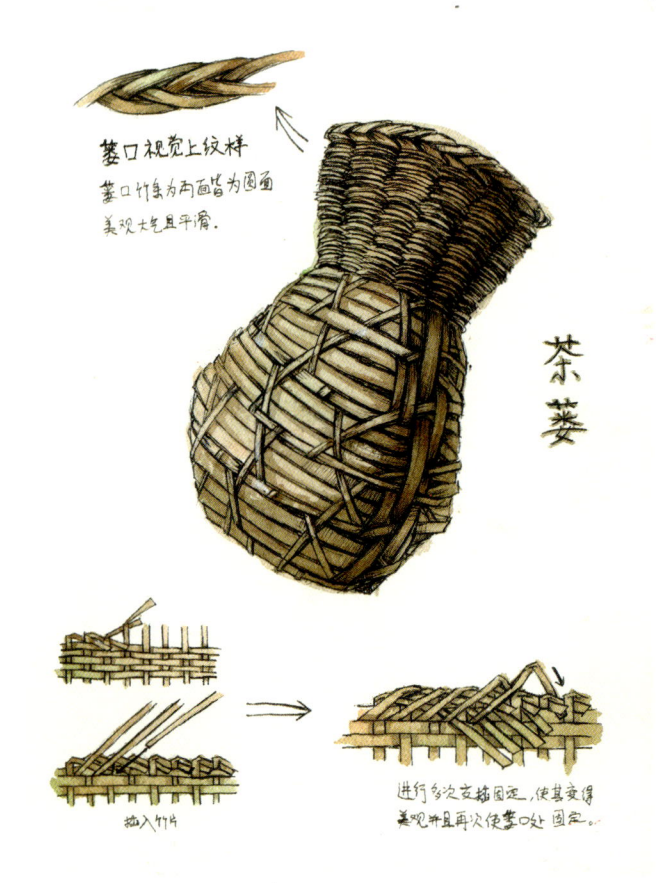

"一生一本"·田野考察笔记《卢村的竹编器具现状》（六）

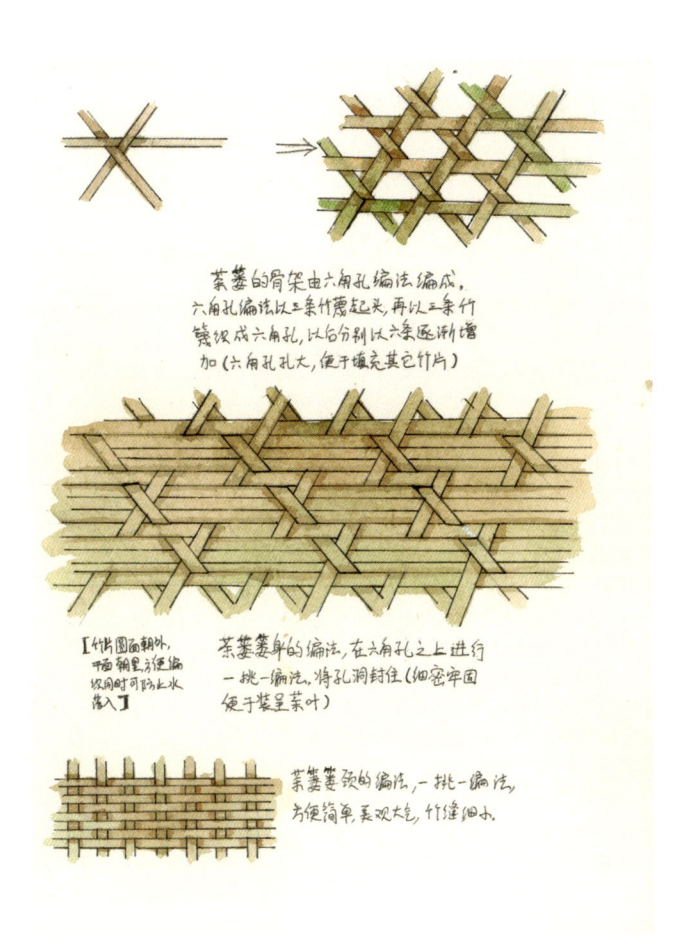

"一生一本"·田野考察笔记《卢村的竹编器具现状》（七）

"一生一本"·田野考察笔记《卢村的竹编器具现状》（八）

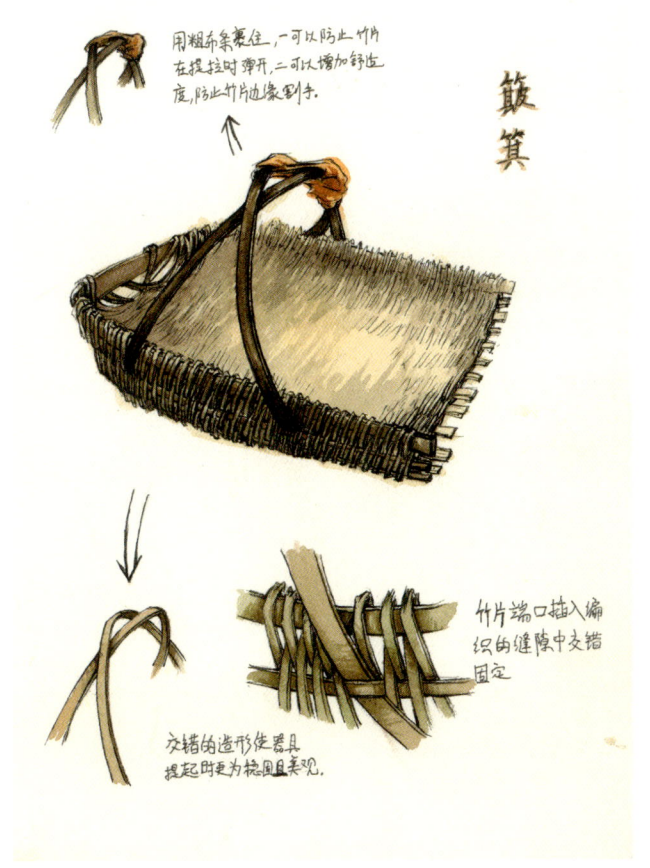

"一生一本"·田野考察笔记《卢村的竹编器具现状》（九）

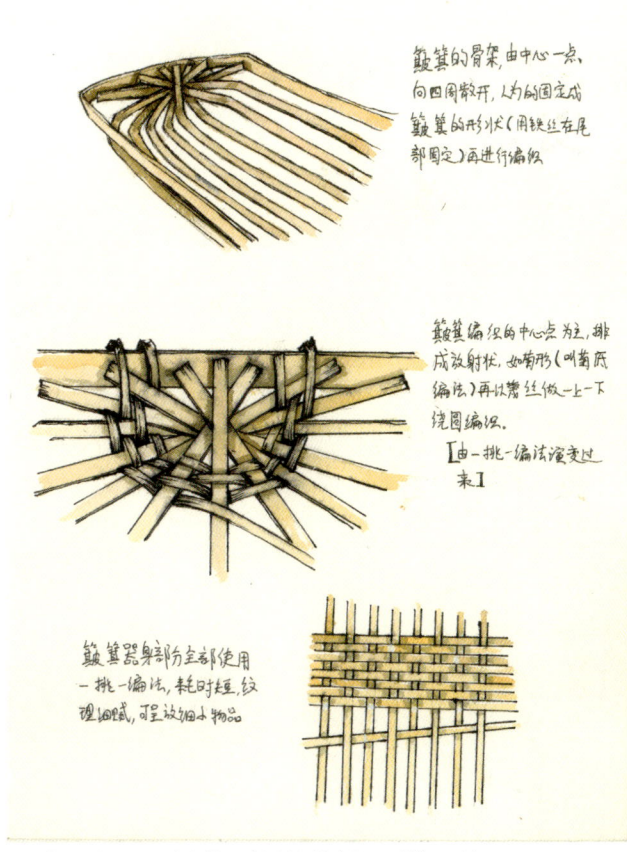

"一生一本"·田野考察笔记《卢村的竹编器具现状》（十）

027

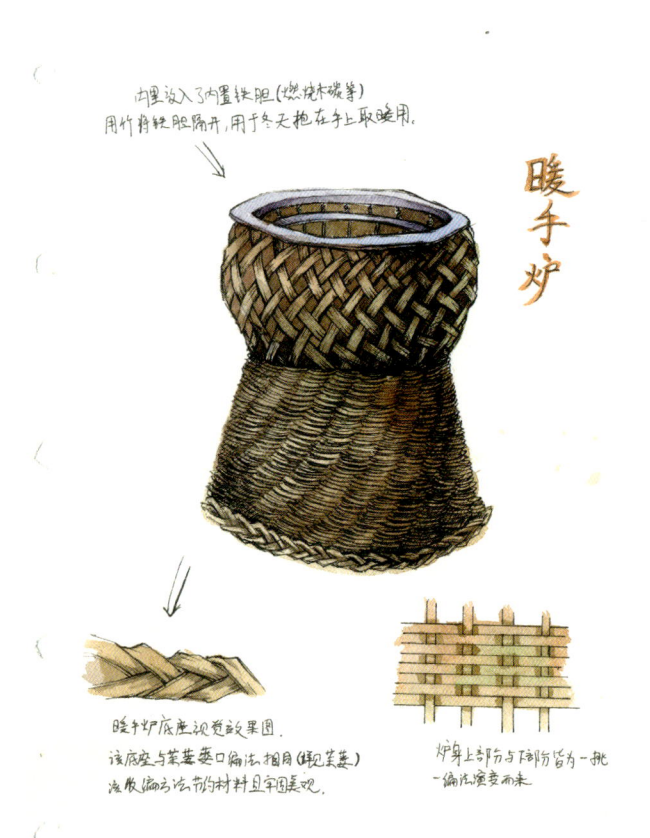

"一生一本"·田野考察笔记《卢村的竹编器具现状》（十一）

"一生一本"·田野考察笔记《卢村的竹编器具现状》（十二）

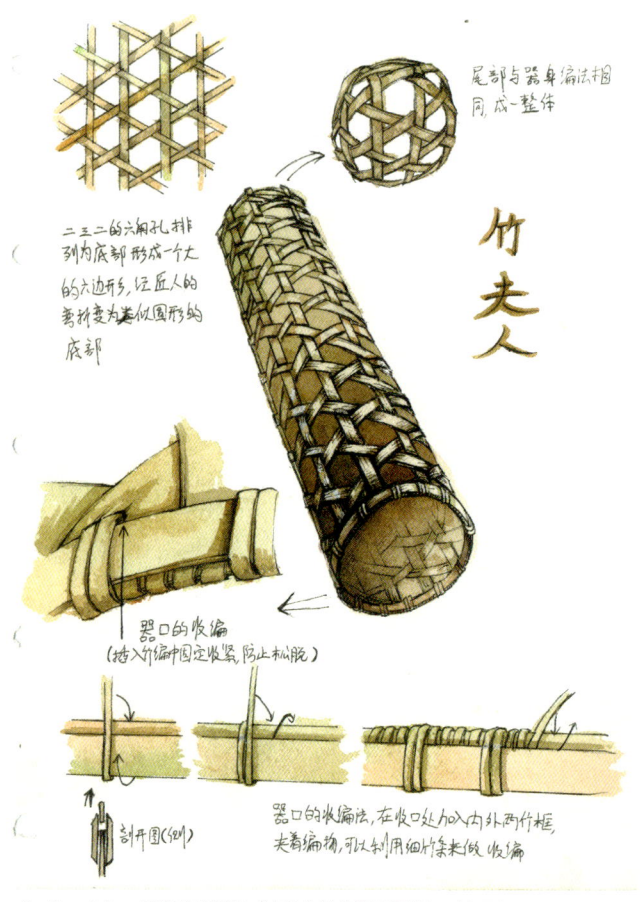

"一生一本"·田野考察笔记《卢村的竹编器具现状》（十三）

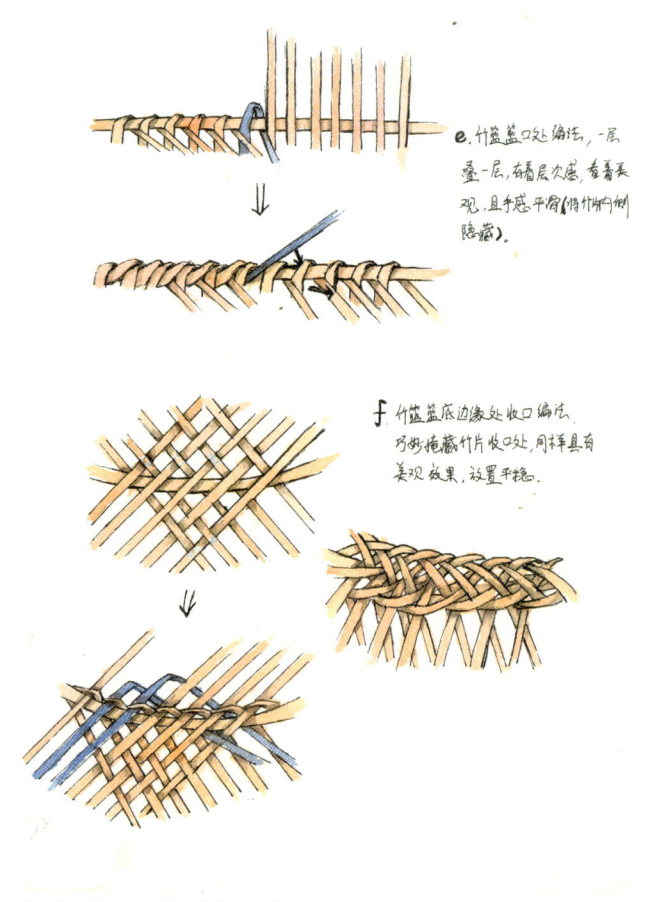

"一生一本"·田野考察笔记《卢村的竹编器具现状》（十四）

竹篮在日常生活中多half出末买与清洁卫生类型扫把使用。而在安徽卢村多数人家都会在房檐下下一两个铁钩，将竹篮挂在铁钩上用于放置物品[十分的节约空间且环保]

老式的圆圆铁挂钩
（村内铁匠打造）

竹篮是卢村村民们仍在广泛使用的仅剩几种竹编工艺品之一，因其实用性与性价比而保留至今。但使用的人家也在逐渐减少，在篾匠的家中也很少再编制。⊙圆编制方式较为复杂，编制时间过长 ⊙购买人群不固定，且在逐渐减少 ⊙收入较少与花费时间不成正比。
随着更为轻便、便宜、制作快速的塑料篮出现，竹篮今后有可能成为他样供人收藏的工艺品或成为书本电脑中的资料、博物馆中的展品。

"一生一本"·田野考察笔记《卢村的竹编器具现状》（十五）

## 元宝竹篮
（竹篮种类很多，编法上也不都相同）

元宝形竹篮，元宝有着名财的寓意，且外形美观，做工细致适合在家中摆放。
（多为摆放水果等起一定装饰作用）

细作细密编织，样式好看但易损坏。

篮身使用三角编法。

篮口的编法，类似于斜纹编法（天然弹性）

元宝形竹篮现于卢村已无人编制（工艺复杂，耗时长，价格贵，农村人家需求量少）

篮底同样采用三角孔编法（二条竹片并排一起进行编织）

"一生一本"·田野考察笔记《卢村的竹编器具现状》（十六）

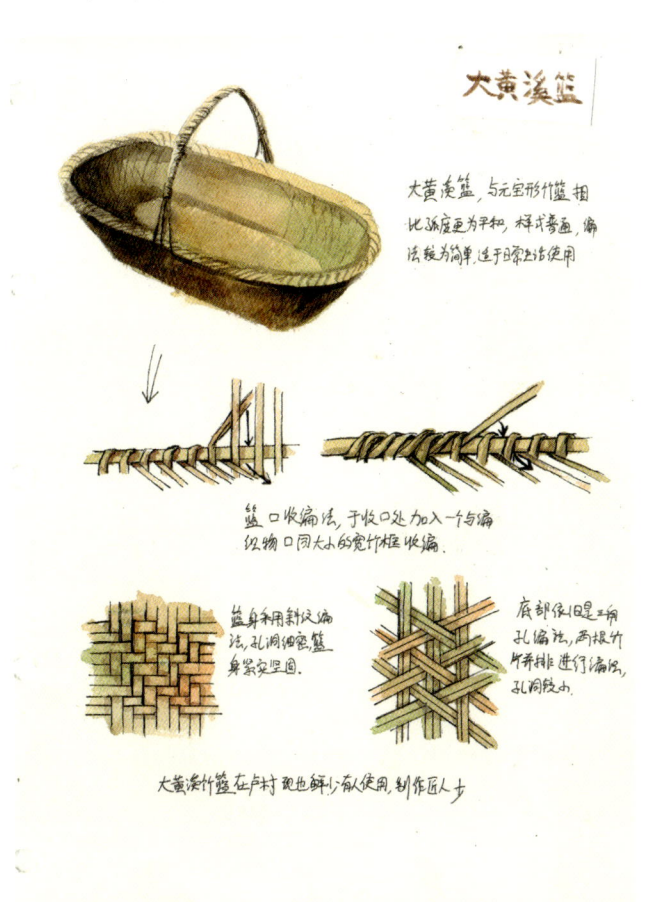

## 大黄溪篮

大黄溪篮，与元宝形竹篮相比编底更为平和，样式普通，编法较为简单，适于晾晒上活使用。

篮口收编法，于收口处加入一个与编织物口同大的宽竹框收编。

篮身用斜纹编法，孔洞细密篮身紧实坚固。

底部依旧是三角孔编法，两根竹片并排进行编法，孔洞较小。

大黄溪竹篮在卢村现也鲜少使用，制作匠人少。

"一生一本"·田野考察笔记《卢村的竹编器具现状》（十七）

## 圆形竹篮

圆形竹篮，篮体较深，尺寸较大，放置东西较多但不便于携带，挂在房梁上也比较占位，多用于扁担挑起运输用。
（篮子上方插入宽竹片减少磨损，同时使篮子更坚固）

篮口处编法，加以竹框进行收编

篮身皆为一挑一编法。

因交通工具快速发展，已很少有人挑竹篮叫卖（基本都是水三轮车省力，速度快，运货量大）

"一生一本"·田野考察笔记《卢村的竹编器具现状》（十八）

029

# 第二节　器具与风俗

　　风俗是种体现浓厚地域特色的交流媒介，不仅承载着人与自然、信仰之间的交流，还是种解乏方式，对于终日辛勤劳作的乡民来说，可做劳作之余的消遣。重要的是在生产生活之余，团结邻里，相互理解，产生亲切感与共识，加深情谊，也是互相交换信息的社交活动。作为和当地人有着种种紧密联系的媒介，大家聚在一个地区，为同件事情所做的一系列活动，共度一段群体定义的特殊时光，加强相互之间的联系，以便生活在同一区域，它的存在是当地民众社会生活中不可或缺的一部分。

　　长时间的历史发展过程中，风俗作为维系人们情感的纽带发挥了难以察觉的、不可替代的作用，这些系列的人工活动组合，只有在特定的环境中才被激发。民俗中的人文与器具随时间以各种形式延续演进，由不同年代的匠人来添砖加瓦，随需求增加出现更多的器具样式。因为民俗艺人的执着坚守和不断创新，代代相传，虽有世代更迭却绵延不绝。民俗成为了文化造物，也在不断地发展和变化。当代民俗继承和延续传统文化，扎根地域特色、汲取独有人文经验，提升商业和文化带动当地人生活水平，因此承担着文化传播和繁荣经济的双重责任。

　　对在民俗中用到的器具，我们首先引导学生分析当地的环境，其气候地理孕育出的特有材料，这些是随手可得的，在很大程度上是从传统工艺与结构去分析，当地的习俗及文化决定了当地的造物行为和造物法则；考察内容及发生作用的知识、思想和隐藏在其后的思维方式等，我们在对这些系列性的活动中体会当地的风俗文化、宗族文化，对地域文化方面也能有系统的思考。地理环境聚集而成的传统文化是无法摒弃的，通过一些对风俗的观察，记录当地人的活动场所、在意的地方、生活习惯，记录发生这块土地上的历史，体会当地思想文化的产生和认同。所处的地理环境氛围和对这种文化的感情，而这些内容又会互相影响和连接，在此基础上，对生活最本质、关键因素的观察可以做更体系更客观的提炼总结。

　　思考题：
　　① 在当地的写生考察中，有哪些村民的集体行为让你受触动？为什么？
　　② 回忆自己家乡的类似风俗，和在当地观察到的有何不同？不同背后的原因是什么？
　　③ 风俗对于器具形态与传统社会形态的生成有什么作用？它们有何逻辑联系与时空变化规律？

同学们在黟县卢村观看黄梅戏

同学们在福州考察齐天大圣供奉习俗

同学们在游埠镇体验长桌宴

## 教学案例一：传统节日与喜庆活动的应时之物——硖石灯彩

作者：2019级设计8班　余若虹

硖石灯彩是浙江省海宁市硖石镇的民俗特色艺术，距今有1200年的历史。《嘉兴市志》称："海宁硖石灯彩在历史上最负盛名，始于唐，盛于宋……"

灯彩，之所以叫作"灯彩"，而不是称呼它为"彩灯"，一是因为其在历史的发展过程中，逐渐脱离了原先的用于照明的单一用途，而进一步转变为传统节日与民间喜庆活动的应时之物，它与民间元宵节赏灯的习俗息息相关，已然发展成一种文化；二是因为，硖石灯彩的精妙之处，不在于"灯"而在于"彩"，在"灯光"由内向外的透射下，花灯上五颜六色的花纸与精致多样的纹样得以发散、闪耀，去表现绚丽缤纷的"彩"的魅力。

硖石灯彩没有绝对固定的形制，而是模仿自然，采用应物象形的造型手段来制作灯彩作品，这使灯彩的题材和内容获得了极其广泛的空间，也使形态的变化具有更大的自由度。在历年出现过的灯彩作品中，最大的龙灯可达几十米长，但最小的花灯仅几厘米，最高的抬灯上可以坐人，最矮的壶灯甚至可以捧在手上赏玩。灯片上的图案被赋予各种不同的寓意，如平安吉祥、龙凤呈祥、中华腾飞、一帆风顺、鲤鱼跳龙门、五谷丰登、中华醒狮、招财进宝、福寿双全、万象更新、乘风破浪、保卫和平、富贵花开……花神是中国民间信仰的百花之神，旧时养花卖花的人都要祭祀花神，以祈百花盛开、春色满园，也期望花神为自己带来幸福如意的生活，俗信花神能给人带来吉利、好运。这些题材既满足了大众视觉审美上的多样性需求，也尽显灯彩艺术的魅力。

有灯必有会，灯会是硖石灯彩制作创意和艺术造诣的全面展示，包含有"上灯""演灯""顺灯""兴灯""落灯"五个环节，自古以来便是传统（一般正月十三"上灯"，正月十八"落灯"）。关于硖石灯会，文史学家张宗祥在他的《硖石灯彩》一文中有详细的描述："硖以灯名，灯不在灯节，在正二月、二三月之交。不悬于市，不架为山，小者持诸手、悬诸竿，大者数人肩之，周一市，故俗名之曰迎灯……打之盛时，人相挤于道，呼声、觅伴声、锣鼓声、丝竹声，下及遗簪堕屦之事，不可胜记。故言灯事必曰硖石云。"

2006年5月20日，经国务院批准，由文化和旅游部确定并公布，硖石灯彩被列入第一批国家级非物质文化遗产名录后，打造"江南第一灯市"品牌就成为了这项"非遗"保护的重要工作。一方面，有效利用元宵节、中秋节等传统节日和文化遗产日的有利契机，举办内容丰富、形式多样的灯会活动，丰富群众文化生活。目前，已形成每年一次大型灯展、每五年一次迎灯行街的活动周期。另一方面，在城市总体规划和建设中，将硖石灯彩艺术元素融入城市亮化工程和公共设施设计中，使整个城市体现硖石灯彩元素。

在千余年的传承中，产生了不少与灯会、灯展相关的民歌、谚语、舞蹈，体现了本区域魂绕江南的传统文化和艺术特色。在硖石这样水道四通八达的鱼米之乡，鱼灯舞作为一种传统舞蹈，反映了渔民祈求上天保佑航行顺利、有个好收成的美好愿望，成为逢年过节的必备节目。而在现代社会，靠科技而不靠玄学的祈祷的生活中，鱼灯舞更多地表达对自然的感激与敬畏、庆祝丰收、告诫人们不能忘本，继续在灯会的游行队伍中散发光彩。

硖石灯彩蕴涵江南云梦般的诗意，灵性韵动，色彩交融，灯彩文化逐渐拓展至海宁文化的各个方面，成为海宁文化的重要组成部分。

80年代人们肩抗灯彩迎灯会

绘有传统文学典故的宫灯

|  | 灯彩造型分类 | | |
| --- | --- | --- | --- |
| 按工艺材料分 | 布帛灯、纸灯、琉璃灯、料丝灯、玉珊灯、珠子灯、羊角灯牛角灯、麦丝灯、竹灯…… | | |
| 按形状大小分 | 大型灯 | 座灯、掮灯、抬灯、硬牌开道灯、珠帘伞灯…… | |
| | 小型灯 | 吊灯、挂灯、挑灯、提灯、滚灯、水灯、壁灯、盆景灯、小品灯…… | |
| | 拟态灯 | 仿古代建筑 | 字亭灯、秋千台灯、凤凰楼灯、文辉阁灯、八幅塔灯…… |
| | | 仿各式舟舫 | 龙舟灯、采莲船灯、风舸灯、南湖画舫船灯…… |
| | | 仿动物类 | 龙灯、狮灯、孔雀灯、鲤鱼灯、三羊灯、万象灯、生肖灯…… |
| | | 仿器物类 | 多角桃篮灯、牡丹花篮灯、荷花花篮灯、聚宝盆灯、如意瓶灯…… |
| | | 仿宫灯类 | 红纱灯、六角宫灯、球形宫灯、走马宫灯…… |
| | 几何灯 | 圆纱灯、四方灯、五角灯…… | |
| 按组合方式分 | 集合灯 | 灯山、灯树、灯楼、珠屯…… | |
| | 单体灯 | | |
| | 子母灯 | | |
| …………  | …………  | | |

按各种不同方式分类的灯彩

## 传统工艺分析

硖石灯彩是一门综合性的艺术，一件灯彩作品的制作不仅仅依赖于其作为"灯"本身的造型技术，更融入了诗词、书法、绘画、篆刻、金石、刺绣、剪纸、建筑等多种艺术门类的精粹，对于灯彩所承载的艺术形式的表现，需要制作者具备一定的美学修养与良好的审美底蕴。

在开始制作前，首先是对于灯彩形象的创意构思，这一步称为"认灯"。在传统的灯会组织工作中，硖石镇的各作坊根据各自的经济资源条件，自报将会出迎的灯彩品种来"认灯"，但由于这表明该坊允诺将要制作的具体彩灯品种，事先应当有详尽细致的策划，因此"认灯"被认为是灯彩制作中的创意环节，是整个灯彩制作过程中的第一步。真正动手制作的环节，则已由灯彩艺人孙惟君先生（1917—1998）归结为八大技法——绘、拗、扎、针、刻、糊、裱、结。

孙惟君先生

①"绘"是灯彩制作的重要技法之一。它的运用主要包括两方面：一是对造型创意的绘制，包括打样、每一只彩灯涉及的形象、对制作灯彩中所运用的其他艺术的融合的统筹等；二是对灯面的绘制，多为工笔重彩人物、花鸟、山水题材。

②"拗"是在整体造型确定的前提下，对灯彩进行定型的工艺环节，包括对灯体的骨架造型以及用金属做的小装饰，如拗栏杆、拗屋脊、拗戗角、拗如意等，俗称"拗彩"。

③"扎"是对骨架的拼接工艺。当灯彩的骨架与装饰附件制作完成后，就要将它们拼接为整体，并且固定起来。

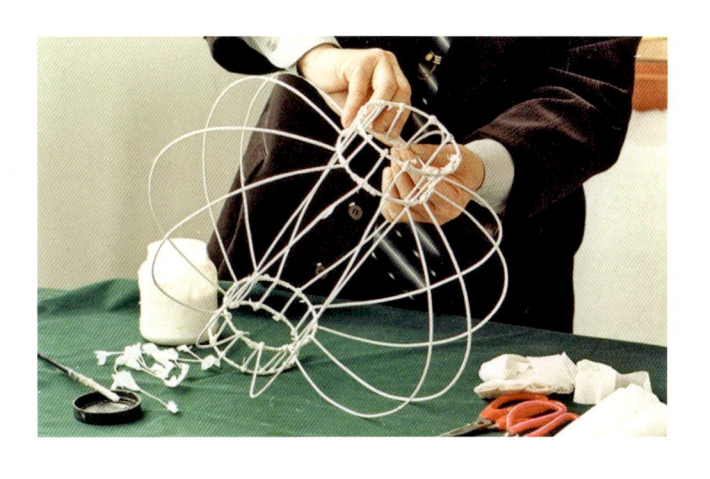

④"针"是硖石灯彩最具特色的一个技法，需要人在制作时综合运用排针、勾针、花针、乱针、破花针、补针等不同的针法在灯片纸上进行精密的穿刺。

⑤"刻"是硖石灯彩中最能体现灯彩是否精彩的重要环节。制作者根据图稿内容，对灯片上的图样进行舍与留的设计，把舍去部分刻掉。

⑥"糊"是在制作完成的骨架外面糊上绸布或者粘贴灯片、灯花、装饰花边等物件的环节。这个环节看起来简单，但实际上要做好也不容易，糊的过程中不能使绸布起皱或者针刺灯片歪斜，而且粘贴时也不能过紧，否则会使骨架变形。

033

⑦"裱"是制作过程中的唯一一项材料制作的工艺技法，是制作传统硖石灯彩的灯片的技法。制作者用棉纸、生宣、熟宣、有色连史纸和夹宣等多层纸裱成的，这样的制作可以使灯片达到牢固且不透光、能染色的效果。

⑧"结"是对整体进行装饰的一个环节。作为一项古老的技艺，它在演化中展现了多种不同的面貌，在灯彩制作中主要表现为：一是结扎流苏（也称灯须）和网须，二是大型灯彩中结栏杆。

硖石街道南关厢历史街区所悬挂的装饰灯彩系列作品

近年来，硖石灯彩在继承传统工艺基础上，把现代材料、能源与传统的造型、工艺有机地结合起来，在声、光、电、材料和传动装置等方面不断改进和创新，并开始采用树脂、涤纶ABS等新材料和焊接、电路设计等现代工艺。

在现代城市中需要大批量设置灯彩作品进行宣传时，纯手工制作的灯彩显然不是最好的选择。于是，以印刷代替针刺的工艺，但保留传统的花鸟画与金石书法作品的纹样，用喷绘的方式获得"低配版"的灯片，将以这种方式做成的灯彩悬挂在街头，融入公共设施中，在控制成本的基础上，既保留了灯彩的美学需要，也起到了良好的宣传作用。

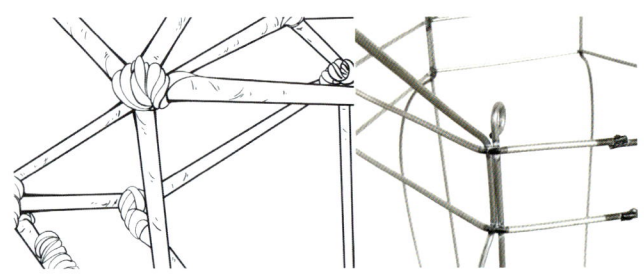

传统纸捻（皱纸）缠绕结构与钢丝电焊成的现代灯彩框架

以电池灯泡代替烛火

**教学案例二：有意味的形式——徽州门楼**

作者：2017级设计6班 殷文琦

徽派建筑集徽州山川风景之灵气，融风俗文化之精华，雕镂精湛、风格独特、黛瓦粉墙、结构严谨。其中，尤以民居、祠堂和牌坊最为典型，被誉为"徽州古建三绝"。

徽州门楼位于家宅宅院门外部，有装饰大门之用，其设计是徽派建筑的亮点之一，盛行于徽州民居建筑之中。它的位置与造型、装饰都是非常重要的，除了有安全、交通、分隔、采光、保温等功能，还具有风水、象征功能。

徽州门楼砖雕图案的题材非常广泛，以人物为主的题材包括神话传说、戏曲故事、风俗民谣等。常见的有"八仙过海""郭子仪拜寿""百子闹元宵""五子登科""五谷丰登"等，砖雕人物的动作、服饰各不相同，所处的环境，以及人物周边的建筑表现也形态各异。由于人物题材在门楼砖雕工艺中被视为精工细作的重中之重，所以其镶嵌的地方也比较考究，一般都嵌于门楼横枋、华板等显著位置。在繁复的雕饰中，人物尺寸也被刻意夸大，所以与建筑形成不同的比例。以动植物为主的题材，较多的是象征吉祥喜庆的图案的狮子、麒麟、蝙蝠、大象、仙鹤等动物，龙与凤虽然是封建社会较常见的装饰动物，但是涉及封建等级制度的约束，所以在徽州民间使用有严格的限制。这些瑞兽同样不是单独出现的，动物之间穿插各类植物也是徽州砖雕工匠们常用的雕饰手法。除了大家熟悉的梅兰竹菊四君子外，石榴、葡萄、荔枝、缠枝、散花等，也是屡见不鲜的装饰题材。其他题材也包括"博古图""琴棋书画""暗八仙""祥云""几何纹""卷草纹""如意纹"等。

徽州门楼充分吸收了"天人合一"和"物我为一"的理论精神，把后天人工修饰与先天自然环境相结合，是中国传统精神在建筑中的反映，体现了人与建筑、自然环境之间的和谐统一的关系。门楼作为修饰的一种，在整体建筑风格方面，微微翘起的屋檐与屋脊上面层层叠叠的马头墙，给人以层次上的递进；色彩方面，年代久远的青石砖雕与略带斑驳的粉墙组成了水墨画般的美丽图画，并与周围的青山碧水相照应；雕饰艺术方面，门楼上精工细作的砖雕与略显苍白的墙壁又起到了疏密有序的结合。徽州门楼不仅表现了徽州当地的艺术趣味和起装饰建筑作用，更融自然美与艺术美为一体，最终实现了由自然美到艺术美的转化。

"一生一本"·田野考察笔记《有意味的形式——徽州门楼》（一）

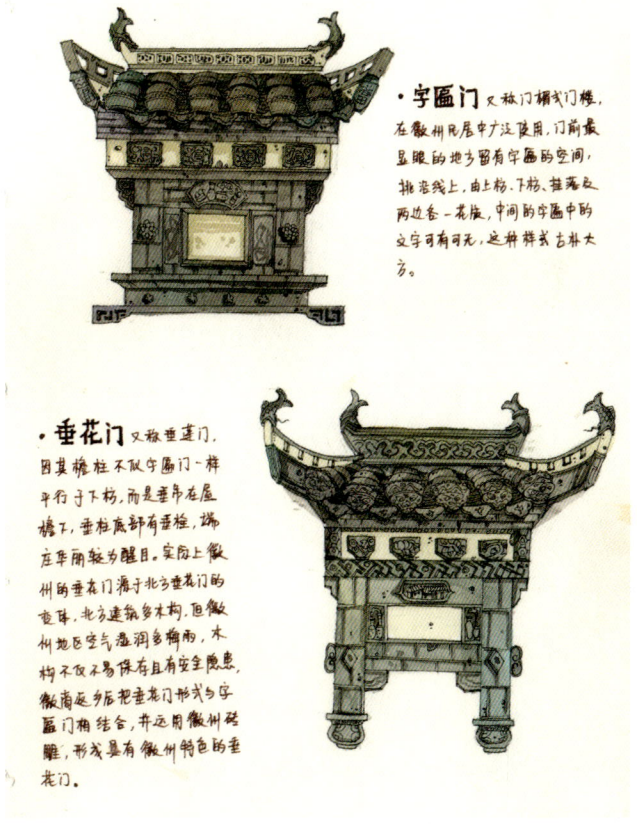

"一生一本"·田野考察笔记《有意味的形式——徽州门楼》（二）

## 鳌鱼 (áo yú)

◁ 宏村保护民居鳌鱼

鱼吻采用的形象是中国古代神兽鳌鱼。它有着龙头鱼身，立在砖瓦的最上头，形象生动，象征文章显达，寓意吉祥，独占鳌头。

△ 志诚堂门楼鳌鱼

门楼上通常有两对鳌鱼，里边一对较大，外边一对较小。

— 小脊
— 古丁砖
— 如意砖

· 黄山烧制砖丁老板告诉我小脊和古丁砖的作用都是为了防水和美观。叠两块砖不仅能严密结构，不让雨水渗入，还能让其观赏价值提高，显得更为复杂。

"一生一本"·田野考察笔记《有意味的形式——徽州门楼》（三）

## 如意砖 (rú yì zhuān)

如意砖与束腰等同高，是门楼最高的装置之一。如意纹寓意多事顺利，吉祥如意，其在阴阳无缺，在优美的形式之下饱含深刻的意义。通常在一排如意砖的两头会放上如意头，既对称又吉祥。

▲ 如意砖    ▲ 如意头

· 金钱纹。金钱也称古钱，古钱又称泉，因泉与"全"同音，所以两版就称"双全"，十版则称"十全"。

▲ 卢村崇德堂门楼

· 有些门楼上并没有如意砖，取而代之的是铜钱币般排开的纹饰。徽商做生意最需要的事物莫过于金钱，在门楼如此显眼的地方雕上钱币寓意招财进宝，富贵百年，带来无尽的财富。

· 通常共有六个砖块排开，数字六在中国代表着六六大顺，一帆风顺，也是吉祥的象征，寄托了人们美好的愿望。

"一生一本"·田野考察笔记《有意味的形式——徽州门楼》（四）

## 飞檐 (fēi yán)

· 飞檐是中国传统建筑檐部形式，在门头中最外两角檐部向上翘起，若飞举之势，如飞鸟展翅，轻盈活泼，给人美好的视觉享受。

· 飞檐的高低、长短是建筑设计的难点与要点。

正所谓"增之一分则太长，减之一分则太短"，其设计必须恰到好处才能显得挺拔而不粗脆，并华丽而不机械，威严而不呆板。

△ 门头飞檐示意图

△ 老板称之Z字头，放在最前端，后面加上6个工字砖，形成一套飞檐。

△ Z字头

△ 工字砖形如其名，工字的形状排列开能使空气更加流通，也使得飞檐更加灵动，不显沉闷。

↑ 门头中的飞檐多呈曲线，与瓦片形成一个弯曲的斜面，不仅扩大了下方的采光面，还利于排泄雨水，起到缓冲的作用。这样的设计真是太智慧了！泪流感叹！

"一生一本"·田野考察笔记《有意味的形式——徽州门楼》（五）

## 瓦当 (wǎ dāng)

门楼最显眼的位置是由瓦当、虎头、滴水三部分组成，后面依次排开着青瓦，构成门楼瓦部。瓦当、虎头、滴水被称为三件套。

我是瓦当    我是虎头    我是滴水

▲ 未经烧制的三件套

· 瓦当底挡建筑檐头筒瓦前端，起着保护木制飞檐和美化屋面轮廓的作用。作为屋檐最前端的瓦当，均带有花纹雕刻。

各种角度的瓦当：

"一生一本"·田野考察笔记《有意味的形式——徽州门楼》（六）

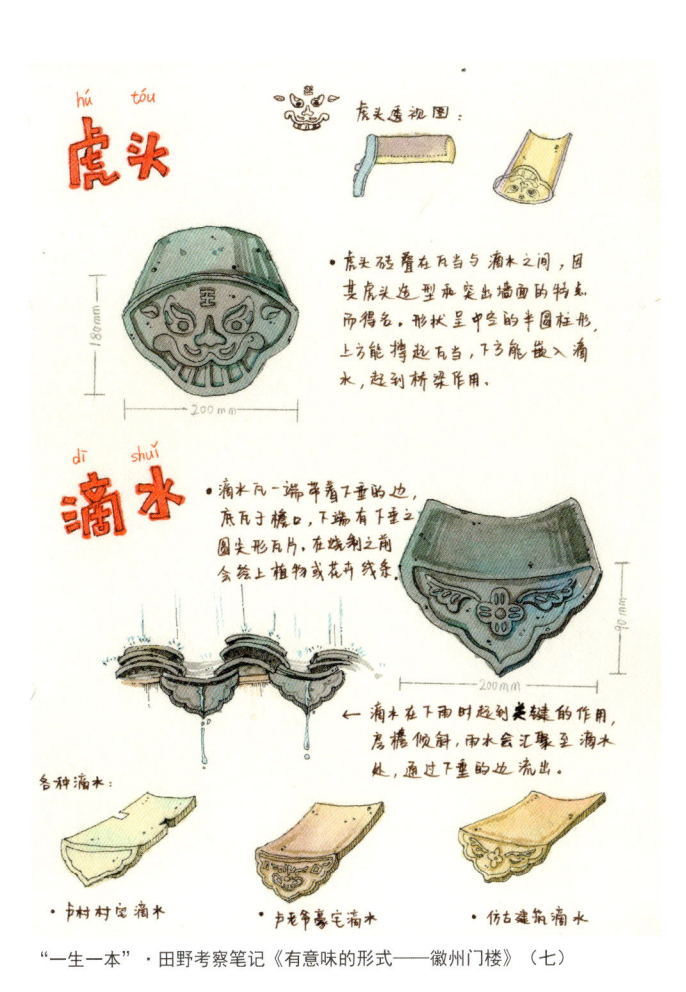

## 虎头 hǔ tóu

虎头透视图：

- 虎头砖叠在瓦当与滴水之间，因其虎头造型而突出墙面的特点而得名。形状是中空的半圆柱形，上方能撑起瓦当，下方能嵌入滴水，起到桥梁作用。

## 滴水 dī shuǐ

- 滴水瓦一端垂着下垂的边，底瓦子挡，下端有个下垂的圆尖形的片。在烧制之前会给上植物或花片线条。

← 滴水在下雨时起到关键的作用，屋檐倾斜，雨水会汇聚至滴水处，通过下垂的边流出。

各种滴水：
- 卢村村宅滴水
- 卢老爷豪宅滴水
- 仿古建筑滴水

"一生一本"·田野考察笔记《有意味的形式——徽州门楼》（七）

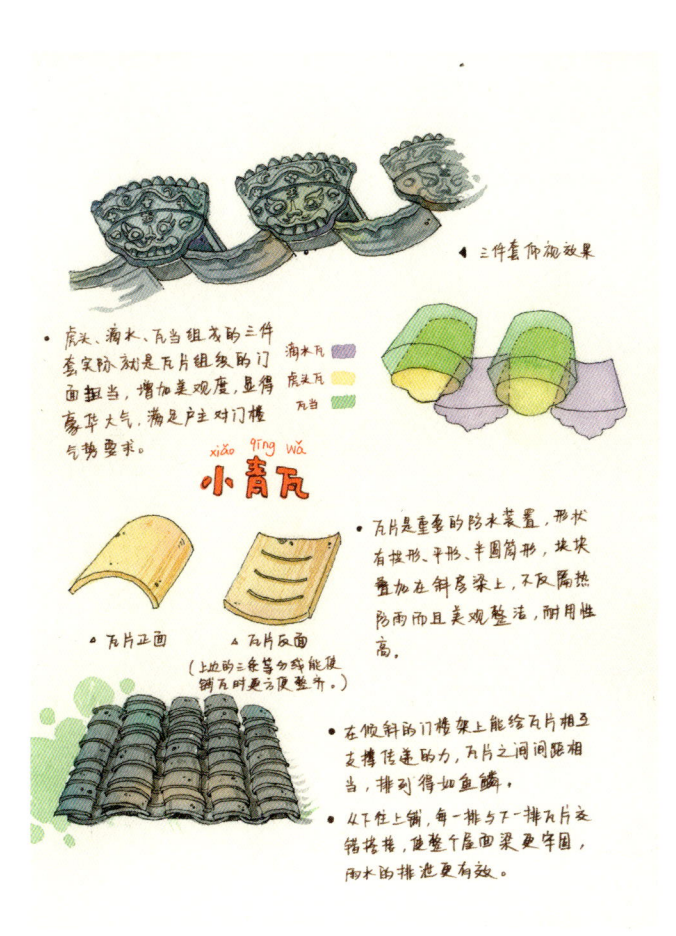

---

- 虎头、滴水、瓦当组成的三件套实际就是瓦片组成的门面担当，增加美观度，显得豪华大气，满足户主对门楼气势要求。

← 三件套仰视效果

## 小青瓦 xiǎo qīng wǎ

- 瓦片正面
- 瓦片反面
（上边的三条等分线能使铺瓦时更方便整齐。）

- 瓦片是重要的防水装置，形状有拱形、平形、半圆筒形，块块叠加在斜屋梁上，不仅隔热防雨而且美观整洁，耐用性高。

- 在倾斜的门楼架上能给瓦片相互支撑传递的力，瓦片之间间距相当，排列得如鱼鳞。

- 从下往上铺，每一排与下一排瓦片交错搭接，使整个屋面更牢固，雨水的排泄更有效。

"一生一本"·田野考察笔记《有意味的形式——徽州门楼》（八）

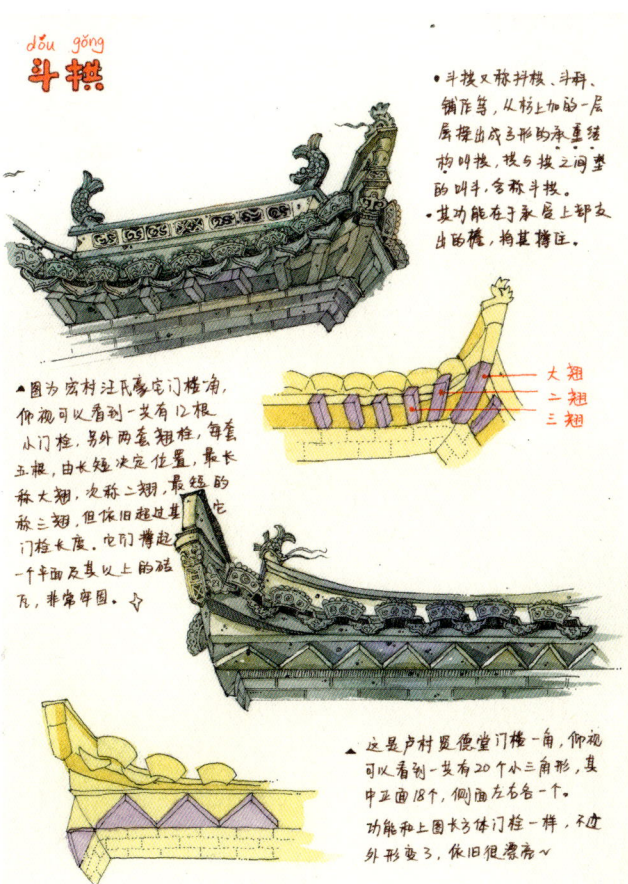

---

## 斗拱 dǒu gǒng

- 斗拱又称斗栱、斗科、铺作等，从枋上加的一层层探出成弓形的承重结构叫拱，拱与拱之间的叫斗，合称斗拱。
- 其功能在于承屋上部支出的檐，撑其重压。

▲图为宏村汪氏豪宅门楼角，仰视可以看到一共有12根小门栓，另外两套翘形，每套五根，由长短决定位置，最长称大翘，次称二翘，最短的称三翘，但依旧超过其它门栓长度。它们撑起一千平方尺以上的砖瓦，非常牢固。☆

- 大翘
- 二翘
- 三翘

← 这是卢村思德堂门楼一角，仰视可以看到一共有20个小三角形，其中正面18个，侧面左右各一个。功能和上图长方体门栓一样，只是外形变了，依旧很霸气～

"一生一本"·田野考察笔记《有意味的形式——徽州门楼》（九）

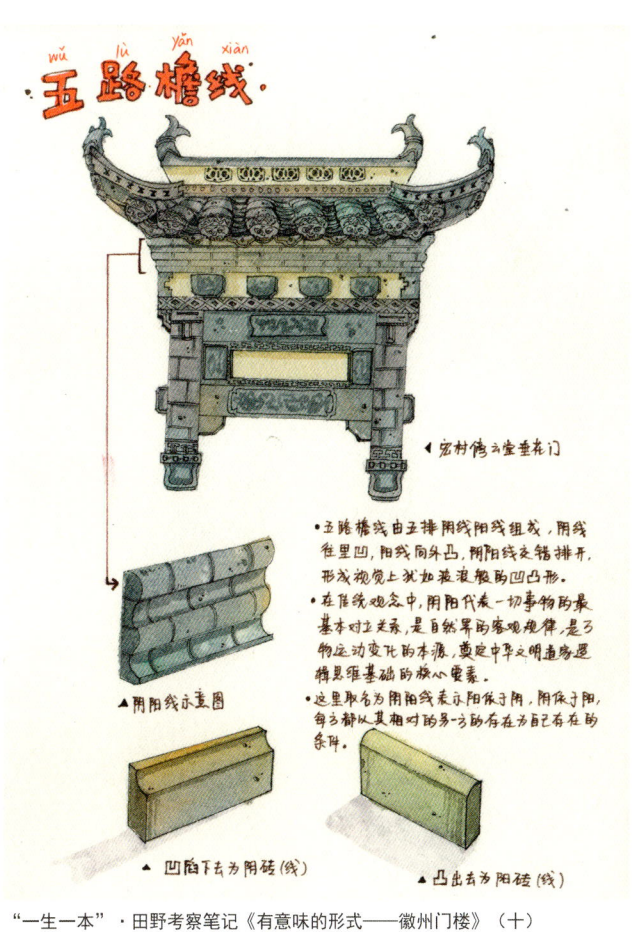

---

## 五路檐线 wǔ lù yán xiàn

← 宏村传心堂垂花门

- 五路檐线由五排阴线阳线组成，阴线往里凹，阳线向外凸，阴阳线交错排列，形成视觉上犹如波浪般的凹凸形。

- 在传统观念中，阴阳代表一切事物最基本对立关系，是自然界的客观规律，是万物运动变化的本源，奠定中华文明道家逻辑思维基础的核心要素。

- 这里取名为阴阳线表示阳依于阴，阴依于阳，每一方都以其相对的另一方存在为自己存在的条件。

▲ 阴阳线永恒图
▲ 凹陷下去为阴砖（线）
▲ 凸出去为阳砖（线）

"一生一本"·田野考察笔记《有意味的形式——徽州门楼》（十）

037

## 元宝 yuán bǎo

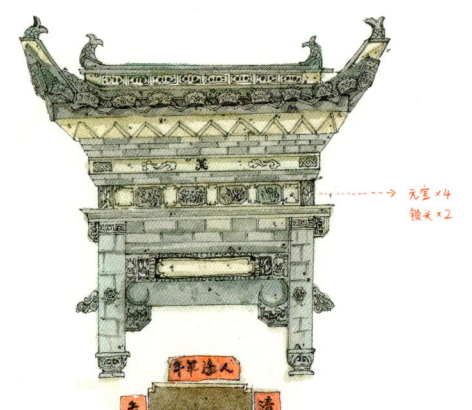

- 元宝：因形如元宝而得其名。在中国元宝也是财富的象征，在重商的徽州人眼中更是不可或缺的象征，所以在门楼上放置了元宝雕砖，意为家中带来源源不断的财运，达到旺财的目的。寓意家财滚滚来，招财进宝。门楼中常置二个、四个或八个元宝组成一套装饰，元宝的图案可是不同的。（二个元宝组同）

△ 宏村汪宝豪宅门楼（黑）

"一生一本"·田野考察笔记《有意味的形式——徽州门楼》（十一）

## 雀跃 与 挂落 què yuè / guà luò

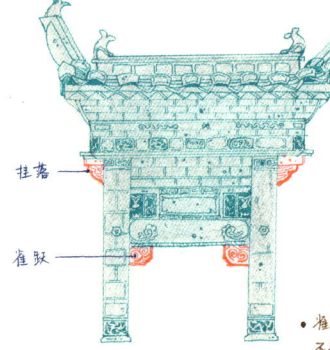

- 雀跃：通常位于下枋之下，与柱相交，有着托座的作用，从柱头部分挑出承托其上之枋，以减少枋的净跨度，起着加固与美观作用。

- 挂落：挂落位于柱与枋交界处的建筑构件，有着多种形状，它的边缘有方的圆的以及八角等形状。

- 雀跃与挂落整体说很是相似，所以同一张表表达，不过挂落经常很见到，但雀跃并不是每一扇门楼都有，在卢村不易找到。

各式各样的挂落、雀跃

△ 宏村汪氏豪宅 挂落 　　△ 思济堂 挂落 　　△ 黄山砖场 挂落

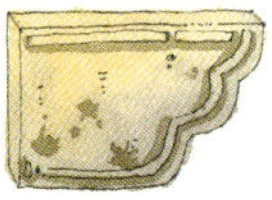

△ 思济堂 雀跃 　　△ 宏村汪氏豪宅 雀跃 　　△ 卢村述理堂 雀跃

"一生一本"·田野考察笔记《有意味的形式——徽州门楼》（十二）

## 额枋 é fāng

- 在门楼中有"竖柱横枋"的说法，横枋主要有两类，一是额枋，二是下枋。额枋在大门楼中起通贯作用，上面雕着各种图案，甚至还有人物景象，显示书香庭院的人文之属。

- 横着的额枋连接两条竖直的柱，使门楼外观更加整体，丰富门楼装饰，也更加有魅力。

▽ 下图为宏村门楼通景，是门楼中的精彩所在之一。长约七尺，通常由五至七块青砖排成，在统一的一个平面上用里雕大七个层次，运用浅高浮雕、透雕等方法，使人物生动和主要建筑突起，使其有立体感和层次感。

△ 南屏保护民居守福门

△ 画景真是太太太精彩了。[宏村]

△ 汪氏豪宅额枋

"一生一本"·田野考察笔记《有意味的形式——徽州门楼》（十三）

## 方框 fāng kuàng

- 方框：是位于门楼两条竖直与下枋相交处的挂件，因其外形呈长方形而得其名方框，故在扁徽的最为点据中心位置。

- 方框上最常见的花纹是花瓶与香炉的搭配，有时匠会配上金挑子。花瓶与香炉是雅致清幽的象征，花瓶中插放不同的花也代表了不同的寓意，如荷花代表高洁，牡丹代表富贵荣华，兰花代表典雅，春花代表幸福美意等等。

△ 宏村民居守福门

△ 宏村保护民居一组方框

"一生一本"·田野考察笔记《有意味的形式——徽州门楼》（十四）

038

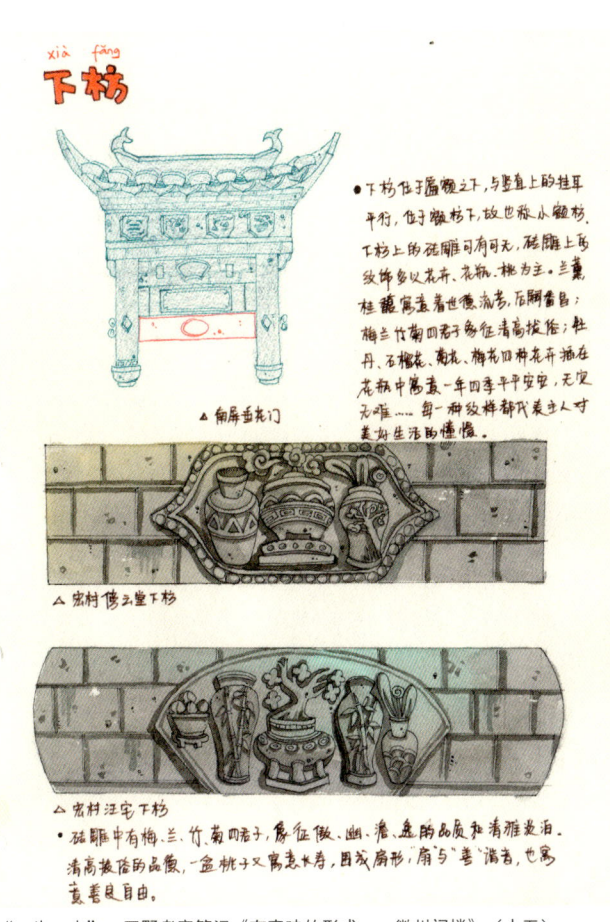

"一生一本"·田野考察笔记《有意味的形式——徽州门楼》（十五）

"一生一本"·田野考察笔记《有意味的形式——徽州门楼》（十六）

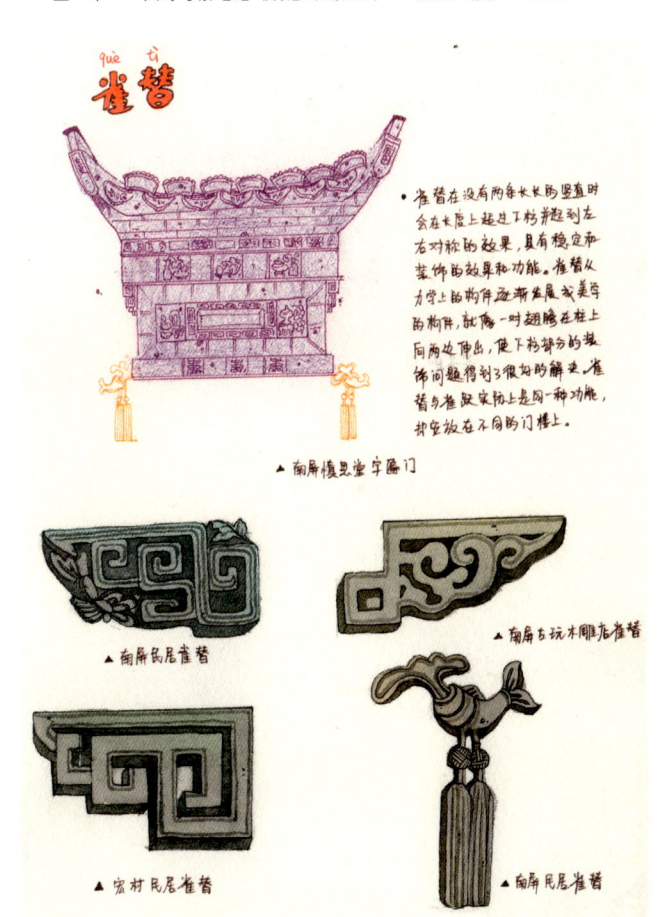

"一生一本"·田野考察笔记《有意味的形式——徽州门楼》（十七）

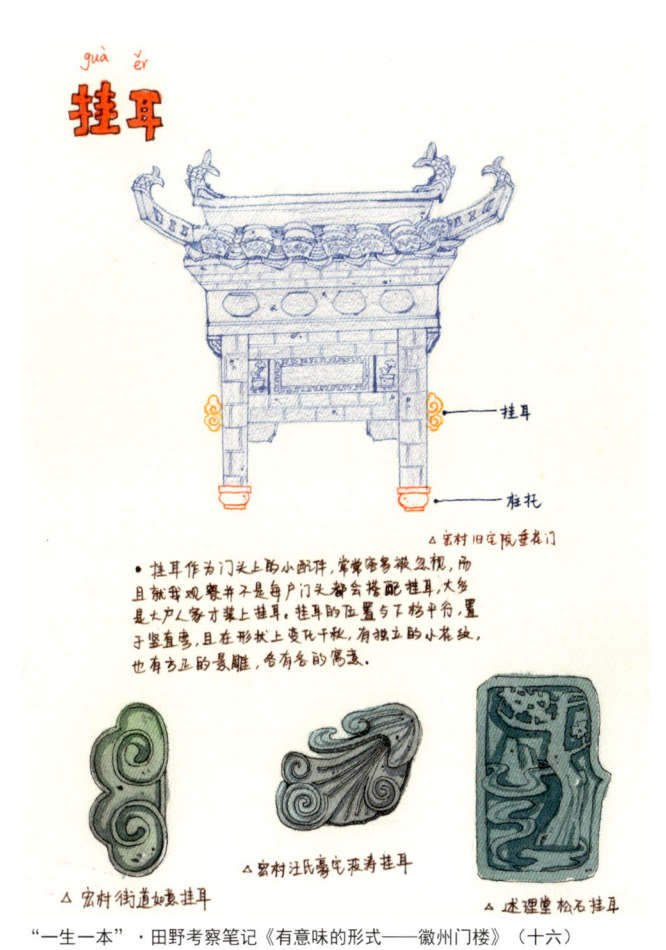

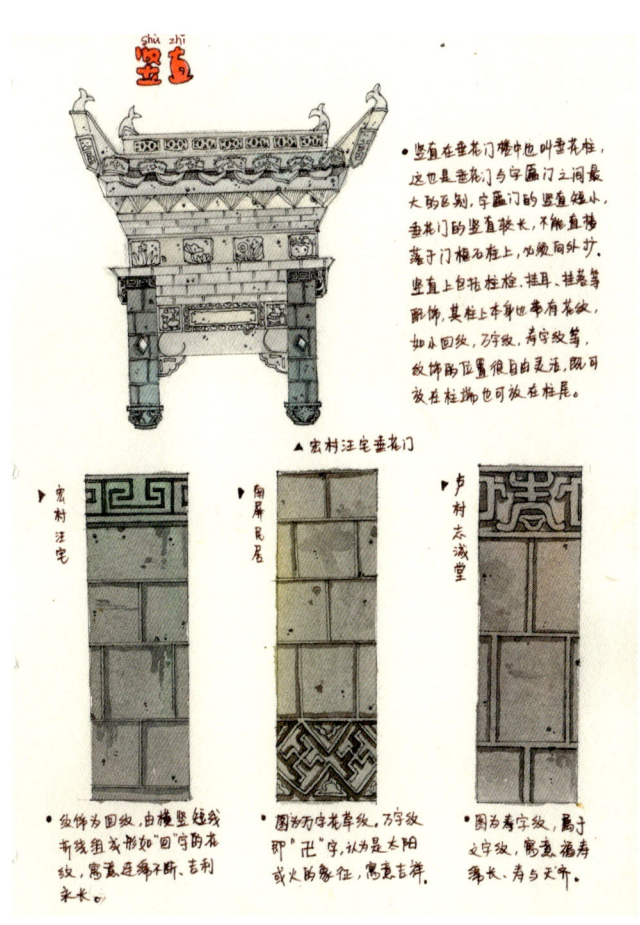

"一生一本"·田野考察笔记《有意味的形式——徽州门楼》（十八）

039

# 第三节　器具与生活

如何将使用便捷的生活器具体系引入到生活当中，并利用它为生存与发展服务，是劳动中的人、群体与自然界的有效互动。下乡实践的主要内容是观察记录经久不变的需求、情感、行为模式，与之相关的人们彼此的情感、交流方式；同学们在充分融入当地生活，对生活有了较深入了解后，仍保持客观的素材采集，独立探索、考察。在这些系列性的事物中，当地的思想文化对器具制作者的影响，其世界观哲学观的形成，深入考察后也都会列入其中。

同学们因地制宜、因陋就简收集乡村居民对美的感受与演绎，与乡民进行彼此间的经验交流。有些器具被制作出来时，并没有考虑具体的用途。但它会是一个"多面手"，能应用于各种意想不到的场合，或者成为使用其他器具过程中的一个辅助工具。这些虽然不是经过系统性设计的部件，却充分体现了劳动人民的智慧。这些器具或者利用材料的原生态，或是利用原生材料的再造功能。其中很多器具是顺手拈来，可能并没有太多的想法和推敲。但也正因为如此，它展现了当地特色与手工艺独特而质朴的美感。

考察以生活为导向的器具系统分为两个方向：

一是人们出于明确意图使用同类不同形态的器具。针对同样一件事，不同的家庭根据自家的具体情况有各自的解决方法。有些共通的部分受当地风俗的影响，大抵是基于节俭的良好生活习惯，根据当地随处可见的一些材料，诸如可以利用的原生材料，或废弃的人工材料，进行了一些形态上的微调，改造成可以派上用场的器具。

二是为达到某个目的，连贯性的动作而制作产生的一系列应对过程细分功能的器具。家庭是乡村基本的生活生产单位，所以一个人可能需要同时做很多物件，虽然有些物件的功能放在一起互不相关，但它可能会由 a 的需求，转移到 b 的需求。同时因为功能的需求产生了一些为了使用方便而改变的一系列的器具。这些行为就需要不同的特定的器具来辅助，由此通过一系列的功能需要产生了一系列的器具。如以洗衣服为例，需要装衣服的盆、洗刷用的刷子、浣衣服用的棒槌等。

思考题：

① 基于当时当地的生活习惯，你觉得人的活动是如何影响器具的产生和形态？

② 在一系列的生活方式中，这些配套产生的器具中哪些对你来说使用不便，或者有改良的冲动？它们是如何对你造成不便的？如果可以进行改良，你会通过哪些手段方式？

③ 随着乡村留守儿童、老人村落问题的凸显，请提供一种新的乡村建设思路，以应对农村地区在现代化过程中出现的这些问题。

打年糕

乡村的节日出行

诸暨斯宅千柱屋一角

**教学案例一：水意的栖居**
作者：2017级设计7班 李香玉、刘妍兵、张雨童

水，一种神奇的液体。它是无形的，却是生命之源；它是有形的，通过媒介使然。它掉进河道，成为抽象的河；它落入碗里，成为不规则的半球；它流入酒器，便成了诗人的性情，百变的样子。

水，很美，但，它与器皿的碰撞更美，像是久别的情人，眼里闪烁着爱的火花。像是一对父子，器皿保护着水，生怕它磕着碰着，用自己宽大的肩膀托起水，不想让水受到一点伤害，也完美地帮助了我们，不带半点浪费。它真是一只安静的美皿，从不期盼能得到我们的赞许，安安静静地默默付出着，像个活雷锋，干着伟大的事业，却无人知晓。

话说到水器，想起了古代。商周贵族在祭神拜祖，宴前饭后都要进行严格的洗盥之礼，因此青铜水器自可归于礼器类中，水器中最常见的是盘和匜。古人盥洗时用匜浇注，以盘盛水，所以盘，匜是配套器物。据近年考古发现，在西周中期以前，盘是与有管状流的盉相配合，直到西周晚期才被匜所取代。由于盘的面积很大，适合铸出长篇的铭文，故而古人常将契约的文字铸于盘上，垂之永远。鉴也是重要的水器，或无耳，或有两耳、四耳。它是一种大盆，有三种用途，其一是盛水用来洗浴，其二是贮水借以照面，其三是盛冰用以冰酒，即《周礼》中所指的冰鉴。有的鉴中还附有瓢型的挹水器。盘、鉴等青铜器，内底有精美纹饰。

水器分为盘、匜、盂、鉴、缶、盆、斗、壶。盘，盛水或接水，多是圆形、浅腹、有圈足或三足，有的还有流。匜，《左传》有"奉匜沃盥"沃的意思是浇水的用具，形椭圆，三足或四足，前有流，后有鋬，有的带盖。盂，盛水或盛饭的器皿，侈口、深腹、圈足，有附耳的簋，但比簋大。鉴，盛水器，也可盛冰为冰鉴，形体一般很大，大口、深腹、平底，也有圈足，两侧有兽耳。壶，盛酒或盛水器，有圆形、方形、扁形和瓠形等多种形状。

然而，现在的器具和古时候不一样了。曾经的青铜器，现在由塑料制品取而代之，虽然失去了原有的精神意义，却也出现了越来越多的新东西；越来越方便、越来越大众，种类也越来越丰富。

厨房一角的瓶瓶罐罐

各种盛水容器

老厨房一景，绿色的水瓢在热腾腾的雾气中格外好看　　厨娘在做饭，揭开盖子的一瞬间，雾气从热水上飘散开来　　一个修伞老头儿家的烧水壶

器物仿佛是一个个小小的个体，但其实每一个器物都是人们生活的写照，融合着人们的情感与习惯。那些盛水的器物就像是水的家，容纳着水的重量与温度，也承载着人的喜悦与烦恼。纳，那些水的容纳之所，也许是一只小小的玻璃杯，亦或是一口大大的水井；也许是一个轻巧的小碗，亦或是一个厚重的大缸。这些外表坚硬的器物，其实都有一颗温柔似水的心哦。

水槽——一池水装下的整片蓝天

　　庆元的小村中，水槽是家中储藏水的主要物品。大大小小的水槽摆放在院子中，大多是用来装自来水或雨水。在其他村子里，也能看到各种各样的水槽。在洋背村时，看到的水槽基本上是水泥和不锈钢材质的。用水泥砌一个长方形的水槽，或是直接在地上，或是垒出高台。不锈钢材质的水槽大多比较小，放在地上，常常和清洁用具一起使用。在西川村，水槽则多为石质的，院子中一个大大的长方形水槽。水槽中水很清澈，映着一片蓝天白云，岁月静好。或者是倒映出一片葱翠的竹林，整个村中的美好宁静仿佛都凝聚在了这一片小小的池水中。水槽旁边一般会放上一些盛水的水勺或者水瓢，沿着水槽墙边放置一些水桶水盆，这样更加方便用来取水。

　　室外的水槽能接很多的水，经过五水共治之后，庆元县的水质明显提升，因此水槽中的水也更加清澈了。在一些水质很好的村落，清澈的水甚至达到了饮用水的标准，因此人们便可以直接用水槽中的清水来洗菜做饭。这种直接收集水的方法，方便了居民的生产生活。当然，这种取用"天水"的方法，前提还是水质的改善与保持，因此保护好环境治理好污水，才能让这一池的美好一直保持下去。

充满烟火气的水瓶

042

烧水·用水

　　我看到热腾腾的蒸汽，在空中升腾着，就好像记忆中一张张笑脸，他们过着越来越好的日子。咕噜咕噜的烧水声在温暖的厅堂中回荡，烧水壶和热水瓶作为居民饮水的主要工具，在生活中起着不小的作用。桶装的纯净水和饮水机在丽水基本没有见到，因此热水壶和热水瓶就成了最常见的烧水、盛水工具。大多数人家似乎都有不止两个热水壶，花花绿绿地摆放在角落中，尤其是在一些小吃摊或是客栈的厨房中，都能看到非常多的热水瓶。冬季烧上一壶热水，从热水壶中倒出来的温暖也有着一份热腾腾的情谊。

水杯——柜子上的小小的家

　　这种白色的"解放茶缸"非常的常见。这种搪瓷制品，能盛很多水，是乡下最常见的水杯之一。除了白色的"解放茶缸"，各式各样的水杯也精彩纷呈地走进人们的生活。最普遍的应该是塑料的了，可以发现橱柜上彩色的水杯，就好像人们现在多彩的生活一样，选择越来越多，事物的可能性也越来越多。

　　不管是闲坐在树荫下的老爷爷，还是推车叫卖的老伯，基本上都用过这样的杯子喝茶。这可能就是属于时代的特殊印记吧。

水杯——柜子上的小小的家

喝一杯茶

　　人居草木之中故称"茶"。茶，是一种心情。喝茶是一种心境，呼唤着人亲近草木，回归自然。

　　除了白开水，人们在日常生活中也喜欢品茶。因此家家都有一些茶杯。在古村人家的院子里，人们会坐在树荫下泡茶喝。而在县城或者饭店中，也经常看到一些茶具，主要为茶壶、茶杯、茶勺。而最常见的是瓷质的茶碗，或者是木制的茶杯，当然还有铁质的或者不锈钢的茶缸。

　　庆元山清水秀，经过五水共治，水质更是有了大大的提高，用清甜的水泡上一杯好茶，在如画的风景中品茶，实在是一种享受。七碗受之味，一壶得真趣。杯中的茶，已不是墙上的画，书中的诗，而是胸中的万千气象，是青山绿水天然的水墨写意。而品茶，不就像是品人生吗？初始混沌未开，静若处子，之后红尘滚滚，波翻浪涌，如在水中翻舞的新绿，漂浮不定，最后看破尘世归于淡定。而那些承载着茶韵的器皿，也是这茶香的记录者，承载着人们生活的苦涩与甘甜。

茶桌上的一角

## 清洁

打扫是什么？第一是指：清洁，打扫卫生，使区域内的各种设施、设备一尘不染，光洁明亮；第二是指：维护保持清洁并使区域内的各种设施、设备处于正常运转的状态。随着社会生产力的发展，人们的物质生活水平的不断提高，保洁也不再是简单的体力劳动，而被赋予了科学的意义。随着清洁药剂、清洁设备的广泛使用，保洁也涉及了物理、化学、机械等多种学科，这也使得保洁工作成为一项具有科技含量的事务性工作。

于是，清理的意义不仅在于清洁卫生，也是给精神空间一个更清爽、明亮的安顿。清理的过程是不断明晰自己的所知所得，发现自己无需一味保留的无用之物的认知过程。如此自己不仅不会负累太多，而且还会不断留出新的空间，留出空域向未来敞开。这也如中国山水画中的留白吧。留白天地宽，即是了。

清洁：《三国志·魏志·高堂隆传》"清埽所灾之处，不敢於此有所立作，蓬蒿、嘉禾必生此地，以报陛下虔恭之德。"《诗刊》1977年第9期："鲲鹏正在壮丽的太空中遨游，展开巨翅，将宇宙尘埃清扫。"

扫帚是打扫卫生必备的工具，它既可以清扫地面，有时候还可以充当挂钩，清洁那些看不到又很脏的地方，还可以把边边框框里面的零碎物品弄出来。扫帚是扫地除尘的工具，多用竹枝扎成，比笤帚大，源于中国。早在四千年前的夏代，有个叫少康的人，偶然一次看见一只受伤的野鸡拖着身子向前爬，爬过之处的灰尘少了许多。他想，这一定是鸡毛的作用，于是抓来几只野鸡拔下毛来制成了第一把扫帚。这亦是鸡毛掸子的由来。由于使用的鸡毛太软，同时又不耐磨损，少康即换上竹条、草等为原料，把掸子改制成了耐用的扫帚。

史料记载：
《南齐书·刘休传》："令休於宅后开小店，使王氏亲卖扫箒皂荚以辱之。"
《隋书·五行志上》："金作扫帚玉作把，净扫殿屋迎西家。"
《二十年目睹之怪现状》第十六回："猛抬头看见他檐下挂着一把破扫帚。"
赵树理《三里湾·奇怪 的笔记》："她给家里做过什么活……在院里没有动过扫帚！"

拖把，又称墩布，指擦洗地面的长柄清洁工具，泛指长柄清洁工具。擦洗地面最早应是抹布。擦洗虽使地面干净了，可操作者的第一个问题也来了——太累。问题是灵感的源泉，某人便在抹布上安装了一个长柄，实现了"直立行走"。

045

## 教学案例二：流转之道

作者：2017级设计7班　许安然、钱奕颖、陈静宜

### 管·道

此次下乡的目的地是丽水市庆元县，被称为"中国生态环境第一县"，它位于浙江省西南部，全境山岭长城连绵群峰起伏，地势自东北向西南倾斜，气候属亚热带季风区，与我的故乡福建三县有交界。始置县于南宋宁宗庆元三年，已有800多年的历史，有着诸多文化遗迹，风景名胜，其中以进士村、大济村、人间仙境百山祖最为著名。

我们下乡实践的目的不单单是写生画画，而是有更加重要的目的：参与"青春助力·五水共治"的活动。在当地深入观察，切身体会什么是"五水共治"，然后通过艺术的形式向外界展示治水的伟大成果。

"五水共治"是指治污水、防洪水、排涝水、保供水、抓节水。在这项庞大繁杂的治水工作中，河长河工们的努力起着关键作用，每隔几天，河工们都会到自己负责的河道，及时清理河上的漂浮物、生活垃圾。在我们给河长河工画人物肖像时，河长便说那时接到举报电话是常有的事，夜里巡逻河道更是家常便饭，经常忙到饭都没时间吃，甚至有"大禹治水三过家门而不入"的情形。随着调研的深入，我们找了感兴趣的主题：水的运输，主要是管道，还有些水龙头、储水器等关于水的运输的工具。

庆元河景

集市一角

百山祖水阀

外界的水来到我们的家中，必定要经过一个重要的媒介，那便是水管。水管是供水的管道，现代装修水管都是采用埋墙式施工。水管的分类有三种，第一类是金属管，如内搪塑料的热度铸铁管、铜管、不锈钢管等；第二类是塑复金属管，如塑复钢管、铝塑复合管等；第三类是塑料管等，如pvc管。

pvc管实际上就是一种塑料管，接口处一般用胶粘接，但是pvc管的抗冻和耐热能力都不好，很容易断裂。所以很少用作冷热水管，基本用来排废水，排出屋外。很多时候人们在管道外部用胶布和塑料包将其裹住。pvc管适用于电线管道和排污管道。

水龙头是水阀的通俗称谓，用来控制水流大小的开关，有节水的功效。水龙头的更新换代速度非常快，从老式铸铁工艺发展到电镀旋钮式的，又发展到不锈钢单温单控水龙头，不锈钢双温双控龙头等。另外如黄铜水龙头，铜是人体内不可缺少的微量元素，它是机体内蛋白质和酶的重要组成，对机体的代谢过程产生作用，促进人体的许多功能，铜还能抑制细菌生长，保持饮用水清洁卫生。

通常我们的生活用水来自自来水厂，下雨时，我们的屋檐会积存大量雨水，为了排放积水，就有了屋檐落水系统，檐沟在民用建筑中一般是在房顶的边缘安装一个檐槽和一个竖立的排水管来排水。这种装置叫作檐沟，又叫屋檐排水槽。檐沟属于金属落水系统，是屋檐边的集水沟，沿沟长单边收集雨水且雨水能沿沟边溢流到室外。老式建筑房屋面檐口，檐下面横向的槽形，单独安装一种有组织排水装置，用于承接屋面的雨水，然后由落水管引到地面上。右图的檐沟的材料是pvc彩铝，但彩铝色彩单一，且用久了变脆，容易损坏。在硬度方面，铜制檐沟比PVC彩铝更硬不易变形，有耐腐蚀性，保质期长，但一般乡村因为价格原因大部分用的还是pvc。

洋背村墙外废弃水管

庆元大济村屋檐排水管

西川村水龙头

黄坛村屋檐排水道

047

通过水管将外界的水导入室内使用，便有了生活用水的热水冷水之分。其中太阳能热水器在这之中起到了关键作用。太阳能热水器是将太阳能转化为热能的加热装置，将水从低温加热到高温，以满足人们在生活生产中的热水使用。真空管式家用太阳能热水器，它是由集热管、储水箱及支架等相关零配件组成。真空集热管利用热水上浮冷水下沉的原理，使水产生微循环。图中的水桶为保温水箱，是储存热水的重要组成部分，还有连接管道，将水箱和室内冷热水管相连，使整套系统形成一个闭合环路。

自来水通过室外水管的运输，以及热水器和保温水箱的作用来到了村民的家中。自来水在从水龙头流出之前还要经过一道关卡那便是水表。水表为测量水流量的仪表，用来测量水的累计流量，它通常被装在水管上。当家中的水龙头和水管不够长时，我们通常会使用硅胶软管来加长输水管道。这样类似的场景在庆元有很多，看似普通的取水、接水、储水，其实有着大学问。

从对水的运输的调研中我也感受到了水对人们生活的重要性。通过五水共治庆元百姓再也不用担心生活用水，这是非常重要的。对于"五水共治"习近平总书记指出："既要绿水青山，也要金山银山。宁要绿水青山，不要金山银山，而且绿水青山就是金山银山。"我相信，只要深切贯彻"绿水青山就是金山"这一战略思想，坚定信念，庆元县的百姓就一定会生活在一个碧波荡漾、生态和谐的世外桃源。我们要知道，现在再也不是一个以GDP论英雄的时代了，我们必须将保护水资源、保护生态环境作为我们最重要的责任与使命，让我们的后辈，子子孙孙都能生活在碧水蓝天之下，而不是一片又一片污臭难忍的河流旁。

家用水槽水龙头

洋背村屋顶太阳能热水器及储水桶

村民家用水管接生活用水

西川村水龙头及蓄水池

一池

一间一池，一池一用，抑或一池数用。池，可于屋内、屋外、院中、田中置之备用。乡村人家的池，放置屋外，大多用来洗刷生活用品，或是洗衣洗菜。经过十几天对水池的研究观察下来，房屋外的水池大多数是用来洗衣服、洗蔬菜、洗刷鞋子或清洁机械用具。有意思的是，靠着的一面墙，空出来了一块体积约25立方厘米的置物台，里面摆放着肥皂盒、洗碗刷、各种类型的刷子、由擀面杖改造的拍衣服的东西。户主别有用心，合理利用了有限空间，可能是担心水池平台面积不够用特意改造的。

池壁的计算简图，一般常用3种计算模式：一是三边嵌固顶端自由（或简支）的三边（或四边）支撑双向板计算；二是当高宽比过大的时候，可以按两部分的组合三边嵌固一边自由的三边支撑双向板加水平闭合框架；三是按悬臂板计算。要注意顶端的支撑条件：当和盖板现浇的时候为铰接计算，为预制顶盖时为自由边考虑。水池底板的厚度的选择，一般不小于150毫米。荷载组合，注意不要遗漏水的浮力。计算简图可以采用四边嵌固板计算。

房屋外的水池大多数是用来洗衣服、洗蔬菜

水池面积过大，应该分缝，对渗漏有严格要求的，应该设置后浇带处理

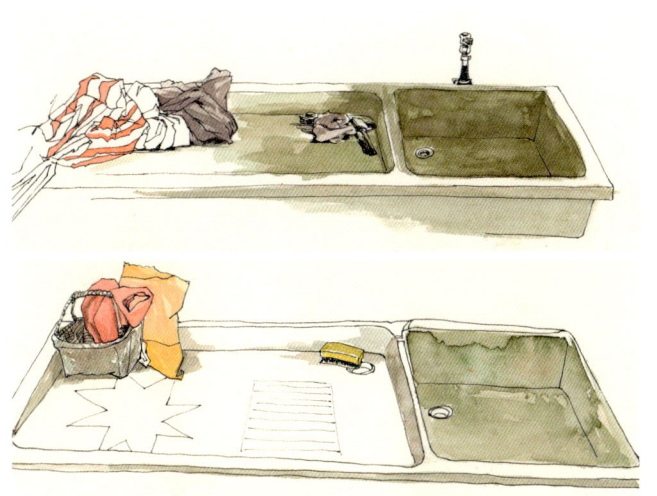

水池的设计

如今，随着社会的发展，居民家里的水池材质渐渐由水泥、砖块转变成不锈钢。新的改变，虽说能让水池设计感更强，更不容易被腐蚀，又洁净又有光泽，但它少了那份亘古，那种乡村生活朴素的生活气息，少了那份绵绵的诗意。

研究了大大小小的水池（消防水池、生活给水池、生产给水池、还有污水池等），总的感觉是：结构计算固然重要，但更重要的是构造，要从好几个方面注意，才不至于出现渗、漏水问题。合理选用混凝土的抗渗标号，且池壁和顶板最好用细实混凝土，易于搅拌密实，这一点很重要。对水池经过一系列研究发现，在屋外水池边忙碌的大多是家庭主妇或是年迈的爷爷奶奶们。在上午和下午后半段时间，水池旁最为热闹，他们忙着洗菜淘米准备做饭，等着在外工作、学习了一天的家人回来吃饭。

水池边的器物

在屋外进行水池作业的大多都是家庭主妇或是年迈的爷爷奶奶们

雨棚

雨棚是设在建筑物出入口或顶部阳台上方用来挡雨、挡风、防高空落物砸伤的一种建筑装配。

车棚是在车子上方遮雨或者遮阳光的装备，可以是定制的也可以是自己制作的。雨水遇见它们之后就会改变雨路的方向。

小货车的车棚

集市上的小摊铺通常都是用这样的小棚子遮雨的。它们有一定的倾斜角度，可以让雨水流下，上面的塑料膜可以防止雨水漏下来，可以使雨水更加顺利地向下流。铝合金的杆子作为支撑，形成基本的骨架，这样的棚子可以使雨水的道路改变，顺势而流。

大型雨棚

定型雨棚

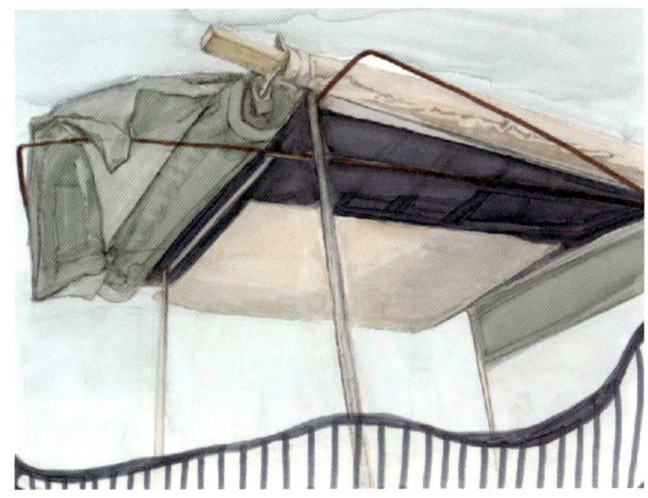

三轮车自制的车棚

集市上小摊通常用的小棚子

051

## 第四节　器具与生产

生产是乡村生活不可或缺的重要组成部分。农业生产是乡民的生计根本。

从一系列的功能需求出发是原初器具的生成原因。观察为一个生产目的而引发的一系列的劳作器具、各个器具之间的内在联系，深切体会其中关联，乡村的原生设计是一个系统性的过程，反映在它的功能需求是系统性的。家庭是一个非常小的生活生产单元，一个人可能需要同时做很多事情，所以集聚在他周围有很多物件，一件得心应手的器具是非常重要的好帮手。在调研这些器具的活动中，一步一步地跟随它、走进它，记录点点滴滴的生活，找出其中可供学习研究的部分，因此有必要在下乡写生期间，在一个具体器具的使用情境中做系统化的过程考察。

因下乡地域条件所限，大型的农具诸如农耕所用的犁具类未能作为考察范围；作为主要观察对象的是：小型的、围绕手工制作过程所需要的器具；或是适合深入考察以及针对一系列的具体生产，应对不同的种类如浙江当地的香菇、茶叶等养殖业中所制作的工具。

在器具与生产这个调研单元中，主要是做针对某一项生产目的而进行的考察。通过在下乡的各个地点的生产器具的考察记录，体会生活于其间的乡民，为了生存与发展、追求美好生活，千百年来不断适应并改造其所处的环境。乡村有自己独特的自然风情，有特定的自然景观和社会经济条件，独特的地域文化的形成与深厚的文化积累必然有其特别的地域环境和历史文化脉络，这些也是与生产相结合的设计思想的重要部分。

思考题：

① 仔细观察记录本地人一天的劳作顺序及工具使用情况，甚至去"田野"中亲历体验，思考器具与生产之间的关联。

② 当地的生产方式有哪些？通过和村民交流，了解现在当地生产方式的发展和10年前相比有哪些变化？技术的提高对工具的使用有哪些显著的影响？你觉得哪些可以继续利用，哪些应该进行改良？

③ 接续乡村振兴建设政策，转化当地的生产力，我们如何进行激活和再生的设计？

箍桶匠

湖笔作坊

高粱酒作坊

**教学案例一：临海渔网编织技艺**
作者：2019级设计8班　王晨绮

渔网是渔业生产不可缺少的捕捞工具，沿海渔民最初只用最简单的网具在海边捕捞，明朝开始出现撩网、棍网等浅海捕捞网具，清朝以后出现了远海捕捞网具。

地理因素

临海位于浙江省东南沿海，临海境内背山面水，以山地和丘陵为主，地势自西向东倾斜。其外缘为浅海滩涂，海域有大小岛屿86个。台州临海市上盘镇位于浙江省东南沿海，当地大多数人家会织网。

历史变迁

我国水域辽阔，水产资源丰富。早在原始社会，捕鱼已经成为重要的谋生手段之一。新石器时代主要使用的渔具有：鱼钩、鱼镖、鱼筍、渔网等。鱼筍用竹蔑或荆条编织而成，呈圆锥形，开口处装有倒须式漏斗，置于鱼类洄游通道上，鱼能进而不能出。最迟在6000年多前的半坡时期，先民就已经开始使用鱼网了。以后随着农业的发展，渔业在社会经济中的比重逐渐降低，但在江河湖泊密布的江南水乡地区，仍然以捕鱼为主或渔农兼作。在昆山的新石器时代遗址中出土了很多网坠，说明渔网在原始社会是一种广泛使用的渔具。

在渔网出现之前，先民的捕鱼方式还处于原始阶段，可以用"一击、二突、三搔、四挟"来概括。"击"，指用树枝、石块等工具将鱼击伤或击毙；"突"，是用尖锐的树杈刺杀鱼，这种工具可视为鱼叉的雏形；至于"搔"和"挟"，则是捕捉栖息于泥沙之中的贝类的动作。后来，先民学会了用植物纤维编织渔网，从此渔业捕捞跃入了新纪元。从各地古代遗址中出土的泥网坠、骨质鱼叉、鱼钩等物，可以反映出当时的渔业情况。各式各样的网坠，说明与之相配套的渔网的多样性。网坠按材质分为石质、陶质、骨质等，大小、形状不一，缝缀在网片的下缘。网坠可使渔网在水中充分张开，同时可以更快地拖动渔网，从而提高渔获量。

渔具的细化出现在西周，表现在渔具的种类和名目日渐繁多。到了汉代，得益于休养生息的政策，以及水体环境的优越，渔业勃兴，渔具也有了各类变体。宋代时，浙江出现大莆网。渔民用两只单锚把锥形网固定在浅海中，网口对着急流，利用潮水，冲鱼入网，该网成为东海捕捞大黄鱼的重要渔具。到明代，渔具的样式日渐繁多，明《渔书》中列举的渔网名目有千秋网、栌网、桁网、牵风网、散劫网、泊网等，杂具有钓、罩、筍、锚等，可见明代渔具的种类之多。

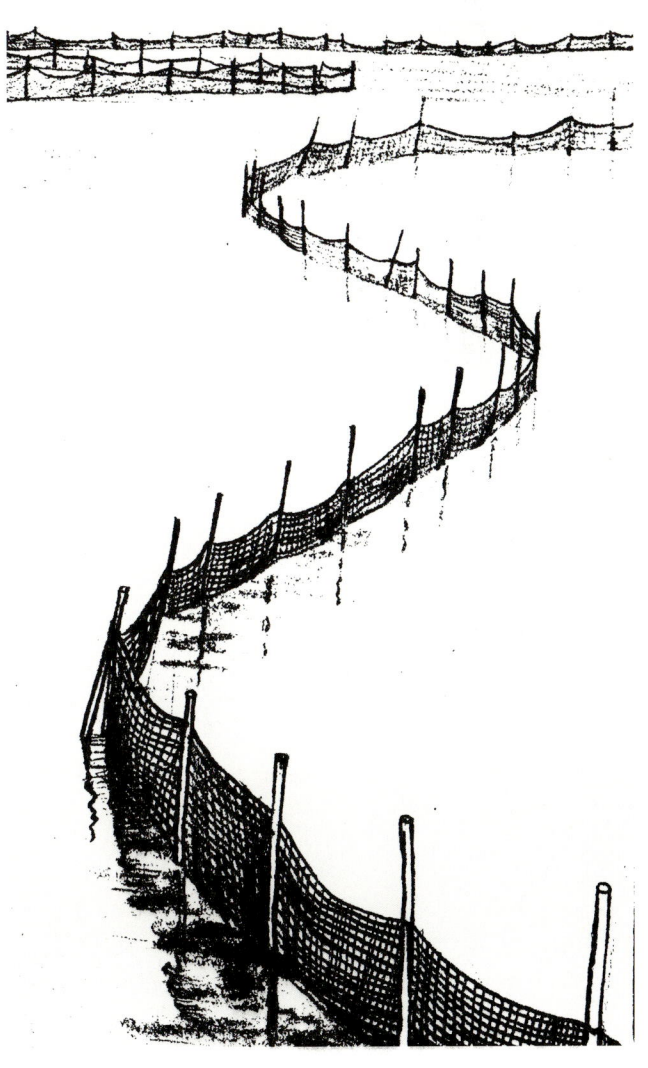

当代织网方法

1. 绞拈法

当代比较常见的机器织网方法是绞拈法。两组纱线由机器同时绞拈，在交接点处相互穿心交结成网，这种网称绞拈无结网。这种编网最大的优点就是省去了重复单一的动作，解放人的双手，出错率低。单根网线没有弯曲笔直穿过，交汇处没有结眼，因此整体平滑摩擦少。适合编织网眼数目较大的渔网。

但是绞拈机器准备工序复杂，虽然能省去织网重复动作的时间，但其整体效率不高。

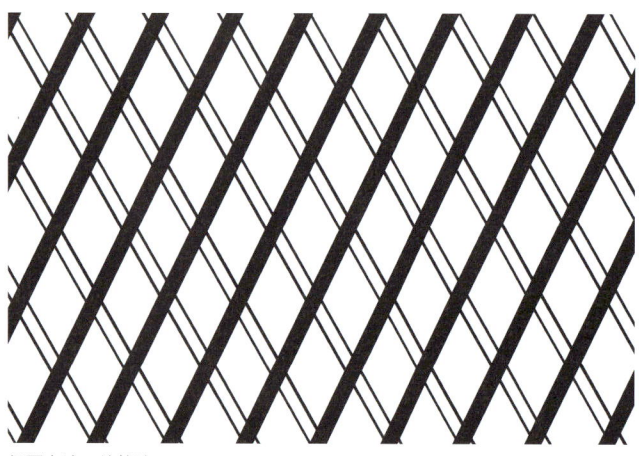

织网方法·绞拈法

2. 经编法

是当代最常用和先进的编织方法，其效率和成本都比绞拈法强不少。经编无结网，平整、耐磨、重量轻、结构稳定、结节强度高，网衣破损后不变形、不松散，可广泛应用于海上捕鱼、淡水捕鱼和养殖及其他各种特殊用途。经编法是经编机工作的方式，经编机有一套完整且复杂的制作工序，也有复杂的内部结构和零件，因此这里不多加阐述，主要分析编织成结的原理。

经编法形成的绳结并不只是单纯的十字绳结，线条在穿过下方线圈的同时绕过上方线圈，然后再穿过下方线圈，以此为一个循环，左右反复。该过程由复杂的经编机进行，产生的复杂绳结能最大程度地保证网的韧性和强度。

传统织网方法

1. 打结法（十字编网结构）

打结法是传统的编织渔网的方法，也是最基本的制作方法，每个地区的渔民几乎都会选择这种最为简洁实用的办法。

十字编网的方法能将结眼的体积控制到最小，又能保持一定的牢固性，配合梭子进行编织效率较高。其中每一根网线都各自在一个长方形区域内来回梭，而不是以斜线交错的形式，每个结眼的四根延长线中，相邻的两根为同一根，并不会出现对角同一根的情况，这样渔网受到任何方向的拉扯都能保持结构稳定。

传统打结法的缺点也较明显，其制作过程微复杂，绳结或多或少会产生摩擦，从而伤到鱼类和渔具。因为结构重复单一，不同于其他服装编织，编织完成的渔网不具有任何的艺术性，仅仅满足功能上的需求，所以制作过程非常枯燥乏味。通常编渔网的都是经验丰富手法熟练的渔民，并且具有极好的耐心。即便如此，再熟练的渔民也会因为一个结眼的错误不得不解开前面的结，导致效率降低。对于普通人来说不只是效率和时间的问题，更是精神上的折磨和心态的崩溃。使用这种传统的编织方式需要良好的耐性和心态。

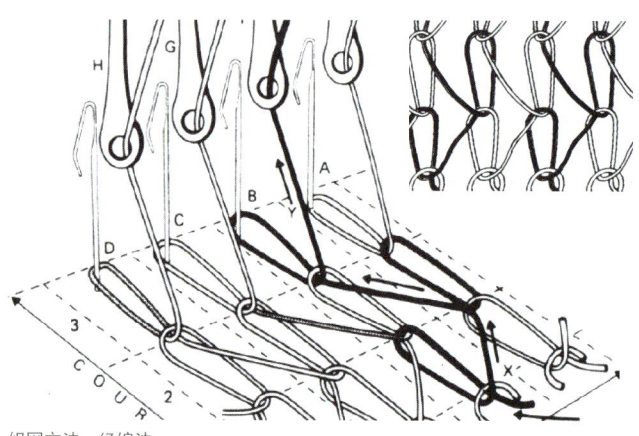

织网方法·经编法

传统的编网方式

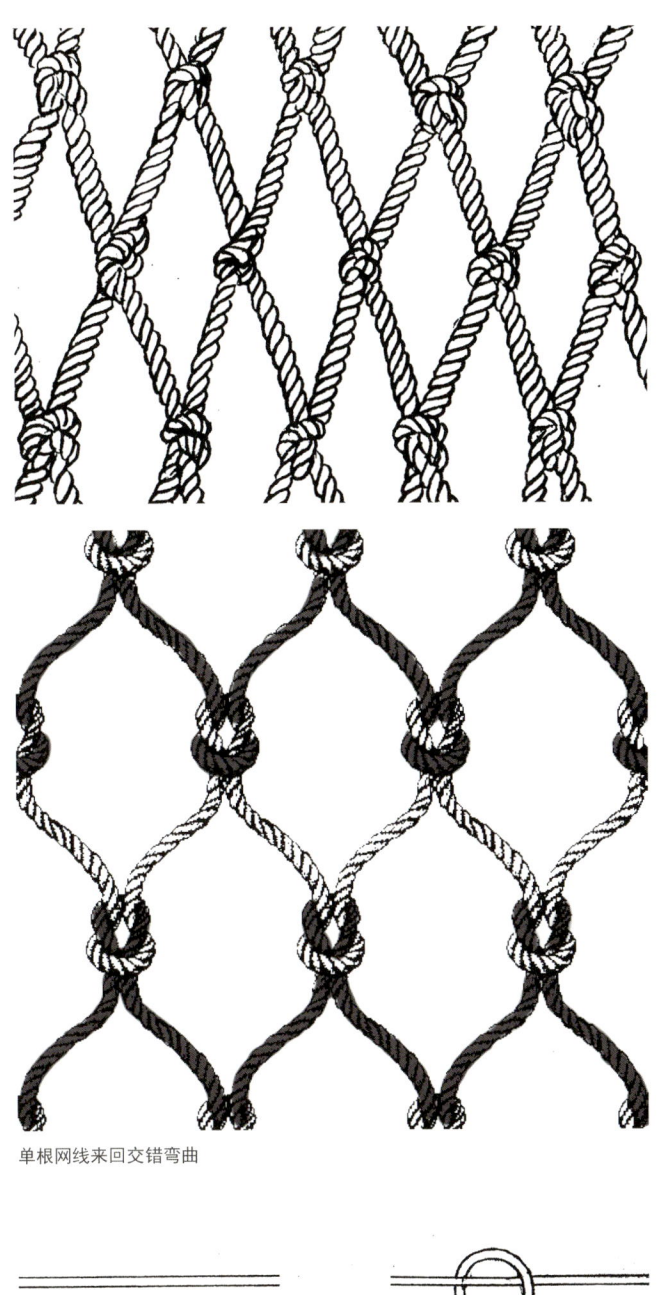

传统织网方法的工具

1. 梭子

梭子的制作材料现在基本上以塑料和金属为主,但是使用起来最得心应手的还是传统的竹片梭子,打磨过后的竹片梭子其顺畅感、舒适度高于金属或塑料,不过使用寿命不佳,耐用程度不如当今的合成材料。

梭子的形态都是头部尖形,尾部凹槽,中间山字型槽。根据不同的用途,梭子会有不同的尺寸和局部细节的变化,尽管如此,其基本形态和使用方法没有本质上的不同。山字形凹槽用于缠绕网线。

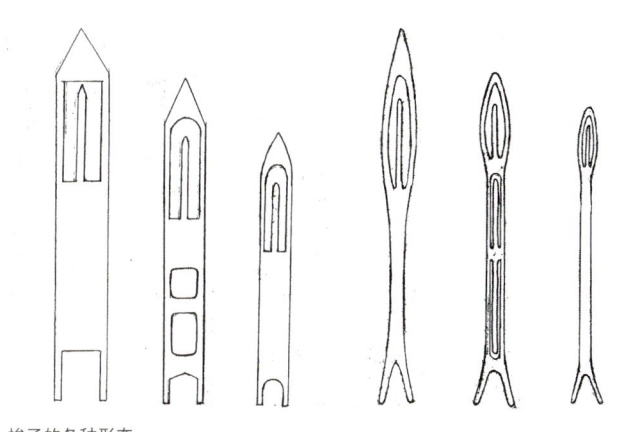

梭子的各种形态

2. 尺板

尺板的材料通常为竹子。尺板的大小取决于网眼的尺寸,主要功能就是作为参照物,要求和平时我们常用的直尺差不多,两边平行,使网眼尺寸能够统一。没有厚度的硬性要求,只要足够耐用即可。经验丰富的渔民可以目测尺寸使其统一而不使用尺板。

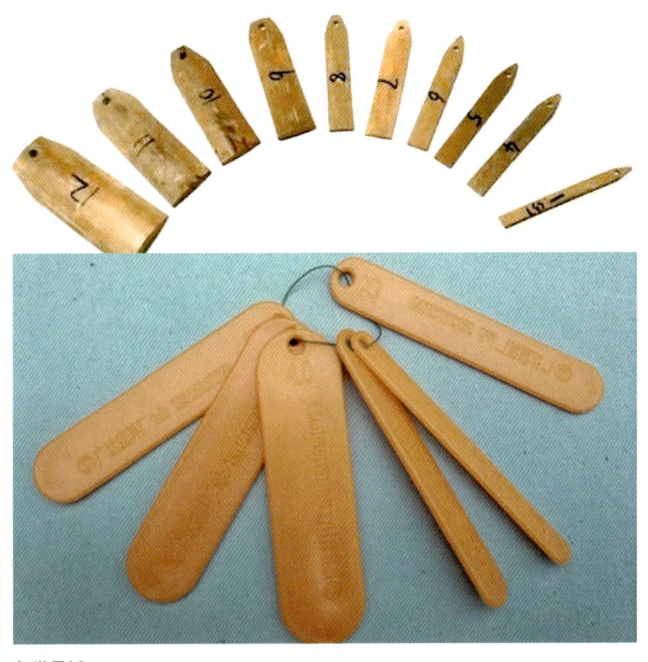

单根网线来回交错弯曲

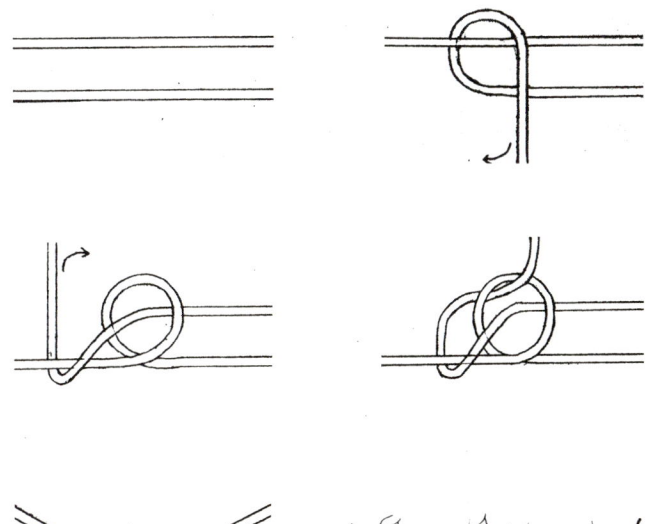

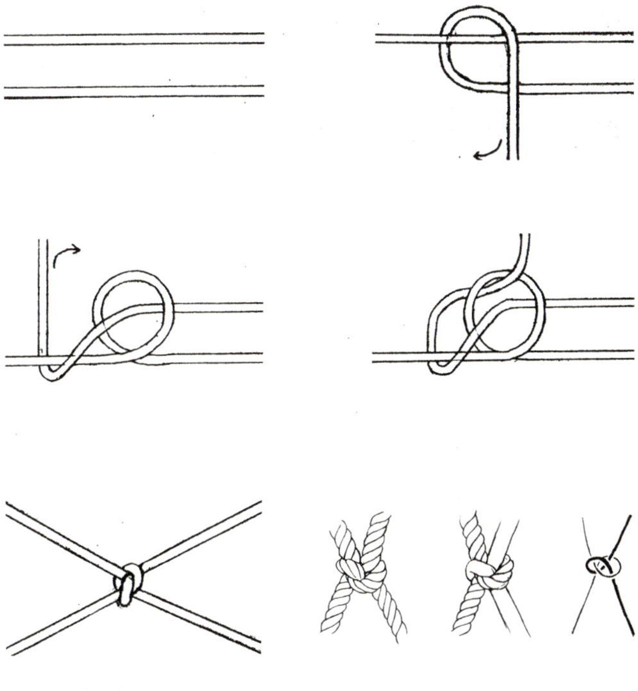

相邻两根为一根

各类尺板

3. 网线

网线的选择要根据其用途和捕捉对象而定。尽量不选择颜色鲜亮的网线，不然容易引起鱼类注意，不过可以根据水的颜色进行选择，大多数为浅绿色或浅黄色。并且网线太粗会导致入水慢，太细则耐用程度不高，需要把握网线粗细程度，以入水快干燥快结实的原则选择合适的网线。

渔网线的种类按制造网线所用的材料可分为植物纤维网线和合成纤维网线两大类。植物纤维的使用不多，现在常用的是合成纤维的尼龙线和聚乙烯线。尼龙是出现较早的合成纤维，但是尼龙线强度要比聚乙烯线高，寿命也更长，因此尼龙线用在远洋捕捞和围网上比较合适，而聚强度较弱的乙烯线常用在淡水捕捞上。

按渔网线的结构可以分为单丝、捻丝和编线三大类。

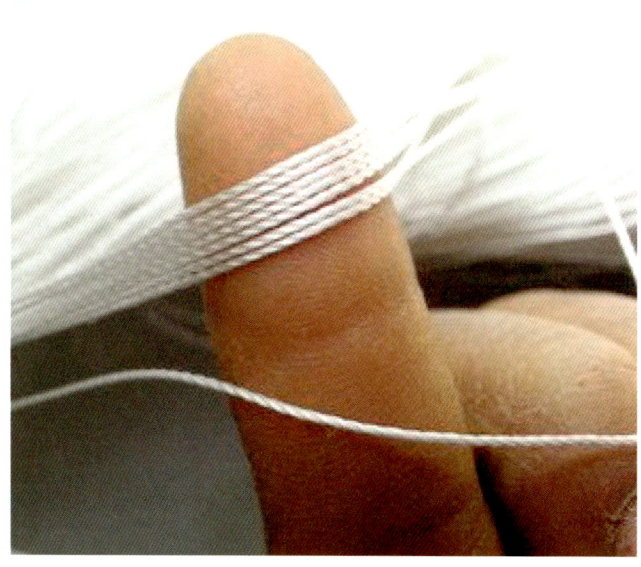

尼龙网线

聚乙烯网线

制作过程（以撒网为例）

网纲是渔网的纲领部分，所以做一条结实耐用的网纲是决定渔网是否好用的第一步，用一根八米长的粗轮胎线（网纲）两头交叉对接三次，然后用细线扎住两头备用就可以了。这里主要分析网片的编织过程。

1. 起头

在梭子上缠绕足够线圈，缠绕方式是以山形槽两侧循环围绕，以保证线长度不够时可能随时从锁子中延展出。梭子尾端连接线源，头部需要留出一个圈，钩在高处便于编织。撒网的每一组的网张开后为扇形，只要把每一组的顶部串起来并且互相拼接后即可成撒网，组数越多张开的网就越大。

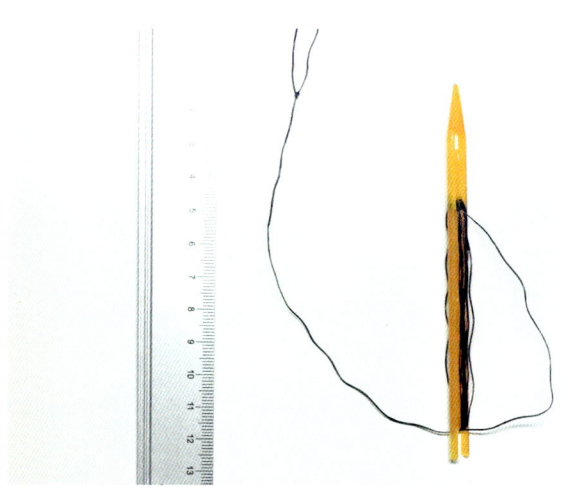

2. 织网（网片）

织网前需要了解网的基本结构，织网后的形状大致为三角形，其原理是每增加一层的同时比上一层额外添加一个线圈，自上而下，左右循环，这样网眼数目便会逐渐增大。编织时左手尺板，右手梭子，在完成每一层之前，线圈最好都要保持在尺板上。打结又分活结和死结，这里都以死结为主，原则上只要保持每个结牢固即可。现在网片部分大多由机器完成，几乎没有村民编织网片部分。

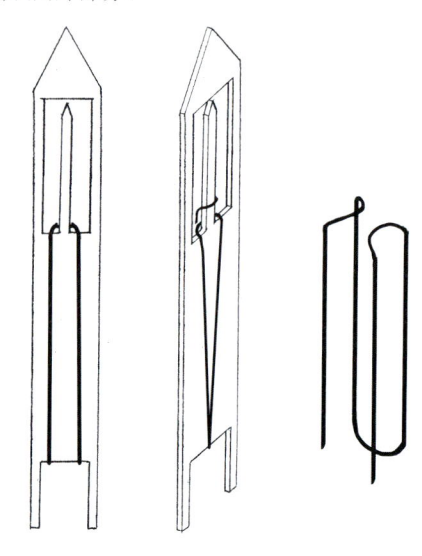

## 3. 生眼

生眼是指在渔网上加眼，让渔网面积不断增大。

织网时左手拇指与食指捏住尺板的上沿，右手拿梭子，将梭子上的线搭在尺板内侧接近线圈弧顶部位，左手拇指顺势将尺板和梭线摁住，向内带出梭线并绕住梭线外旋，将梭线旋转地套在食指和梭尖上，这时右手上挑，食指展开与梭尖形成夹角，用梭尖穿过线圈上的任何一匝线，然后再用食指捏住梭尖使梭子穿过匝线，右手拿梭子下坠，这时线圈的匝线被拉直到一定位置，将尺板上沿顶到匝线顶端，用左手的拇指和食指用力捏住梭线和尺板，此时捏住梭线和尺板是为了保证拉紧后的绳结能稳定在尺板上沿，避免网眼尺寸大小变动，右手提梭下拉，这样第一个死结就算完成了，重复步骤，直到织完上面所有匝数。

用最简洁的话概括就是左手尺板右手梭子，用线套住尺板的同时让每个线圈接住上一层的线圈。只要了解这种网的基本结构，多加尝试和练习就能熟练掌握技巧。

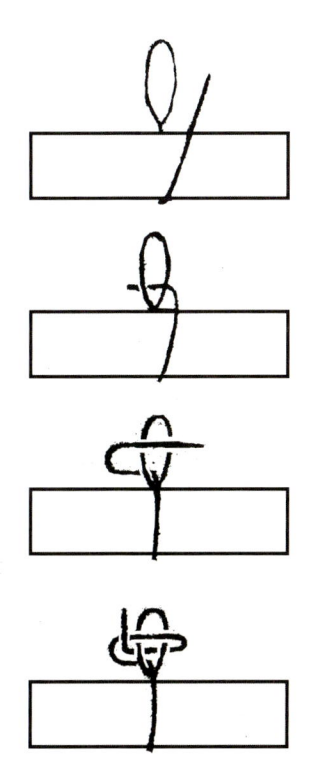

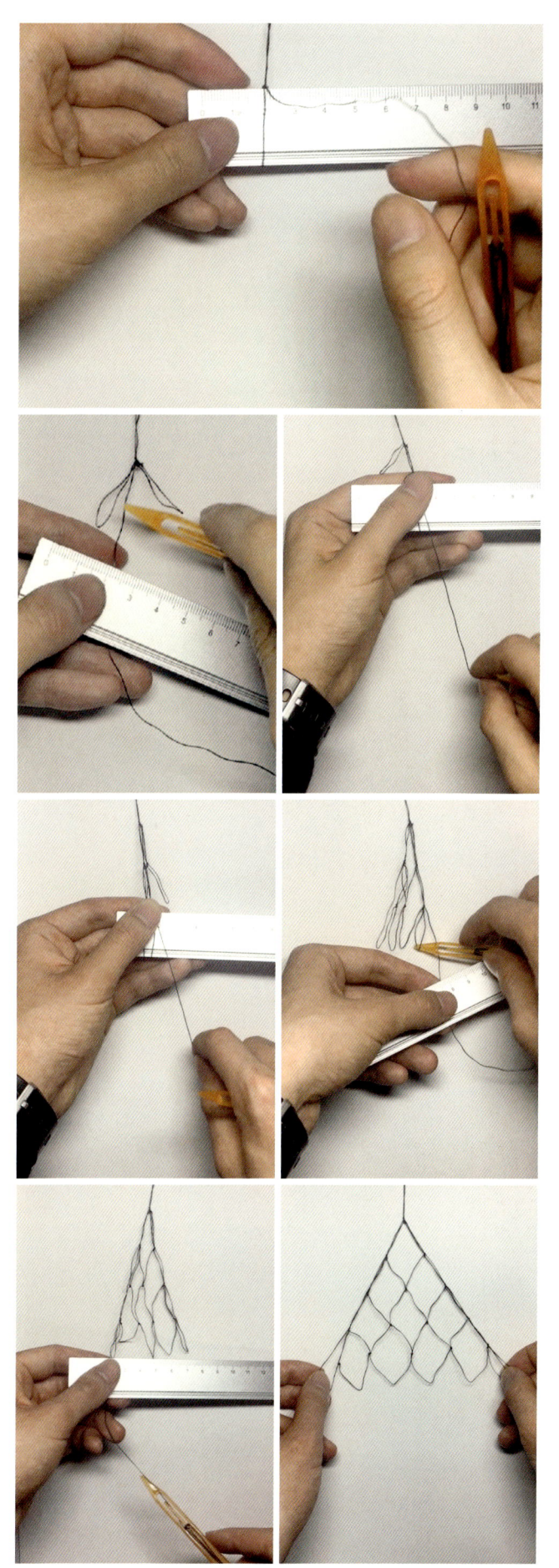

单个网眼的打结示意图

生眼步骤图

4. 封网

封网是指将铅坠用绳子固定到渔网网片。封网的好坏影响到渔网的张开大小和捕鱼率。渔网是由机器编织完成，而封网的工作都是由人来完成。

封网工作是乡镇最常见的工作之一，不管是老年人还是中年人都有参与，村民的分工各不相同，一种是网纲，另一种是网坠。

渔民家一角的渔网

（1）网纲

网纲为图中绿色部分，其强度韧性都远高于网片部分，在用完之后可回收使用。

在连接时，村民往往会先将渔网顶部挂到高处，网纲放置地上，然后在一条长板凳上进行连接。板凳上两头各有一枚竖起的钉子，用来勾住网纲。使用的工具依然是梭子，村民们事先准备多个已绕好细线的梭子方便使用。

穿封网绳，封网绳有两根，一根S形走向穿到每一个最后的网眼上，这根穿到网眼中的绳子称为母绳；另外一根绳子称为子绳，母绳比子绳要粗，一般采用直径0.5毫米左右的涤纶或丙纶，这样的绳子软硬适中、结实耐用，子线用0.3毫米左右的就可以了，母线的长度要长出网兜计算总长度的3米到5米，子线长度要长出总计算长度的约一倍，子母线在封网过程中需要弯曲和打结，要消耗很多长度，这样才能避免出现网绳不够长的情况，在两根线的一端打一个结并勾住板凳上的钉子，其中一根穿过网眼，拉直网纲，选一端距离用细线打一个结。

右端的钉子用来勾住网纲的绳结，而左边的钉子在确定下一个绳结的同时扯断梭子上的细绳，左边的钉子为扁平状具有一定的锋利性，方便直接扯断细绳。

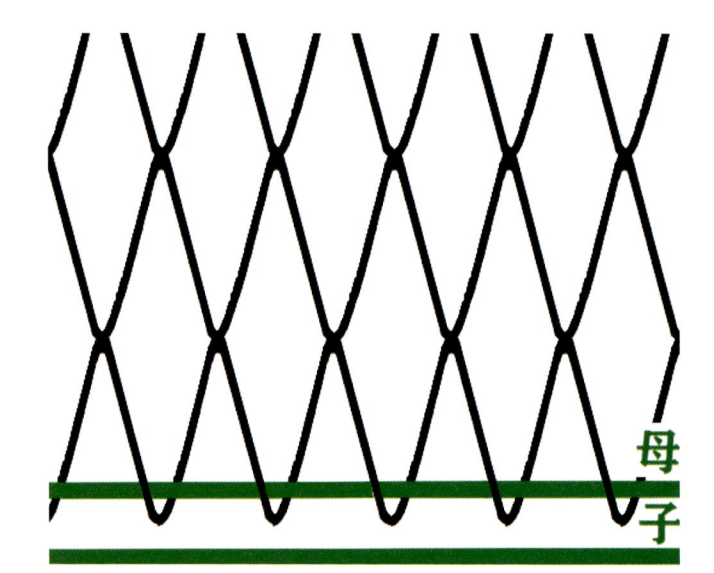

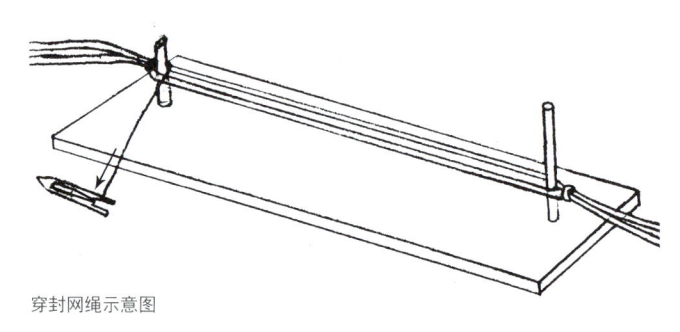

穿封网绳示意图

（2）网坠

①沉子

鱼网的种类有撒网、拉网、抬网、拦网、粘网、罩网、提网、扒网等等，其中撒网和拉网要用网坠。网坠的作用是结在网的下端，使网下沉。

目前，捕捞用渔网需要用网坠将渔网下沉到深水区。网坠绑在渔网周边，增加重量，从而使得渔网能沉入水中。多年来捕捞用渔网的网坠一直使用铅块或石块，其结构大多为上下对称的结构，在其两侧设有对称的沟槽，用以捆绑网线。

各类网坠

网坠最大的长8厘米、宽5厘米，最小的长3.5厘米、宽3厘米，虽然大小不一，但形制完全相同。这些网坠的质地全部是泥制灰陶，中间设一横向凹槽，两端各有一个竖向凹槽，这类网坠称为双缢形网坠，凹槽也称绳槽，用于把网坠固定在网上。

泥制灰陶示意图

泥制灰陶网坠

不同材质的网坠存在着不同程度的缺点，使用石块作为网坠不便于专业化、工厂化生产，铅铸件具有熔点低易于加工的特点，但使用铅坠的缺点是浪费矿产资源，成本高、有毒、易磨损，危害制造网具的工人健康，污染水源，对环境造成污染，现在部分国家已经停止使用。不仅如此，它的对称结构使得它的横截面比较高，容易滚网，使得渔网周边极易破损，降低海产品的捕捞量。

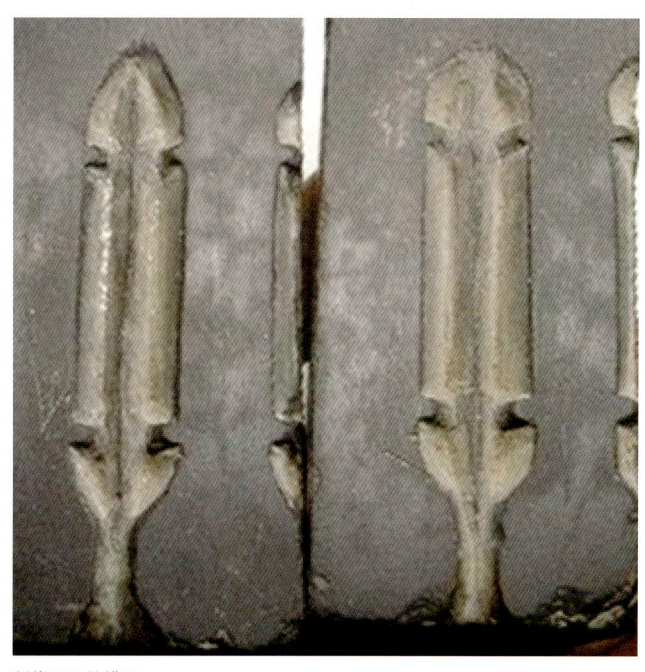

制作沉子的模具

②浮子

以粘网为例，下方网坠为沉子，上方为浮子，浮子的材料密度较小，大多为塑料或者海绵，不管是沉子还是浮子，都有相同的结构规律，中间设一横向凹槽，两端各有一个竖向凹槽，这类网坠称为双缢形网坠，凹槽也称绳槽，用于把网坠固定在网上。

塑料或海绵做的浮子

在完成网纲与网片连接之后，便准备将网坠与其连接。村民仍然会选用有长钉的长板凳以便勾住网绳，然后在母绳和子绳的相交处固定网坠。

开始封网前要一找条生眼作为两个网兜的中心，把生眼延伸下来的最后一个网眼，作为两个铅坠之间的中心网眼，以便于后期的吊兜均匀美观，将子绳紧紧缠到大梭上，找出第一个需要往铅坠上固定的网眼，在它左边网眼之间用子绳系十字结系到母绳上，用力勒紧，拿一个铅坠把第一个网眼顶到十字结上，右手拿子绳梭沿着铅坠后方绕到前面再与子绳打十字结，到铅坠的另一端左侧，按同样方式与母线打十字结，植入需要固定的网眼，在打十字结，这样网线就被固定到铅坠上面了，然后留出计算好的铅坠之间的距离重复上述操作，铅坠就被一个个固定到了网上，需要注意的是铅坠上的每一个十字结都要勒紧，并且要卡在铅坠的两边缝隙中，铅坠两端的十字结要勒得非常紧以免铅坠脱落，十字结一定要打得小，避免使用的时候挂住网线，另外，一定要使铅坠之间的子母绳的长度匀称，不然会造成撒网时因受力不均而使渔网张不圆。

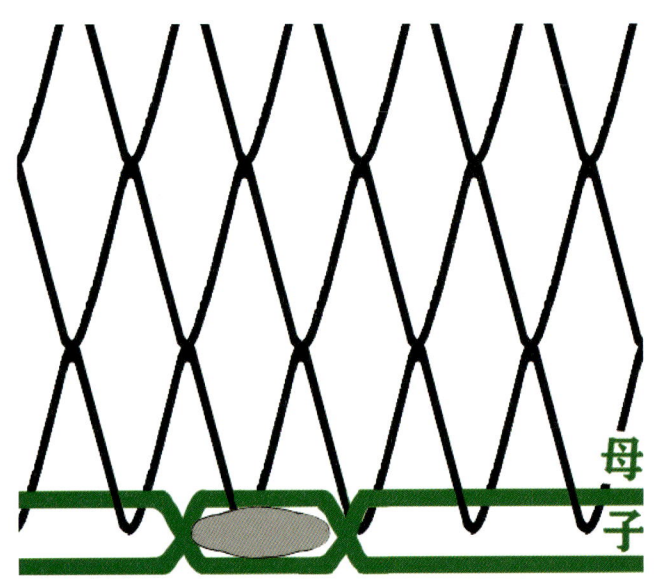

固定网坠的过程

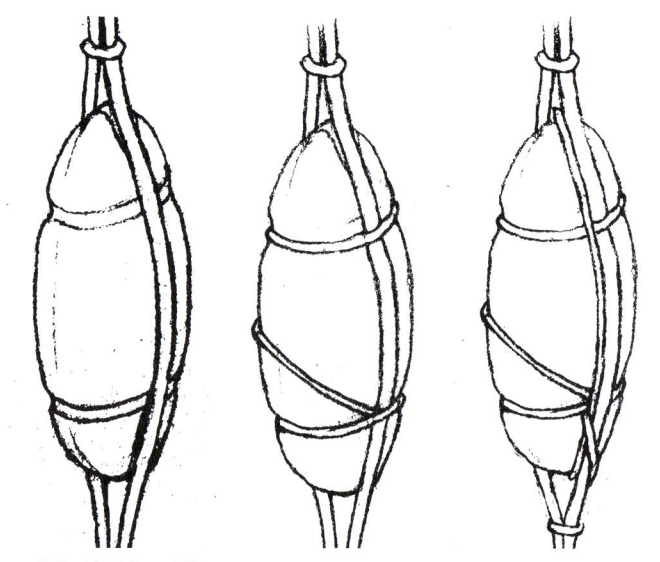

子绳缠到大梭的示意图

固定网坠示意图

被子绳缠绕的大梭

将母绳和子绳两条线通过网坠两侧的纵向凹槽。左手捏住网纲，右手拿梭子使细线缠绕在网坠的两条横向凹槽以固定住网坠，同时要穿过网纲与网坠的缝隙，最后只要尾部打一个死结即可。缠绕圈数不可太少，以免牢固性不够，也不可太多，浪费细绳，一般一个凹槽缠绕3圈。

5. 漆网

漆网过程需要注意漆的使用量，通常以渔网的重量决定漆的用量，过多的油漆量会使渔网变的僵硬，网线变脆，网片难以打开，过少的油漆量会影响渔网的脱水性。

060

回收利用

1. 清理

渔网使用后可以回收以便下次使用，但是由于水里杂物很多，渔网表面难免附着不少杂物，需要及时清理以免渔网的使用寿命减少。清理的主要物质是杂乱的丝网，丝网在粘住鱼类后渔民非常粗略地取走鱼类，被舍弃的则是混乱的网片部分，需要回收的是较粗的网纲线。渔网在清理前不仅会残留泥土杂物，还会留有一些未处理掉的水生物，自然风干后会产生难以忍受的异味。

由于渔网编织的过程比较机械，许多渔民总会因为一个网眼的错误而影响到织网的时间和效率，所以现如今很多织网过程都是机器代替完成，并且机器织网效率高，错误率低，完成度高。但是机器难以替代人完成清理杂物的工作，因此村民们还要承担清理回收渔网的工作。

走访观察后发现，村民们不会选择在乡镇中心进行清理回收网纲的工作，这是因为清理前的线堆会直接堆放在房屋旁，有难以忍受的异味，如果在乡镇中心，会直接影响居民生活。因此进行该项工作的大多是生活在较偏远的村民。另外根据堆放的网纲的新旧程度可推断从事何种工作，较新的网纲说明是编织工作，即使在乡镇中心，编织的工艺不会影响邻居生活也不会丢失颜面。堆放的旧网纲则是清理后的，时常可见村内不少老人在自己的老屋旁清理网纲，也正是朴实耐劳的老人才更容易接受这项工作。

白色部分是将要被舍弃的混乱网片

绿色部分是需要回收的较粗网纲线

网片与网纲连接较为牢固，仅用手撕扯很难将其分离，人们一般会用不是特别锋利的刨刀工具。

首先准备一个柱状重物用于捆绑网纲，可以是长条状的石头，也可以是电线杆。取一部分渔网团，把最容易分离的网坠挑出，再从乱麻中逐一拉出网纲，并有顺序地绑在重物上。

该部分工作是渔网整个生产链中最让人难以接受的，没有机械的手工活，也没有值得研究的结构特点，只是在枯燥的乱麻中整理出有用的部分，还要忍受异味，无异于垃圾场内的分类回收工作，除了老人没有人愿意做渔网回收的工作。

老人正在用刨刀分离白色的网片和绿色的网纲

未分离完成的网片和网纲

利用电线杆捆绑网纲

分离后的网纲

2. 修补

渔网的修补具有一定的选择性，不一定修补所有的漏洞。从头到尾用明显的短线系上所有的漏洞，方便一次性修补。根据渔网的损坏程度，有两种修补方式：一是织补，二是接补。

鱼网使用完之后应当及时进行修补，以便于下一次的使用，首先是查找漏洞，从网顶开始仔细查找，在找到的漏洞上系颜色鲜亮的短绳作为记号，检查完毕按照由上至下的顺序逐步完成。根据漏洞的大小和损坏程度选择织补和接补两种方式，当损坏面积较大，多呈圆形、三角形等形状的时应当采取割除损坏部分，然后再进行织补。方法是将损坏部位撑平，用剪刀将损坏部分沿边缘剪成正三角形或梯形形状，然后用尺板从上部开始织补，织法与织鱼网相同，需要注意的是接头部分要系紧，由于修补部分没有用油漆处理，所以在织补完毕后需要用502胶水将接头部分粘牢，避免出现缓结。

对于鱼网上出现的单个网眼的断线，缓结和呈直线形状的破损，需要用梭子进行接补就可以了。为了避免破损处周围的网线强度下降，接补的时候要将左右的几个网眼重复接补，两种补法都要采用双死节，渔网使用一段时间后，需要重新用清漆漆一遍，油漆使用量不变。

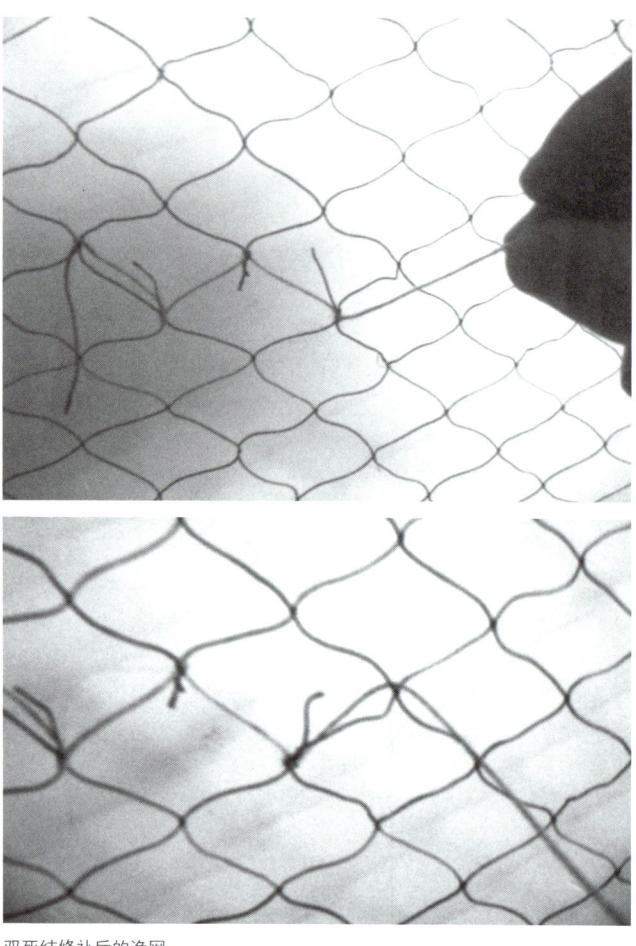

双死结修补后的渔网

## 教学案例二：油坊里的几十年——油坊与家庭的变迁

作者：2019级设计15班 吴茜

外公的油坊在年复一年的打榨喧闹声和阵阵的油香中逐渐蒙上了黑色的油渍，不足五十平米的小作坊看着它体内的人由多到少，嘿呦嘿呦的壮汉打榨声变成了轰隆轰隆的机器运转声，油坊里的几十年见证了这一个家庭的岁月。

据外公回忆最初的榨油器具和现在的不一样，早已在维修和替换部件的过程中改变了原来的面貌。他第一次接触榨油机是在1960年左右，虽说不似什么有几百年历史的故事，但也算经历了半个世纪的沉积。当时的木榨油全靠人力和自然作用，这一原始工艺包括晾晒、碾籽、熏蒸、捆饼、码饼、打榨等十几道工序，因工序复杂，所需劳动量大，出油率不稳定，所以当时打榨通常需要七到十人不等，撞击木榨时油工喊的打油号子声从油坊里冲出，在村子里飘荡开来。当时十几岁出头的外公也是其中挥汗如雨下的一员，只是当时的油坊并不属于外公，外公只是在那里赚取公分补贴家用。

为了提高出油率增加产量，生产队决定全面换代老式木制油榨，于是那些在油坊里躺了几十年的木架子被抬了出去，钢筋铁骨的机器被请了进来。生产队说为了发挥那些木榨的最后一点用处，要将它们同那些塌了的老房子木梁一起劈开做成柴火，分给每家每户。提起这个的时候，外公对我讲到他现在感到很可惜，如果那些老物件留到现在，它的价值也许就不单单值几根柴火了。

慢慢地，时间接近2000，生产队的在一些方面的束缚开始减弱，同一时期的，因大规模的种植贩卖用的樟树等而使得曾经漫山遍野的油茶树开始减少。机器化的榨油使工人数量不再需要似木榨时那样的多，油茶树的减少让来榨油的人也开始

现代工艺作坊内景

《天工开物》中的古代木榨工艺

《天工开物》记："凡油供馔食用者，胡麻、菜服子（莱服即萝卜）、黄豆、菘菜子为上；苏麻、芸苔子次之；茶子次之，苋菜子次之；大麻仁为下。"《天工开物》记当时榨油，"北京有磨法，朝鲜有舂法，以治胡麻，其余则皆从榨也。"其记榨各种菜籽油的方法是："取诸麻菜子入釜，文火慢炒，透出香气，然后碾碎受蒸。凡炒诸菜子宜铸平底锅，深止六寸者，投子仁于内，翻拌最勤。若釜底太深，翻拌疏慢，则火候交伤，灭丧油质。炒锅亦斜安灶上，与蒸锅大异。凡碾埋槽土内，其上以木竿衔铁陀，两人对举而推之。"

减少了工作次数，在那几年里，油坊慢慢的连机器运转声也变得卡顿。

大概是2007年，茶油的市场需求增大，被油价所吸引的农户开始重新种植起了茶油果树，油坊又开始忙碌了起来。在那之前，外公在生产队低价出售所有农产器具的时候收购了的榨油机，或许是外公对油坊那么些年的情感，又或许只是为了在某些时候能够通过它获取微薄的收入。不管如何，那个时候整个村子就只剩下外公和外婆二人在油坊里忙碌着。人手少，榨油量又大，尽管外公的动作依旧干练，可还是慢慢地忙不过来了。也是在差不多同一时期，姨父和舅舅关掉了之前在县城里经营的店铺，准备找新的工作。不单是看到了茶油的商机，也是考虑外公外婆二人忙不过来，于是三家就共同凑钱更新机器设备，分工运营油坊。舅舅和姨父两家的加入，使油坊又开始变得热闹起来，不同最开始那样，这个时候的油坊应该是算家庭运营工坊。这个时候因为基本上告别了老式木榨的古法榨油，出油量大，工序也减少了不少，并且产出的油也不用上交生产队，已经可以完全自由经营买卖。

可是老的东西永远留不住新的人。过去了大概五六年，舅妈回城里开了一家蛋糕店，舅舅回去帮舅妈张罗蛋糕店了，姨父在油坊的隔壁开了一家打米的作坊，慢慢地也不再忙油坊里的事了。而且油坊只有十月份和六月份茶油果成熟的时候才是旺季，并不能保证一年四季的稳定收入。虽说少了人帮忙，外公也并没有停下油坊的运转，每年的旺季，油坊榨油机的声音照常响起。

当我问起是哪一年发生的时候，外公已经弄不清了，还是在旁边的外婆和姨父的共同回忆下才把这几十年的时间线摸清。这样前前后后算起来，油坊里这几十年已经经历了三次榨油机的换代，从人手充足到只剩下外公外婆二人也来回变化了

两次，唯一没有消失的是每逢茶油果成熟时油坊里机器的运作声和外公忙碌的身影。我问外公，油坊是否还会做下去。他笑着说，今年下半年要把榨油机再换成全自动的，这几十年油坊没有一年停止过运作，今后还会继续的，谁知道呢，现在科技进步了，就算我今后都不灵活了，榨油机都半自动化了也不需要我那样操心了，能干下去当然要继续干啦。

传统古法木榨的工艺流传至今，精通这门技艺的人已经很少了。传统的手工榨油坊，是由一个双灶台、一个碾盘、一根硕大的榨槽木和一个悬空的油锤组成。榨油坊一般都建在村落集中、水源充沛、绿树掩映的小溪岸边。而现在的榨油工序已经不再像以前一样需要依靠自然的动力，也不再需要花费大量的人力，油坊的选址已经没有以前那么讲究了。新型液压榨油机特点：采用物理与现代科技相结合，经多自年试验研制成功，新型液压榨油机与普通榨油机相比具有环保节能百、产品附加值高度、无损耗，物理压榨，不添加任何化工原料，无环境知污染，无废水、废气、废物产生这些优点，是传统榨油机的替代产品。

尽管当我问起外公油坊曾经木榨时期的事情时，他也会觉得可惜，但这似乎是不可避免的选择。为了获取更高的利益就得产出更多量的油，而选择现代的铁制压榨式榨油机是为了家庭生活质量的提高而做出的选择。

新旧的交替似乎一直都是永恒不变的话题，油坊的几十年里也不是一成不变，虽然可惜曾经木榨被抛弃被替换，但转念一想这是在社会大背景下的发展必然。木榨的产出量小，耗费劳动力大，这对以盈利为目的的农户劳动者来说并不是好的选择。科技的进步，榨油机技术的创新，机器操作的简单，这是符合生产力发展的必然需求，但压榨工具变了，品质和良心并没有变，只是大家偶尔还是会怀念起曾经油坊里起伏的打榨吆喝声。

在油坊的这几十年里，外公带动的不仅仅是油坊里机器的运转，更托付起了一个家庭的责任。或许在未来的几十年里，榨油坊还会经历新的机器的更新换代，来油坊榨油的人也可能会换了一批又一批，但油坊仍然会继续运转下去，无论是为了生计还是因为那一份情怀。

〈古法榨油〉

1. 选择菜籽时"宁选新不选陈"，以新菜籽为上乘，目的是使榨出的油色亮、质纯，口感好。晾晒是非常关键的工序，以菜籽呈松散片状为最佳。太湿、太干都不可取，如出现出状，就不能再用。以风车除尘，摇动风车把油籽中杆、壳除去，再用筛子、簸箕等工具去除沙土，保证油籽洁净、无杂物。

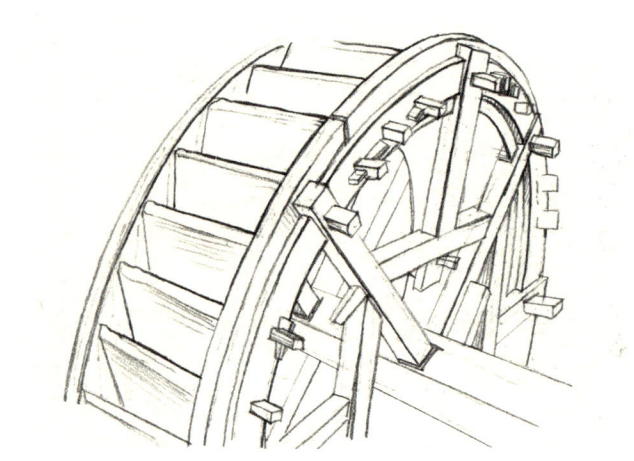

2. 截流获取动力，水流到水车所在处，带动水车转动获取动力，从而带动里面的木轴联动的机关以带动碾盘。

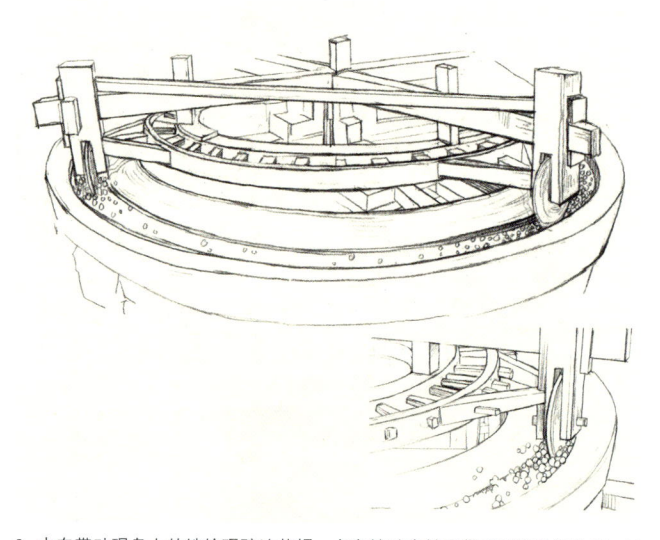

3. 水车带动碾盘上的铁轮碾碎油茶籽。水车转动木轴再带动碾盘进行油碾。油籽用石磨碾压均匀，菜籽要磨成泥状，越细越好，要求油籽粉末不沾不黏，易于包饼成型。将磨好的胚进行干湿度鉴别，由有经验的师傅用手抓胚，成团状、有膨胀感为合适，既不可太干，也不可太湿。古人检验油菜籽是否碾好的顺口溜是：菜籽碾成泥，茶籽碾脱皮，桐籽要碾细。

4. 熏蒸。油茶粉均匀分布在蒸笼或炒锅内，熏蒸时间火候的控制全凭经验，利用高温破坏油茶粉的细胞结构，降低蛋白质对油脂的吸附力，使油脂分离变得容易。将洁净的油籽放置铁锅中，温火慢烤，同时不停地煸炒，避免烘制不均匀，煸出油籽特有的香味。为了得到好的风味，就要炒焦，但炒焦就可能带来毒性物质。为此，古人凭检验判断菜籽是否炒好的方法是：根据气温高低，用指甲或木板抡菜籽，看颜色；气温高时，竹叶青；气温一般时，茶黄色；气温低时，老茶黄色。

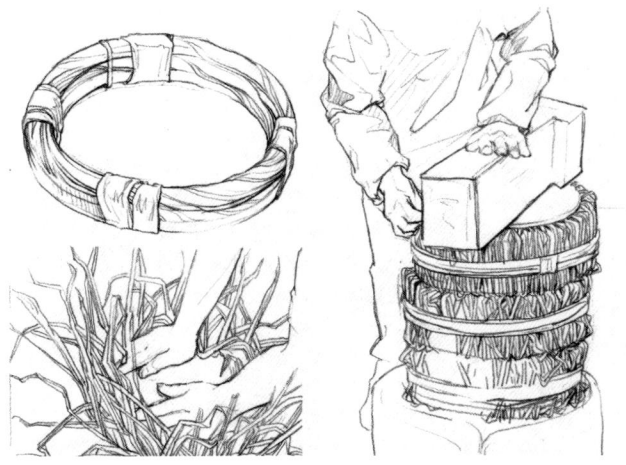

5. 油菜籽碾成粉末之后放入木甑或揭口（木缸）中蒸。甑中有木制甑桥、竹制甑簟，内垫干净稻草，稻草要选长100厘米至120厘米，不能是霉变、腐烂的。将菜籽粉放入甑中后，用稻草挽一个结放在菜籽粉上面。加火蒸煮，待甑子各方来气且汽水均匀就可以了。菜籽、桐籽以蒸软为准，不能熟透。制作油茶坯，先用稻草和油箍定型，再把熏蒸好的油茶粉倒入其中压制而成。茶坯压得是否均匀直接影响到出油率。把洁净的稻草顺嵌入油圈中，将蒸好的菜籽胚装入其中，用"木拐"（用硬杂木制作成榔头状的工具）夯实，用稻草将菜籽胚上部包裹严实、踩实，制成饼状。

6. 将油茶坯一个个放进由大树掏空而成的油槽内。将籽饼装入木槽内，叠放在一起，有序排列，以木楔初步固定。

7. 将油锤撞击敲打油尖，瞄准油尖，由慢到快一锤锤撞击，在撞击中不断地添加油尖，对榨膛中的茶坯施加巨大的压力，依靠这种物理压力迫使油脂渗出，反复打榨，油茶坯由厚变薄，杂油随即渗出。人力挥动悬挂的也称撞杆撞击木楔，这是木榨工艺的核心环节，俗称"打油"。菜籽受到挤压，一缕缕金黄的清油便从油槽中间的小口流出。适时添加木楔，通过物理作用挤压籽饼出油，直到将油榨干为止。打油是项体力活，为了消除疲乏、增强干劲，先辈们创编了许多"劳动号子"，一边使力一边喊"撞头重重打呀，茶油喷喷香哟"之类的吆喝语句，伴随着最朴素的交响乐，清香明亮的木榨油从龙榨口慢慢渗出，发出阵阵清香。

8. 榨出的油经油坨下的石槽流入油缸内，汇集沉淀，将油过滤、沉淀15—30天（冬天长，夏天短）后，杂质与油分离，即可出售。将打榨后的油通过漏斗滤网将杂质过滤剔除，最后装进油桶，完成最后一道工序。

065

## 现代榨油

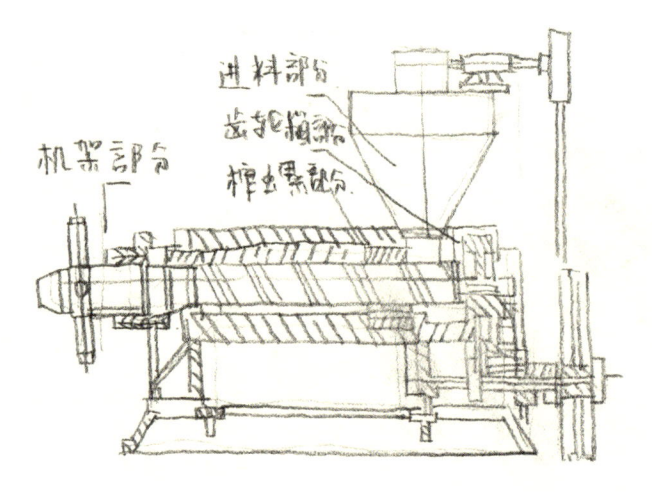

9. 现代榨油步骤较为简单，基本上将茶籽倒入机器内既可。现代榨油机压力较高，可连续处理物料，劳动强度低，可压榨多种油料。物料在被压榨的时候，受到榨螺的推动和挤压使榨螺和榨笼内壁空间的体积不断变化，在榨笼的后部由于排列有圆榨条，榨笼的内壁呈锯齿形，料坯在这里交替地受到压榨和放松，料坯的结构不断受到调整，得到均匀翻动，使未被榨出的油或榨出油较少的料坯有较多的机会充分受到压榨。

根据榨油方式不同，油茶籽榨油机器分为三种，液压压榨、螺旋压榨、超临界萃取。液压压榨是通过重压压力把油茶籽榨成饼，出油率相对较低，生产成本低，油茶饼用途广泛，目前大部分榨油坊基本都是使用此方法。螺旋压榨是机器通过旋转的方式，把油茶籽碾成茶麸片，出油率比液压榨高，因其机器损耗大，易出故障，使用范围相对较少。超临界萃取是以流体 $CO_2$ 为媒介从油茶籽粉中萃取出山茶油的方式，出油率高，但其生产成本高昂，目前很少使用此方法。

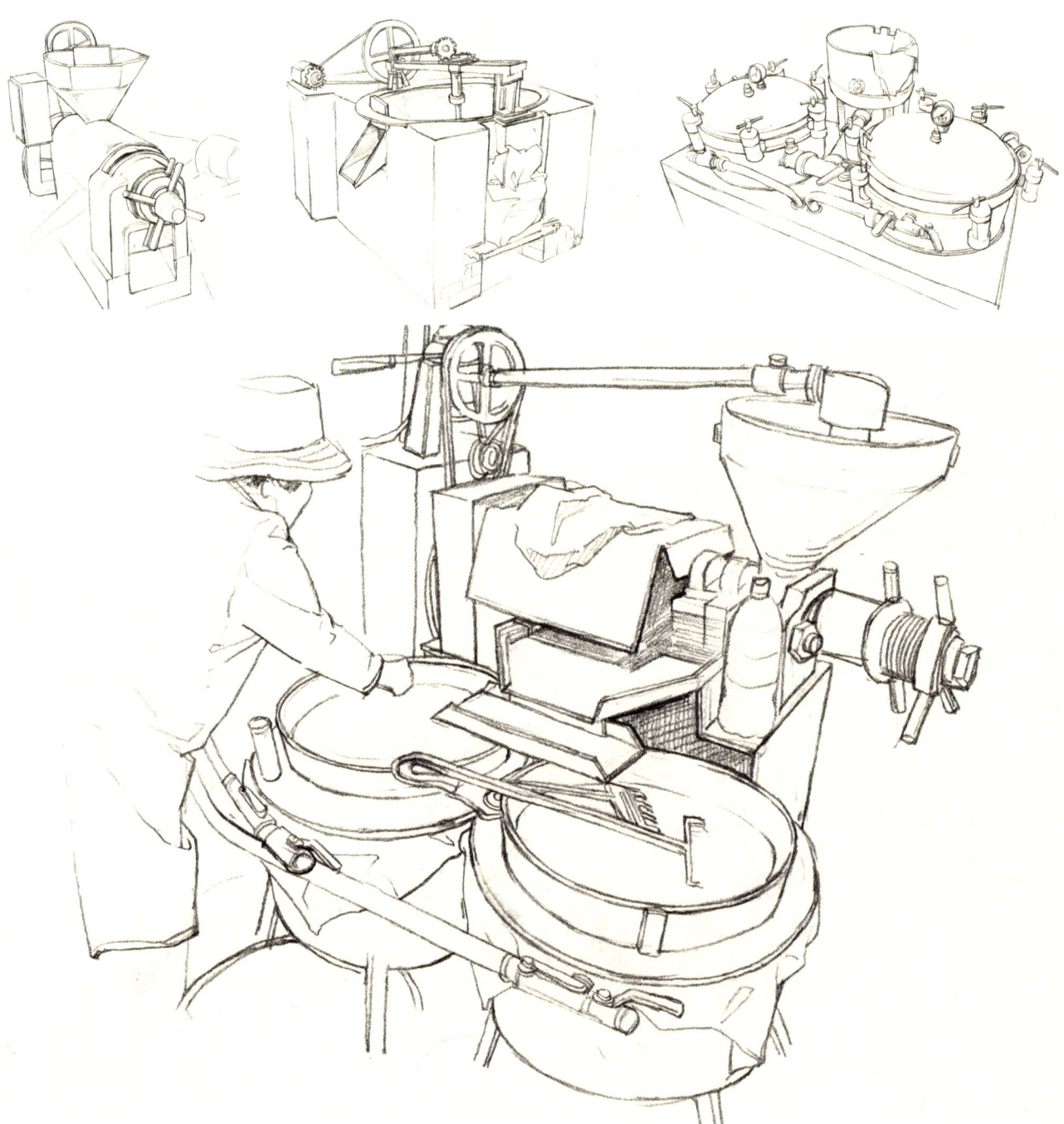

**教学案例三：港中丝线——家族产业的传承与发展（节选）**

作者：2019级设计15班　伍启彦

20世纪70年代，中国香港发展迅猛，简直就是海港中的超新星，号称"亚洲四小龙"，那是一个点石成金的年代。与内地不同，当时中国香港与外界的交流密切，一切都是那样的新，那样的繁华。我的爷爷因受过教育，在有效地与外籍人士沟通的同时也能组织工作，基于此，1974年他获得了第一笔投资。公司名为"利民"，利民即造福人民，这里的人民并不只包含香港人民，同时也包括内地人民，都是中国人，要为自己、为中华富裕起来，这是爷爷的本心。

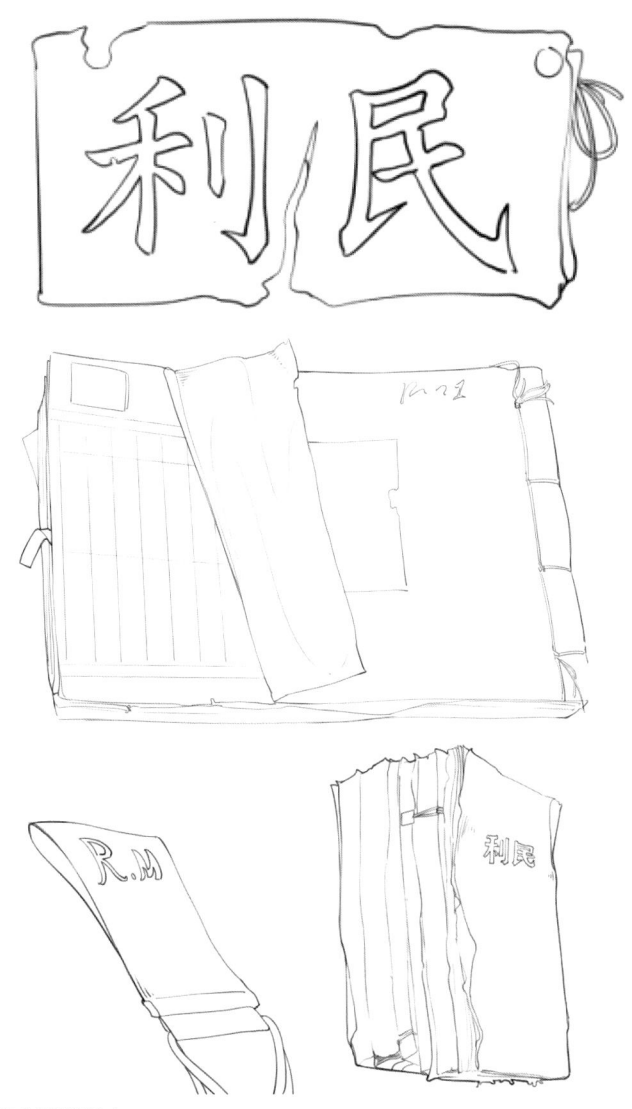

父亲早期的账本

因为爷爷以前在台山经营过纺织业，资本与技术相结合摩擦出了美妙的经济火花，爷爷的公司迅速发展，通过接受外国的订单把产品销往海外，公司获得了可观的利润。然而这就相当于经济命脉掌握在了洋人的手里，用爷爷的话说"没有鬼佬（香港人称外国人为鬼佬）的担保，他们不和我们做生意"。伴随着经济的迅速发展，矛盾也随之而来。这种矛盾不仅存在于商业中，在生活上也一样。当时中国香港人不满英国人高人一等的特权，但同时大部分中国香港人已经习惯了这样的生活，香港并没有多少本土的文化习俗或者习惯，绝大部分的习俗或者生活方式都是外来的或者吸收了外来文化后中式化的。这种双重矛盾给这个海港与港里的人带来独特的文化影响。

公司在父亲的手里真正发展起来了。父亲具有良好的金融意识与国际意识，他不像爷爷那样将经营重点放在产品质量和公司组织上，而将目光放在扩大市场与设备更新上。按父亲的话来说，当时的生产力完全是过剩的，我们需要的是市场需求，而且必须是不被外国人所控制的。随着中国的强盛，中国香港企业在国际市场上也更有影响力。父亲通过拓展海外市场，不再依赖外国中介，以此打开了新的模式。

随着中国香港的回归，中国香港与内地的交流也越来越频繁，这是互利共赢的结果。2005年左右，为了适应市场需求，父亲进行了产业结构转型，减少生产规模的同时将公司迁到了内地，将流动资金投资于金融业。事实证明这个举措是正确的。竞争的加剧使港人开始有了危机感，同时也带来了更大的市场竞争力。我相信这座美丽的城市将会更灿烂、更繁荣，香港人一脉相承的奋斗精神生生不息，就像它曲折流离的历史，血脉中的家国情怀已与这座现代化的城市融为一体。

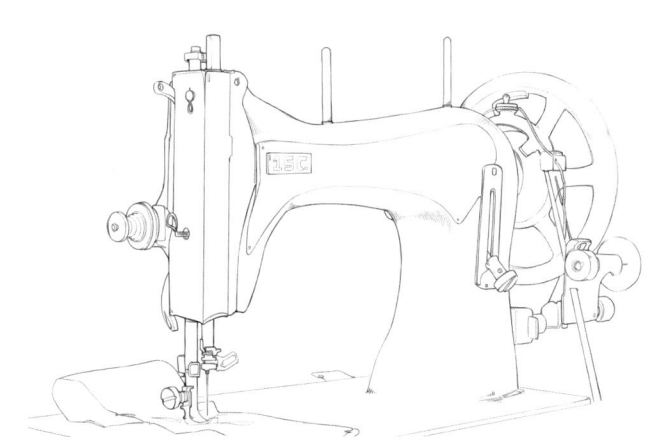

爷爷初办公司时期的脚踏缝纫机

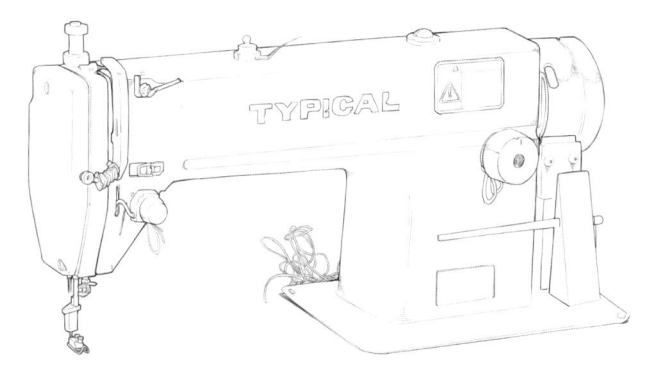

父亲更新的电机缝纫机

# 教学案例四：兰溪生产工具研究

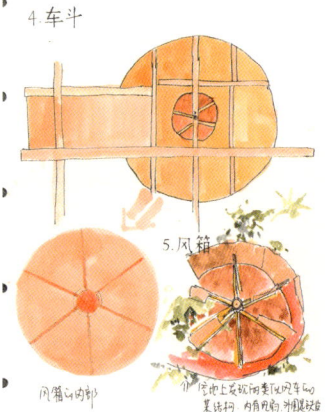

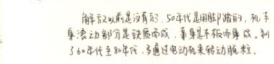

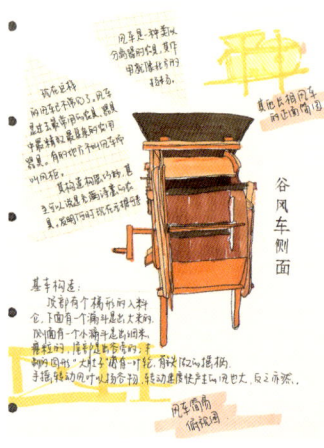

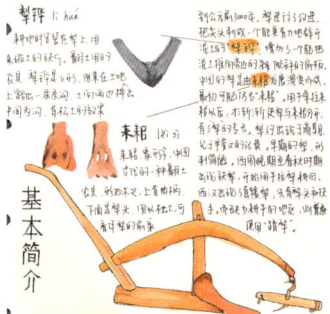

作者：2016级设计9班　郑玉杰

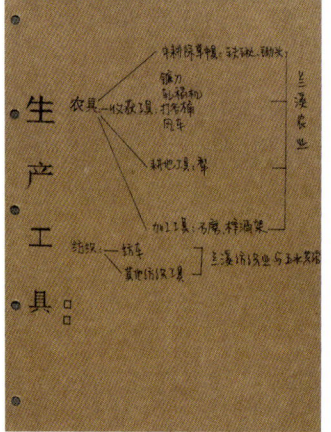

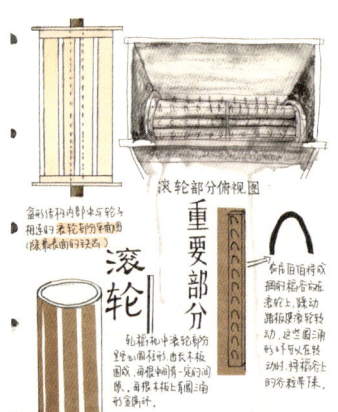

"一生一本"·田野考察笔记《兰溪生产工具研究》（一）

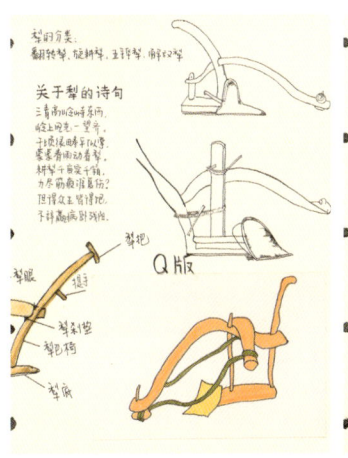

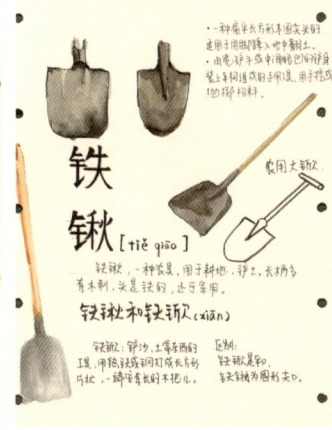

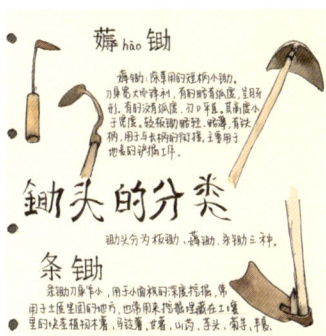

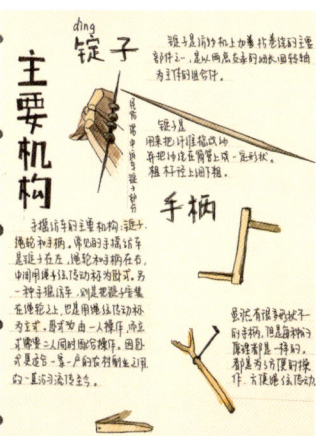

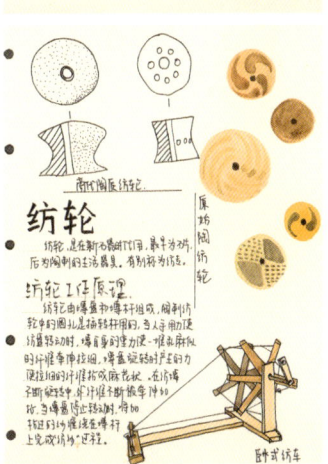

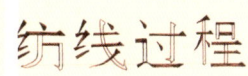

"一生一本"·田野考察笔记《兰溪生产工具研究》（二）

## 第五节　器具与功能

坐、拿、背，木头、金属、陶瓷，或是精巧、粗犷、柔软，都是对器物使用的需求使然。筷子太重就不方便夹取，衣服要轻软而盔甲要坚韧，锄头是人持握，而犁需要用畜力牵引……功能是器物的本质，李渔一言以蔽之："坚而后论工拙。"传统工艺思想要求器物首先要有实用价值，其次考虑好不好用，最后解决好不好看的问题。墨子的"衣必常暖，而后求丽，居必常安，而后求乐"正是阐述了人类对器物需求的先后层次关系，这也符合著名心理学家马斯洛所提出的需要层次论。功能主义认为"一件物品或建筑物的美与价值取决于它对目的的适应性"，强调以功能为中心，而不是以形式为出发点。合理的器物应是建立在客观的基础之上，以使用、成本、耐用等要素来制造产品；我们在器物考察中明确了这一点，就可以顺藤摸瓜，基本理清出器物存在的理由和它背后的各个因素。

器物的命名透露了其适用范围，依据功能可以分为用具、工具、农具、家具、玩具、文具等，每种分类之下还可以有更细的区分：如农具可以分为耕作的、榨油的、纺织的、酿酒的等，家具可以分为床、椅、案、几、桌、凳、榻，文具可以有笔、墨、纸、砚、水盂、笔搁、镇纸等。

生产生活方式的不同会使器物的功能和形态发生改变。坐具就经历了从席地而坐需要的筵、席、席镇，再到床、榻、几、案的组合，最后发展到五代宋以后有一定高度的马扎、兀凳、椅子等垂足坐具的产生。与此同时，家具高度影响了人们起居方式的改变，影响了饮食器具的设计。为了方便坐具低矮的生活方式，饮食器皿如等多为鼎、豆、钫等的高足设计；"垂足而坐"的起居方式兴起后，身体各部位与器皿的位置关系，以及与人的视线都发生了变化，器皿的高度、尺寸、造型也随之产生一系列影响，杯、盘、碗、碟等器皿的圈足也呈低矮形态。器物在日常生活和劳作中潜移默化地陶冶着人们的情操，是美观和功能的统一体，具备社会美育的价值。

思考题：
① 结合器具的日常使用情境，思考它们是如何反映社会各发展阶段中生产、生活面貌？
② 如何看到功能与形式之间的关系？
③ 如何从器物的功能性中发现生活之美？

老街上各种功能的竹编制品

匠人外出做活的凳子兼工具箱功能

器物不同的功能呈现出不同的造型

## 教学案例一：父亲的生活器具小史

作者：2019级设计15班 毛歌

大人们总说现在的孩子和以前不一样，很难去感受他们小时候所经历的生活。但是随着年龄和知识的增长，老宅中遗留的一些老物件帮助我慢慢认识到大人们所说的"不同"。

1978年，全国分田到户实行家庭联产承包责任制，每户人家都分到了一些田地和务农工具，人们的生产积极性被极大地调动。父亲说那个时候，无论什么时间都可以在田地上看到劳作以及在田和家两地来来回回挑着扁担为了自己的生活而努力的人。有一种器具扮演了一个很重要的角色，就是扁担上挑着的箩。箩是一种竹编容器，因为家乡气候适宜竹子的生长，并且在我家的老房子门前就有一大片竹林，因而我们家很多生活器具都取材于此。那个时候，人们用扁担挑着箩，箩里面装着粮食或者作物，穿梭于田间和乡间的小路上。当我看到箩的实物时，爷爷和我说："不仅是务农的人会用到这个箩，经商的人也同样会用到。"因为箩盖是有弧度的，对于经商的人而言，当箩盖正着盖时弧面朝上，具有存储作用；当反着盖，即弧面朝下时，可以摆摊时呈放要卖的货品，盖下面的箩里装着存货，可随时存取。对于务农的人而言，就是为了存储和防止老鼠等动物偷吃里面的粮食。

我的爷爷奶奶有三个孩子，其中我的父亲年龄是最小的。在那个年代，大人都很忙，需要做很多事情。为了可以陪伴孩子，又能解放大人的双手，在哄孩子的同时做更多的事情，节省时间和精力，摇篮起到了重要作用。父亲用过的摇篮是竹编的，它并没有我想象中的舒适，而是在床下面用绑了两个竹筒作轮子，一根绳子穿过竹筒中间连接到床上，使用时用脚轻轻地来回踩踏摇篮，摇篮就能随之悠悠晃动。

从小到大我都对一个叫"火囱"的取暖器具有着特别大的好奇心。父亲说在热水袋广泛应用之前，火囱一直担任着重要的角色。铜做的火囱比较常见，但是我家乡的火囱大多数都是由竹子编成。竹编形成火囱的外壳，内部有一个陈放炭火的内胆，金属内胆价格较为昂贵，陶制的既能降低成本，又耐高温。

记忆中，在我幼时，爷爷会在冬天吃完饭后，坐在椅子上把火囱放在脚底烘一烘，奶奶说在我小的时候也会经常用到它。在老家阁楼里找火囱时，它的旁边有一个用竹子编的罩子，罩子编得很稀疏，父亲和我说这叫烘笼，烘笼是和火囱配套使用的，把火囱罩住，就可以把很多东西放上去烘，让火囱的热量得到更好的利用。父亲对我说，他印象最深的就是把尿片放在

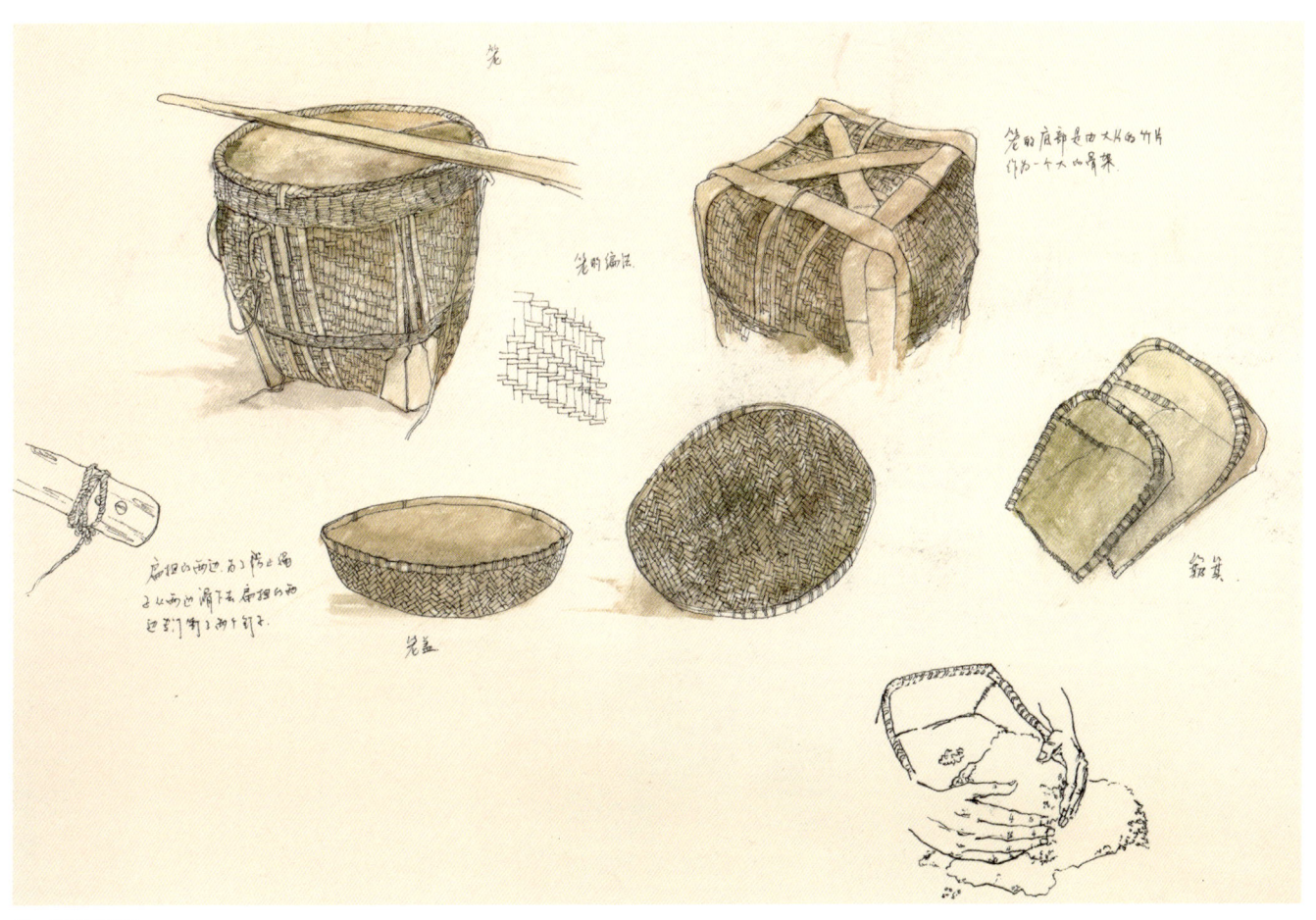

**箩、扁担与簸箕**

烘笼上烘。他们这辈家中大多有多个孩子，南方气候偏潮湿，在没有尿不湿的年代里，尿片是很难干的，而家里受条件所限没有多余的尿片，这个时候就要用到烘笼，把尿片放到烘笼上烘，尿片很快就干了。

长辈们对这些生活器物的讲述，让我感受到了那时生活的不易。我们这一代唾手可得的东西，在当时是不可想象的。当然我们应该看到，生活方式决定了器物的功能，随着生活方式的改变，新的器物应时而生，旧的被淘汰，人们就是在这样的不断更新中进步。

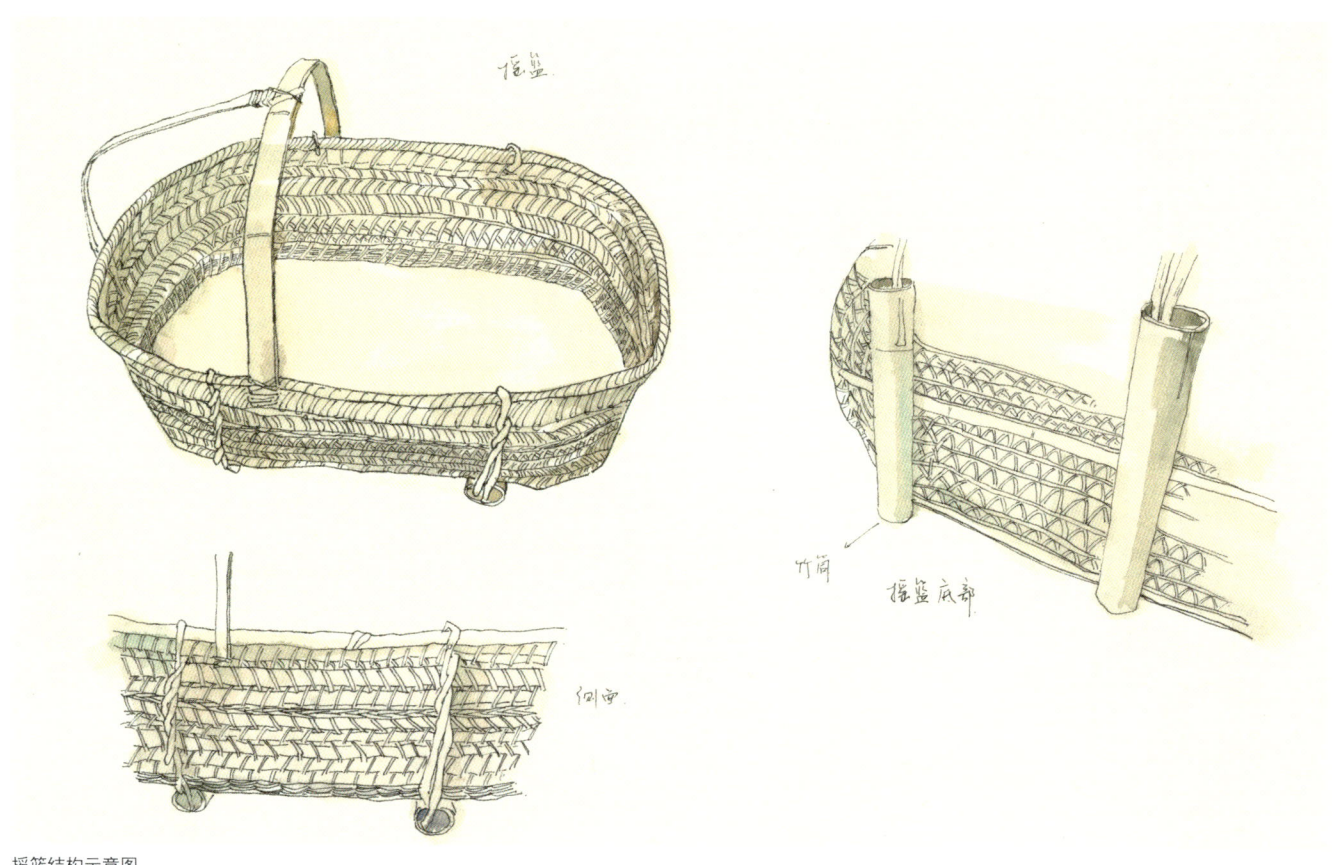

摇篮结构示意图

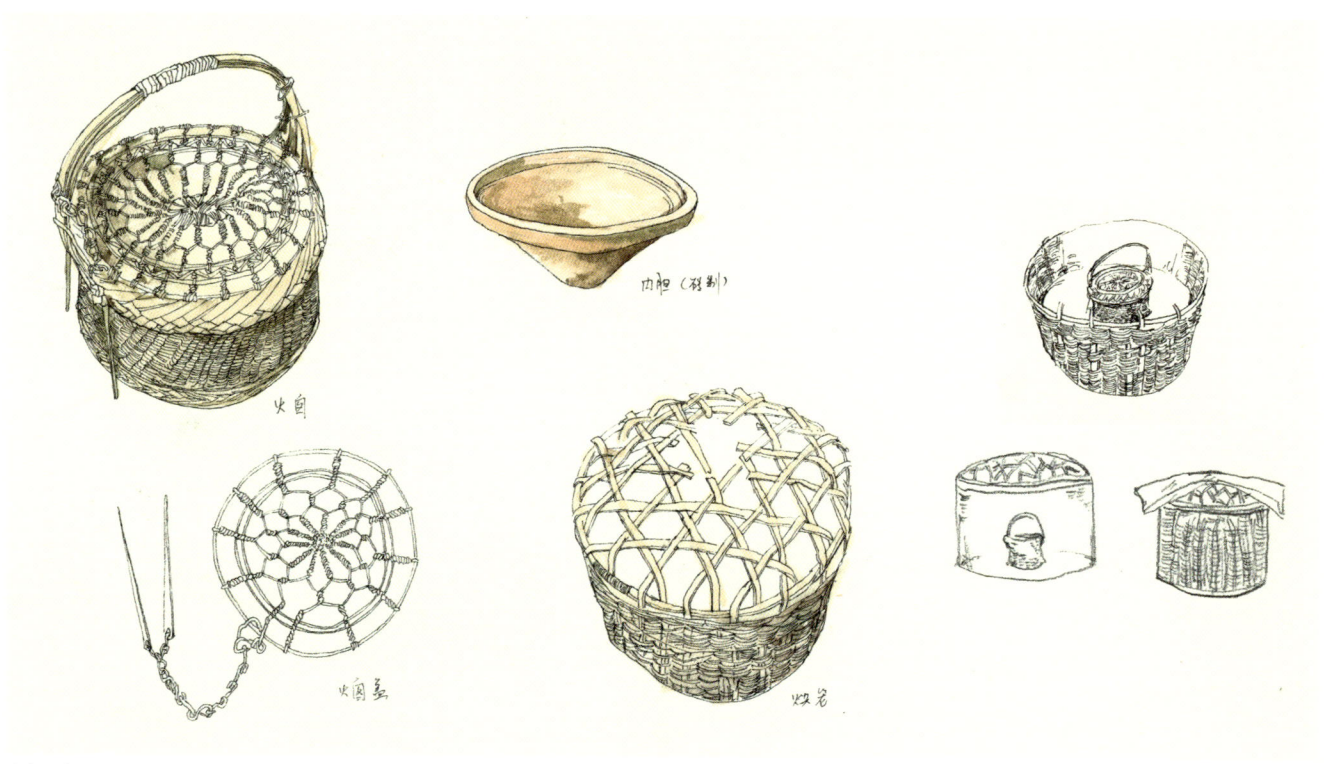

火卤示意图

## 教学案例二：别出心裁——曾经的家具与生活

作者：2019级设计15班 于汕玉

家具，家庭用具，主要指床、柜、桌、椅等，是每个人家必备的器物，与人的生活关系紧密。家具的类型、数量、功能、材料、形式、风格和制作水平等特征，可以反映某一历史时期的生活方式、物质水平以及历史文化特征，具有丰富而深刻的社会性。它也是一个家的缩影，是文化形态的显现。

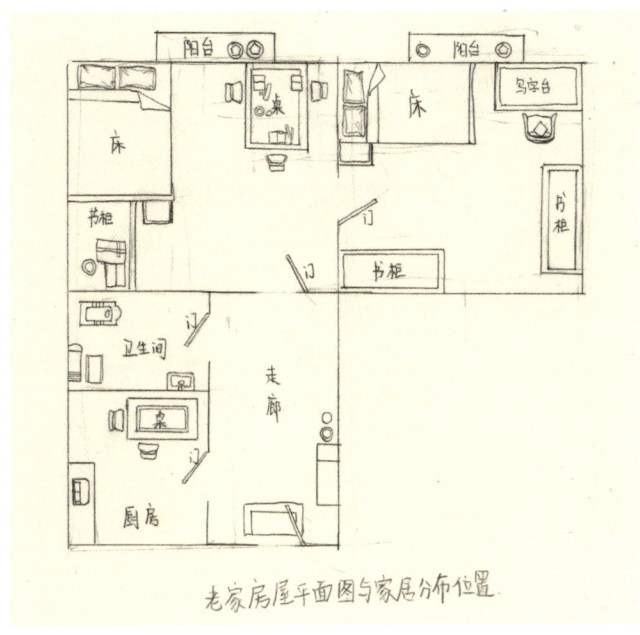

姥爷搬家前住的老房子及自制家具平面示意图

这些家具都是根据房屋面积和功能而设计的，可以说是因房而制、因材而做。老家的面积不大，约70平方米，有四间屋子，其中两间卧室，一间厨房，一间卫生间。与现代的商品房空间设计不同，老屋的功能设计较少，如客厅、书房、储藏室等是没有的。

左侧的卧室内放有书桌和衣柜，是妈妈、舅舅和大姨小时候住的房间。由于屋子要具备三个人的使用功能，因此书桌被设计为三面抽屉，衣柜也设计了很多抽屉。右侧的卧室是姥姥和姥爷住的，放有书柜、衣柜和写字台。实际房屋物品陈设要比图示更为密集，屋子内留空的面积很少，所以两个书柜是分开摆放的，而不是像现在面对面摆放并在上方架木板放置杂物。

姥爷家的装衣箱

我的家里保存最久的家具是太姥姥的装衣箱，总共有四个，大约是20世纪40年代制作，长1米，宽和高都是0.8米，就当时的生活条件而言，可以容纳全家所有的衣物。据姥爷回忆，当时家里的家具只有桌子、凳子、床与收纳衣物的箱子，受经济和空间条件所限，这些只不过是维持生活所必备的家具罢了。60年代，物资紧张，成品家具也同其他物品一样要凭特定的票购买。这些家具价格高，又不能十分贴合每家生活的实际需要，所以多数老百姓都会自己准备木材并联系木匠按自己的需求订做家具。这段时期，36条腿是结婚的必需品，所谓36条腿包括衣橱四个角、床头柜四个角、椅子四个角和床四个角，可见这是当时家具的常规种类。姥爷迫于生活，练就一身做杂物的本领，他除了会修理小物件，还会制作家具。既然要定制家具，那制作家具的原料木板也需要自己找渠道获得。姥爷认识运货船上的工作人员，有很多木板就是从船上得来的。当时运输船上的货架都需要根据货物的大小现搭，每次卸货时架子也会跟着货物一起卸下船，这其中有部分淘汰的货架就会成为家具板材的来源，姥爷家里现在还留有几张用于制作家具的大型木板。正因为材料来源的不确定性，一件家具可能会用到几种不同种类的木材，设计过程中也会考虑家具不同位置的性能，而采用不同的木质加以区分。比如框架的部分需要用结实坚硬能起到骨架作用的木材制作，面板位置要求纹路好看，隔板要有一定的厚度。

由于当时很多家具是根据自己的需要而制作，所以这些家具的细节设计与房屋空间、生活方式十分符合且别具特色，让我不禁感叹老一辈人的生活智慧。姥爷和我说，当他需要一件新的家具时，只要大致想好这件家具的大小和所具备的功能，并将想法画成草图交给木匠，木匠就会制作。当时的木匠经验丰富，提出的需求都可以得到满足。那些手稿因为画得非常潦草所以没有被保存下来，但有些还没有损坏的老家具却被保留了下来并且使用至今。历经了时光的侵蚀，有些家具表面有多处划痕、保护漆脱落的岁月包浆，甚至有些柜子的柜门变形，以致无法与柜子完美关合。我想是因为在贫苦中长大的人们都养成了惜物的习惯，他们无法轻易舍弃一个包含自己辛苦付出、陪伴自己多年的老物件。这些老家具上铭刻着的旧时光，与现在从工厂流水线生产出来的家具相比，有着一股人情味儿，包含着使用者与制作者之间的情谊。

第一件保留下来的自制家具是书柜。书柜总共有两个，两个书柜的尺寸一样，均为高200厘米、宽109厘米、深53厘米。姥爷和姥姥搬过一次家，在原来的房子里这两个书柜是分开摆放的，由于高度完全一致改为现在的面对面，书柜的上面架起一块木板，以便于在上方的空间摆放更多的杂物。这块木板也是当年用来制造家具的原材料。比较有特点的一个设计是书柜的上方有一圈很矮的防护栏，现在有几条已经脱落了。姥爷年轻时住的房子房间数量比较少，房间面积有限，有些杂物需要放在书柜上方以减少房屋的使用面积，这圈防护栏的目的就是防止书柜上方的杂物掉落。

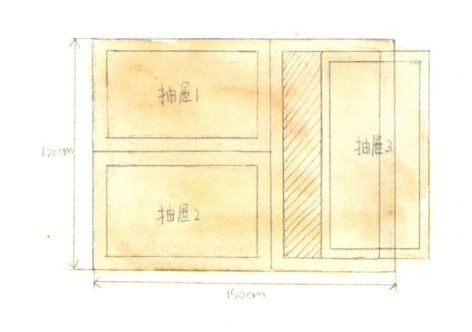

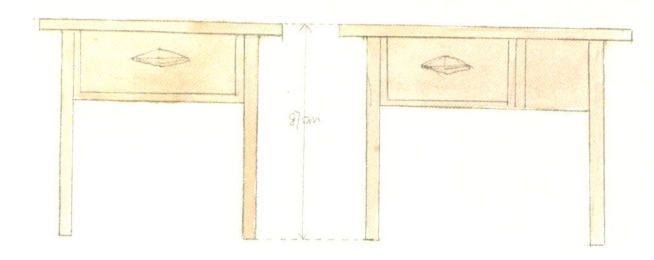

书桌示意图

书柜现在的摆放方式及柜上的防护栏

第二件保留下来的自制家具是学习用的课桌。课桌长148厘米、宽120厘米，在当时的桌子中尺寸算得上比较大。这张桌子是妈妈、大姨和舅舅三个人共用的，姥爷因此设计了三个抽屉，长边上面对面有两个抽屉，短边上有一个抽屉，桌子没有抽屉的一边靠墙摆放。学习时妈妈、大姨和舅舅面对面坐着，老家房间的面积有限，这样的大桌子比做三张小桌子占的面积要小很多，也省下了大量木料。现在这张桌子在厨房里做摆放微波炉和其他杂物用。

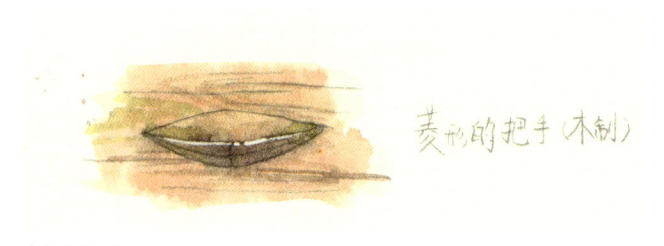

带有镜子的衣柜

书桌的菱形把手

第三、四件保留下来的自制家具是衣柜。家里留下来两个不同的衣柜。一个衣柜较小，分为两栏，左侧为四个抽屉，右侧为两个抽屉并装有一面镜子；这个衣柜的柜门侧面有一根矩形木条，柜门关上时与柜子本身严丝合缝，这样就可以固定住柜门的位置，使柜门不会轻易被打开，这和龙凤榫的结构稍微有点类似。听姥爷说这样关闭的柜子在当时并不多见，是姥姥觉得这样设计能防止虫子进入衣柜才拜托木匠这么做的。另一个衣柜稍微偏大，整体分为三栏，每一个隔间用来装不同人的衣服。最左和最右的是普通木质柜门，中间的柜门上有长条状

074

型精致而奇特，大小看起来像是儿童用的椅子。还有一个姥爷用过的课桌，它上层是抽屉下层是柜子，高度是 77 厘米，桌面是边长为 45 厘米的正方形。现在它作为储物柜使用，而我第一眼看见以为是一个鞋柜，毕竟与现在课桌的形状相去甚远。

现在的家具虽然种类繁多、样式新颖、颜色亮丽，但这些家具与那些从材料开始收集，木匠一锤一铆制作出的家具相比，在使用情感上的联系要淡薄不少。人对物不舍的感情是在一个特定的时代环境下逐渐形成的，而这样的感情纽带在今天人们的生活中渐渐消失，实在是让人感到惋惜。

三门的大衣柜及局部结构

的风景装饰。右侧柜门上有配锁，内部除了放置衣服的空间还有两个抽屉，当时用来放置首饰和一些其他的贵重物品。柜门内侧还有妈妈上学时的课程表和后来贴上的日历，这些生活的痕迹被印在了家具上，记录着一家人的感情。

除此之外还留有一些别的老家具，受当时的生活与居住环境影响，家具普遍都偏小，而且尺寸没有标准规范，以现代的眼光看可能会觉得有些"奇形怪状"。比如有把椅子的椅面是边长 40 厘米的正方形，整体高 80 厘米，椅面高 38 厘米，造

造型精致而奇特的椅子

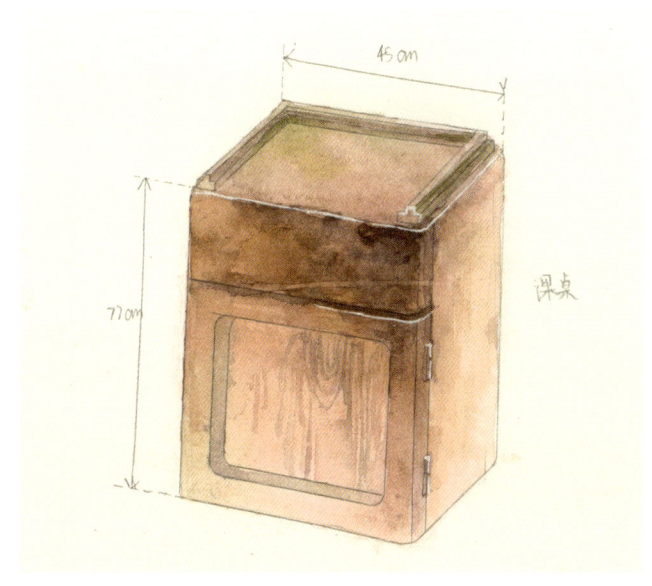

姥爷用过的课桌，现在当储物柜使用

075

# 第六节　器具与材料

传统器物的制作取材大多源于自然，并根据材料特性来进行加工，强调与自然的和谐共生。传统造物集设计、加工、制造于一体，工匠在制作时常常融入自己丰富细腻的思想情感，让产品充满了手的温度。

器物用途决定材料的选择，比如夏天睡觉的席子用的芦苇、竹或角，而不是木或金属；江南地区的榉木与黄河流域的榆木，呈现了南北不同的家具工艺与面貌；棉、麻、丝和毛制作的服饰能适应不同的气候与季节。器物的分布也与材料的分布密切相关，在运输不便的古代，器物具有地方属性。中国大地上东、南、西、北、中各个地域有着丰富的自然材料资源，匠人们因地制宜、因材制器，创造出多种多样的器物。景德镇因盛产高品质的高岭土，以及高达 70% 的森林覆盖率，使其成为中国乃至世界的瓷都；宣纸、歙砚、徽墨等都因产地而得名。因此，材料作为器物制作的基础，决定了器物的性能和品质，没有合适的材料就不能制作完美的器物；工艺是材料与技艺的结合，选择合适的材料就能事半功倍。

材料的种类繁多，性能也各有特色，在以材料为调研对象时，对它们的分类是一项重要步骤。材料有直接和间接的分别：用竹子做竹椅、竹席、竹篮、笔筒、竹筷、竹笛等，就是用竹材料直接加工完成；而金属需要对矿物的熔炼、布匹需要对棉麻丝的织造、造纸的纸浆需要对植物纤维等辅料的碎解，这些都是由材料间接加工而成，是器物成形的初级阶段。

在中国传统的"地方志"编辑中，将"物产"按材料分为木之属、草之属、竹之属、药之属、毛之属、介之属、金石之属、丝绵之属等，其中详细记载了各属的材料及其功用：如木之属的白柞，"可为矛戟矜，亦可以雕人物嵌镶木器"；草之属的灯心草，"取瓤为炷，以草织席及蓑"；药之属的蓖麻，"子有油，可作印色及油纸"；竹之属的乌竹，"用制桌椅书架等，器殊雅致，又可作伞柄"；金石之属的青石，"钱塘南高峰产青石，土人採为金银锡箔墩，石极光腻，又用为捣衣石、志石碑石、石趺之类"；丝绵属的紫薇绸，"海宁硖石人积梅雨水，以二蚕茧缫丝成，有自然碧色，索上价"；介之属的蟹，"壳色璀璨如玉，斑点如花，可饰器物，灰可闽塞墙壁，又可为粉饰，而俗呼蛤粉，亦或生珠，其为用多矣"……器物因此可以按材料属性分类为木器、竹器、漆器、铁器等。伴随着科技和生活方式的变化，器皿的材料从古代的青铜、陶土、竹木等扩展到现代的玻璃、塑料、不锈钢等，使器物的使用范围、造型有了更多可能性。

思考题：
① 材料是如何影响器具的起源、生成与形态？
② 材料作为连接器具工艺与功能的媒介，是如何塑造器具的？
③ 新型材料的出现是如何改变造物的可能性？是如何影响着造物的新观念和新技术？

同学们考察福州闽侯的木材加工市场

寿山石雕大师带同学们认识不同的雕刻石材

同学们考察大漆的生产过程

## 教学案例一：碧山竹材研究

作者：2018级设计7班　孔汀炫

### 一、竹子的特征

黟县自古山多竹密，在县城里常可以见到篾匠铺，它们大多是一间不大的门面房，不挂招牌，只堆放一些新制竹器，一堆淡雅的青黄色远远地就映入眼帘。居民许多生活用具都可以用竹子来做，挡雨的斗笠、养蚕的蚕匾、采桑叶的篓、晒谷子的竹席、休息的竹椅，以及罩饭菜防鼠虫的竹菜罩等。

首先，竹子是碧山比较容易接触到的材料。"竹密如云不见天，好山无数簇溪田"，南宋诗人吕本中笔下的黟县，今日仍旧是竹林遮日，八百多年间仿佛未曾改变。

其次，竹子具有天然抗菌性，几乎不会受到害虫危害或病原菌感染，因此无需使用杀虫剂即可自然生长。科学家发现竹子含有一种称为"bambookun"的独特抗菌性定菌剂，这种物质在加工过的竹子上也能维持。竹材经50余次加工后，仍具有优良的抗菌性和杀菌功能。

再次，竹子有环保与生解性，它不用杀虫剂也能快速生长。竹子与其他材料相比，资源利用率高且不枯竭。它能通过光合作用将水和二氧化碳合成有机物并放出氧气，不需移栽和使用化肥等优点，此外，根部能使受侵蚀的土壤安全化。竹材料可被微生物和太阳从土壤中100%分解，分解过程不会对环境造成任何污染。

最后，竹子的断面由多种微缝和微孔组成，具有优秀的吸收性和透气性。

竹篾的编织

### 二、竹材的特性

竹子的质感冰冷，干净利索，有直线的性质；它表皮光滑而细腻，具有自然的美感；它里面是空的，表面有节，纤维众向伸展；它或细或厚，可以自由地选择厚度；它有弹性而灵活，易弯曲，这些特性使竹子自古以来就成为人们制造各种生活用品的材料。

割裂性：劈得笔直

弯曲性：弯曲打造拱形

弹力性：受到外力具有弹性

三、加工方法

根据竹子的材料特性，可以采用多种加工方法，包括弯、切割、穿孔、接缝、劈开、编织、粘贴等。

1. 弯曲。竹子加热后会变软、减少弹性，可以自由弯曲。如果快速冷却，其形状会固定，要矫正弯曲，就要去掉油，加热弯曲后要慢慢冷却。加热温度在 90 至 140 摄氏度之间，这要根据工作进程、生产规模的大小来决定。直角弯曲通常是不可能的，但利用大的弹性，可以将直角弯曲部分的内侧切成直角，其余部分加热并弯曲。

2. 剥皮。竹子的表皮很难着色，一般要用漂白剂去除油，或直接剥掉表皮。剥皮是将竹刀将竹子固定在腿间，用竹刀随着竹子的弧度，薄薄地剥去表皮。

3. 切割。把锯子和竹子垂直放置，把竹子旋到匠人前面剪。

4. 接缝。介竹片使用胶水，接竹子时将树木夹在竹筒里并涂浆或打钉。

抗挫性：抗折

空洞性

竹子的特性

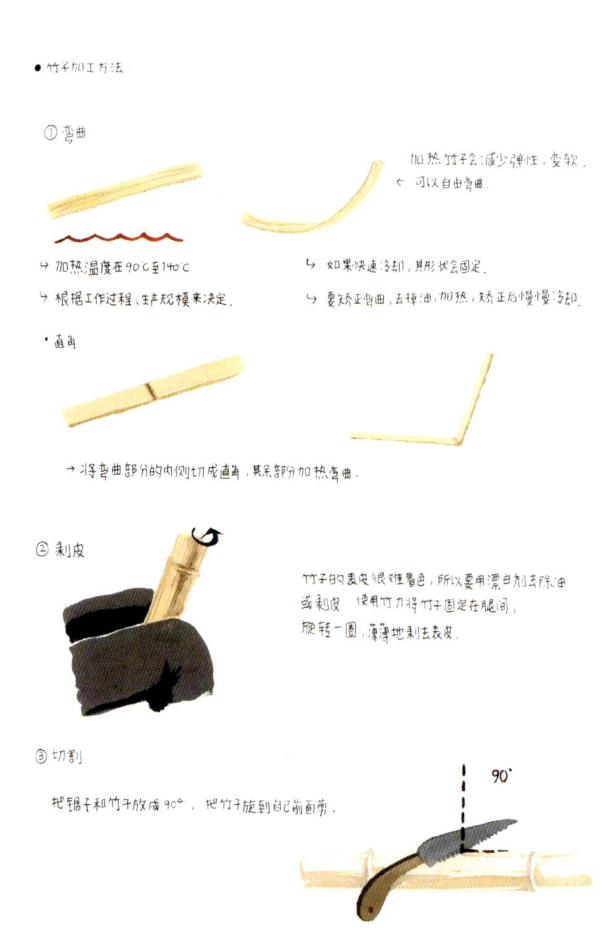

竹子的加工方法1

078

5. 穿孔。竹子的纤维组织与其他树木不同，是纵向的，如果朝一个方向用刀或锥子劈很容易裂开。所以应该以直角或横向方向来穿孔。

6. 劈开。用刀压下去，劈成想要的等份。

7. 竹薄。要想把劈开的竹子切薄，通常会把竹子的表皮向上，上下切，必须从大的上部向下部劈下去。基本工序是将刀刃在单面切成二等份，逐步薄到想要的厚度。

8. 编织。切成薄片的竹子可以多种编织，这是竹子成型的一般做法。

竹子的加工方法 2

### 四、编制方法

1. 一挑一编法：先将经材排列好，纬材以 1/1 编织法，一条竹篾在上、一条在下的交织，编法简单易学。

2. 斜纹编法：此编法是当横的纬材第二条穿织时，必须间隔直的一条，依二上二下穿织，第三条再依间隔一条，于纬材方面呈步阶式排列。除挑二压二方式，也可采用 3/3、4/4 的编织方式。

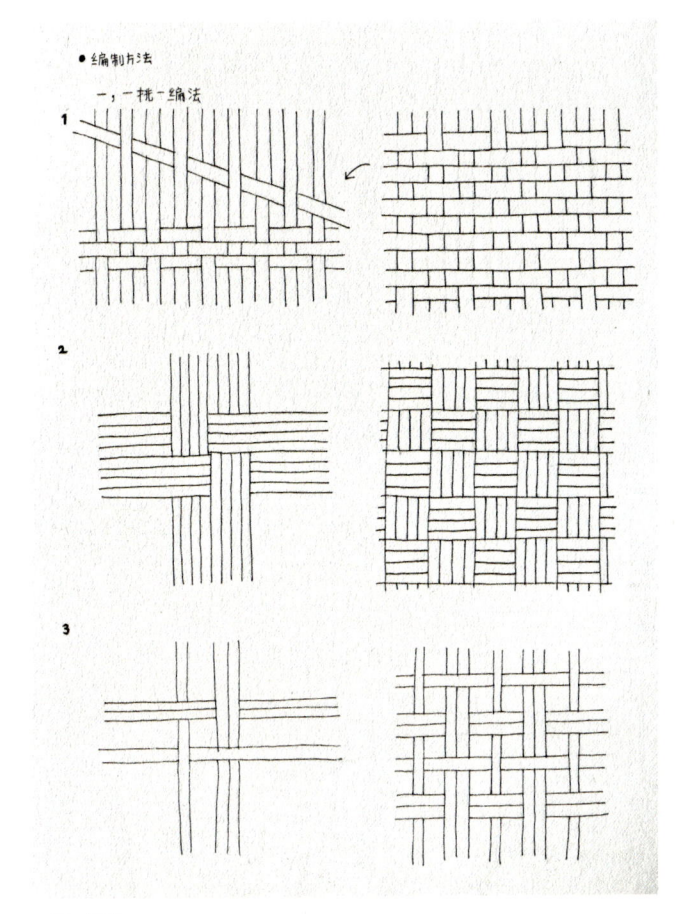

一挑一编法

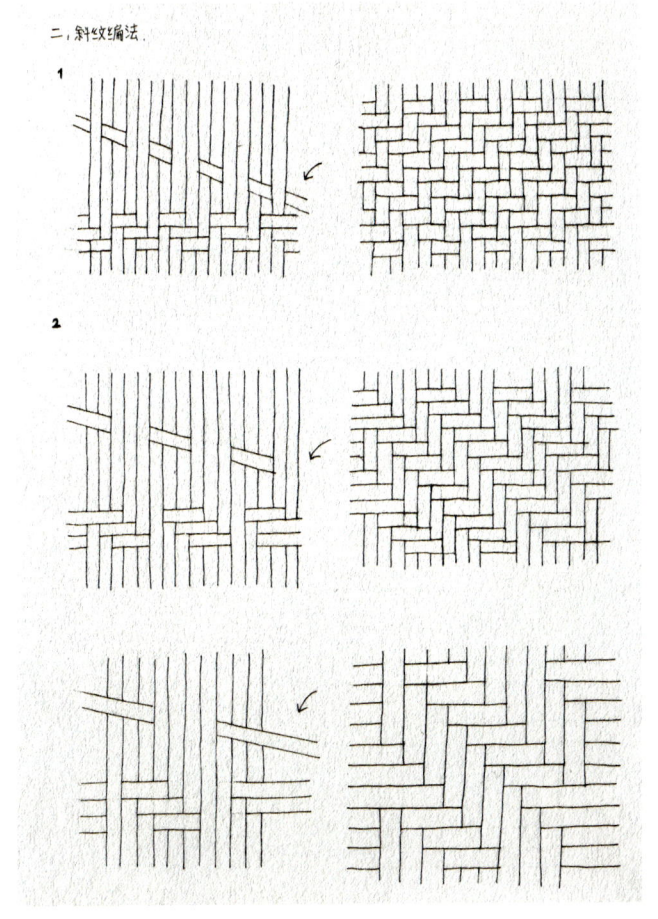

斜纹编法

3. 回字形编法：皆为斜纹编法的应用。方形底起编法，是以中心为主，以压三挑三法图案做上下左右对称。

4. 梯形编法：经材排列好备用，第一条纬材以六上二下编织，第二条用五上三下，第三条纬材以四上四下，第四以三上五下，第五以六上二下编织，即成梯形步阶式图案，以五条纬材为单位，依序增加编成。

5. 三角孔编法：是以三条篾起编，第一条在底，第二条在中央，第三条在上，交叉散开，并且角度相等；第二次再以六条竹篾分别穿插，而后依次逐渐增加。

6. 双重三角形编法：以六条竹篾起编，而后增加六条，了解竹篾之间的构成关系后，逐渐增加。

7. 六角孔编法：此法为三条竹篾起头，再以三条竹篾织成六角孔，以后分别以六条逐渐增加。

8. 圆口编织法：先以四条竹篾为一单位，依序重迭散开，再增加四条，注意其如何交织，理出道理后，逐渐增加。

9. 菊底编法：八条竹篾以中心点为主，排成放射状，如菊形；再以篾丝做一上一下绕圆编织。请注意，于第二圈开始处，先做一次二上于第一、二竹篾之上，而后再做一上一下绕编，第三圈开始是在第二、三竹篾处做二上，依此类推。

通过碧山村竹工艺制作的形态和竹子材质优点的调研发现，竹子作为环保材料，可以解决现代社会问题之一——过度包装和垃圾循环。传统工艺要摆脱常规制作手法的束缚，使竹材料变成符合新需求的技术，必须依靠对竹材的科学技术研究，再在传统和创新的结合中，使竹材得到再利用。

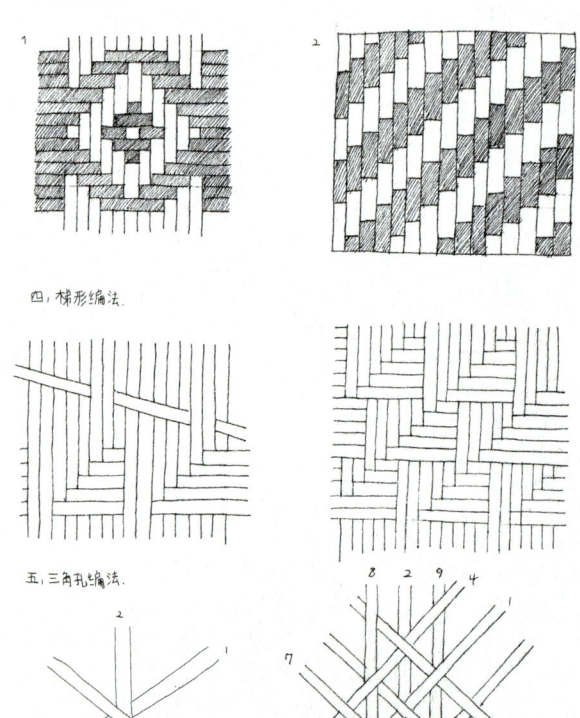

回字形编法、梯形编法、三角孔编法

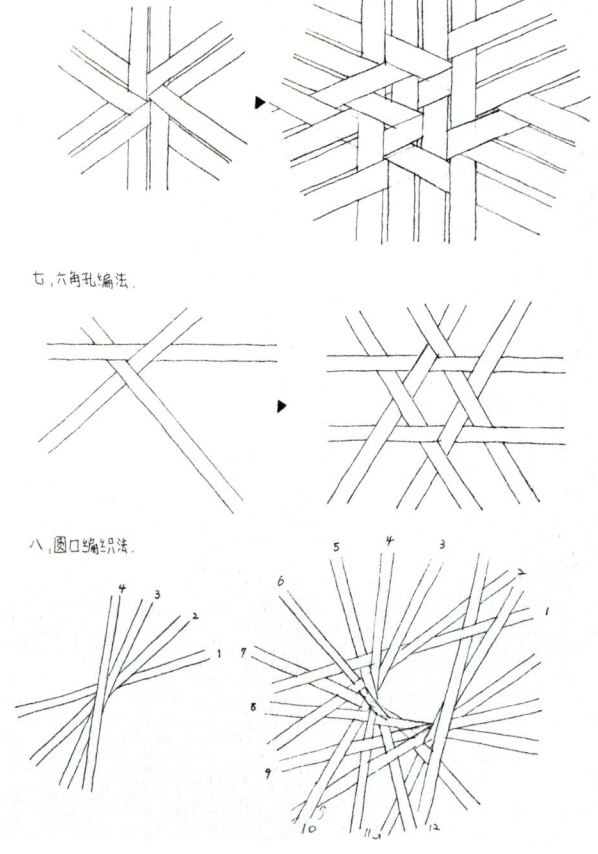

双重三角形编法、六角孔编法、圆口编法

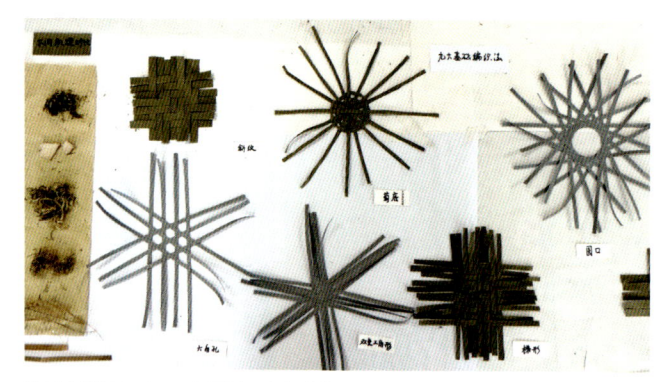

竹材编织研究（2017级设计6班伍赡仪、孙师兵）

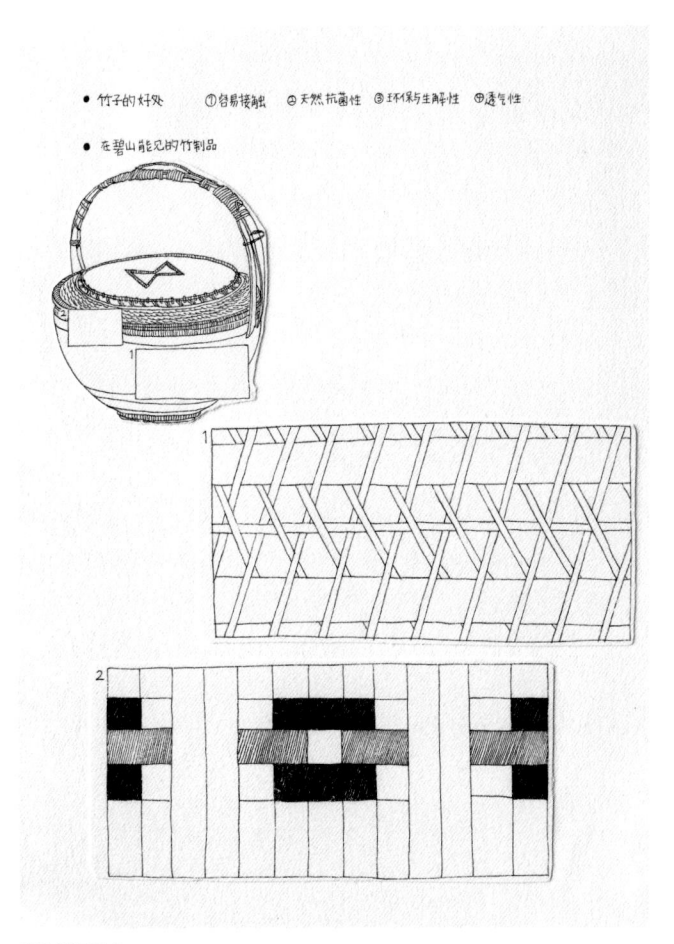

竹篮编织研究

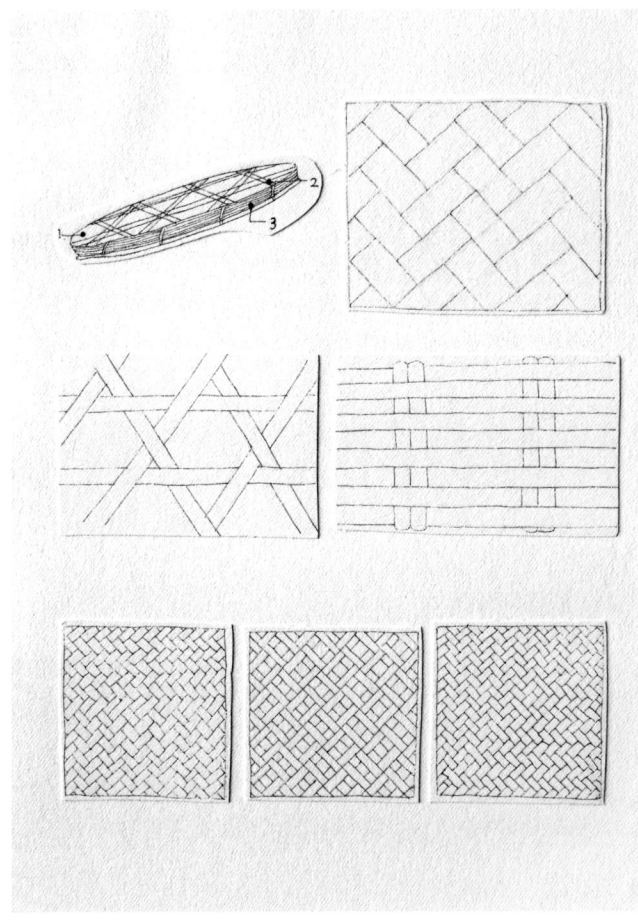

竹匾编织研究

## 教学案例二：闽北木材调查研究

作者：2019级设计5班 徐可歆

闽北，位于福建省北部，是福建最早开发的内陆腹地。闽北资源丰富，有林地面积2985万亩，森林蓄积量1.18亿立方米，丰富的资源支撑木材交易市场。闽北有规模的木材加工企业有上百家，年耗木材100万立方米，对木材需求量很大，但境内木材加工企业原料吃紧，有的要靠外调木材调剂。闽北地处闽、浙、赣发达地区与国家林区的中心位置，同时，闽江作为连接闽北山区和沿海的"黄金水道"，促使闽北木材可以辐射至闽西、赣南等周边木材产区。

黄杨木

黄杨木大多生长在山谷、溪边和林下。分布在安徽、广西、四川、江西、浙江、贵州、甘肃、江苏、广东、山东、湖北、陕西等地。属于黄色硬木，有象牙的质感效果。其材质坚韧细密、纹理细致均匀，木质极其细腻。未经雕刻的黄杨木，树皮略显苍白，局部会有一点红褐色；切开内部是黄色，有点像生姜。其生长较为缓慢，生长周期长，所以难有大料。多与其他硬木做镶嵌搭配，或加工成小摆件。

樟木

樟木主要分布在热带、亚热带，多产于中国、日本、韩国、印度等。在我国主要分布在东南部的福建、江西、湖南等地。樟木分大叶樟和小叶樟两种，其中大叶樟无香味；而小叶樟具有浓郁的香气，具有防虫、防蛀、驱霉、防潮的效果，有较高的油性。樟木的树皮呈黄褐色，树皮上有不规则的纵裂纹。

龙眼木

龙眼主要分布在福建、台湾、海南、广东等地，是福建地区种植的重要经济作物，果实龙眼（即桂圆）可食用。龙眼木质地坚硬，具有特殊纹理。老的龙眼木树干（尤其是根部）虬根疤节、形态多样，适用于木雕和根雕。龙眼木有着柔和的色泽，且强度高、硬度大、稳定性好，耐腐性极强，能抗白蚁侵蚀。因此，闽地多用龙眼木制作家具。

阴沉木

阴沉木又称古沉木、乌木（与红木中的"乌木"不同）等，是远古时期的原始森林中的名贵木材，在受到地震、山洪、泥石流等重大自然灾害侵袭后，成为深埋于江河湖泊里的枯木树根。在我国多产于四川，可能同蜀地多山多原始森林、且地震多发有关。阴沉木经过数万年时间，长期处于缺氧、高压状态下，又经过细菌及微生物的作用，历经千万年炭化形成。因炭化程度的不同，阴沉木会呈现出不同的黑色。

荔枝木

荔枝木属于热带亚热带阔叶林树种。和龙眼木一样，也是福建本土的特色木材。其材质坚硬，密度大而沉重，具有良好的耐腐和抗白蚁的性能，坚实耐用。南方多雨潮湿，荔枝木因其防潮抗酸的特性，在闽地自然也成为家具制作的常选木材。荔枝木的纹理有虎皮纹、蛇斑纹、直纹（径切材）、山峰纹（弦切材）等。

楠木

楠木为中国和南亚特有，是国家二级保护渐危种，多生长在中亚热带地区。楠木具有极佳的耐腐性能，带有特殊的香味，可避免虫蛀。主要分为金丝楠木、香楠、水楠三种。香楠，木材微微带紫，香味浓郁持续，名得于此。多产于南方的福建、广西、海南、贵州、云南等地，国外多分布于日本和越南。金丝楠是中国特有的珍贵木材。野生金丝楠多产于四川、湖北西部、云南、贵州等地。其中，四川的金丝楠材质最佳，其纹理直、结构细密，不易变形开裂，木材表面在光下具有金光浮现。

崖柏

崖柏，属灌木或乔木，生长在悬崖，受到石头的影响，形成了扭曲的形态。据木雕师傅说，崖柏以太行山所产最佳，受市场欢迎程度最高。

黄花梨

黄花梨，又名海南黄檀、海南黄花梨，原产于我国海南岛。其成材缓慢、木质坚实，具有漂亮的花纹，是一种名贵的木材，多用于家具制作。黄花梨不仅海南有，越南也有越黄，二者极为相似。越黄较海黄质地更硬，密度和油性较小。除了越黄，还有产于东南亚的缅甸花梨、老挝花梨和柬埔寨花梨等品种。其中缅甸花梨木纹清晰，颜色偏红，带有深色条纹。过去的草花梨现状已经归入花梨木类，现在还有非洲花梨。由于国内的海黄资源已经枯竭，这些花梨木便成了根雕和家具制作的常用料。

胡桃木

胡桃木主要产自美洲，近年来作为一种较新的木材也出现在闽侯的雕刻和家具市场。

红豆杉

红豆杉为世界珍惜濒危物种，红豆杉属植物全世界有11种，分布于北半球的温带至热带地区。中国红豆杉是中国特种，为我国一级重点保护植物。中国原产有4种1变种，即中国红豆杉、东北红豆杉、云南红豆杉、西藏红豆杉和南方红豆杉。特别是中国红豆杉，心材桔红色，边材淡黄褐色，纹理直，结构细，坚实耐用，干后少开裂。可供建筑、车辆、家具、器具、农具及文具等用材。

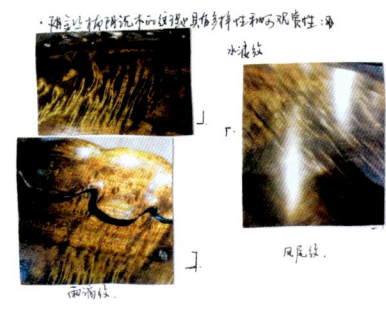

"一生一本"·田野考察笔记《闽北木材调查研究》

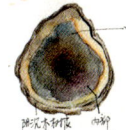

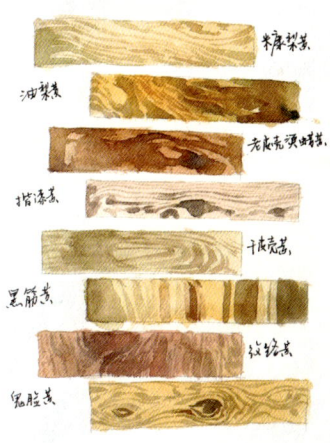

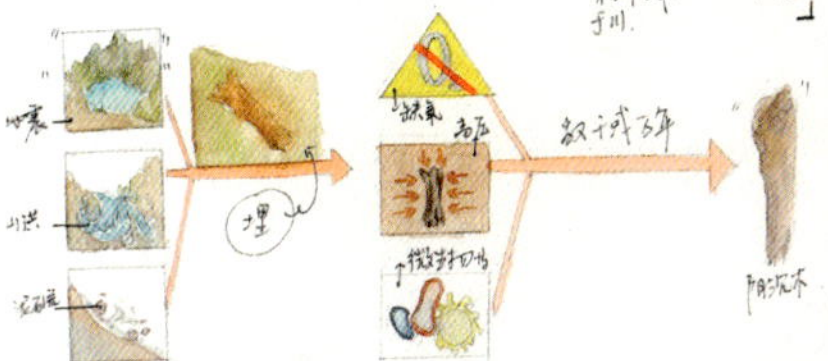

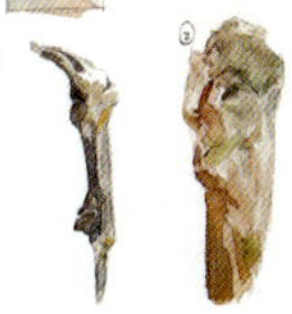

这是一页手绘的木材图鉴笔记，内容包括多种木材的介绍，字迹为手写中文，部分难以辨认。主要木材类别如下：

# 黄花梨（海南黄花梨）

黄花梨，又名海南黄檀、海南黄花梨。原于我国海南岛。其纹理极清晰，木质坚实，并且具有漂亮而无毒的是一种名贵的木材，适合用于家具制作和雕刻。

黄花梨木的纹理

# 阴沉木

黑色痕迹：

本经过数万年时间长期处于缺氧、缺光、细菌等微生物的作用下，原有的有机物碳化而成。

（下方为阴沉木形成过程示意图，带箭头流程）

- 同类此多种阴沉木，阴沉木根据地质环境呈现出不同的颜色（以黑而多为不一样）。
- 阴沉木制作的家具与古代家具的不同。
- 黄花梨的木材与古代阴沉木的木材，形成各种不同的风格。

# 楠木

楠木为中国特有的珍贵木材，国家二级保护植物，常生长在亚热带地区。

楠木材质坚硬，具有独特的香味，并且防腐能力强，适合用于直接做楠木家具。小叶桢楠等种。

## 楠木
金丝楠 香楠 水楠

金丝楠：
是楠树种中最名贵的木材，产于中国四川、贵州、云南、湖北等地。

# 不同颜色和纹路的黄花梨：

- 糠梨黄
- 油梨黄
- 老虎皮纹斑黄
- 指海黄
- 牛毛纹黄
- 黑筋黄
- 纹筋黄
- 兔脸黄

# 荔枝木

荔枝木，严格来说属于桃木类。原于热带亚热带海干林地，原和龙眼木一样，也是福建不多多的木材，要。

其木质黑硬，宽厚大颗粒涩润，口紧而密固，是非常优良的材料和家具制作材料。

荔枝木纹

南方多雨潮湿，荔枝木因其性"防水抗酸的特性，在古代自然也被其制作为家具木材。

# 胡桃木

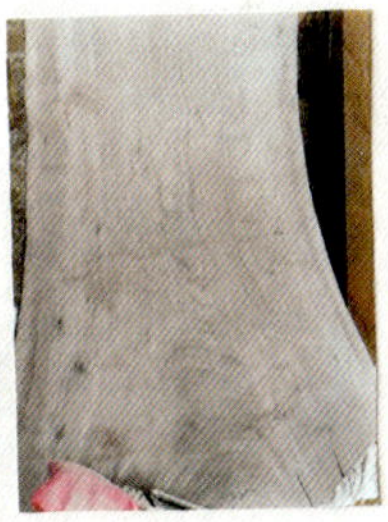

胡桃木，产于北美洲的及现在作为一种最新的木材中段开始用于家具的制作和工艺品加工。

胡桃木纹细润，强度适中较大，板硬有较硬。

北美黑，胡桃

# (黄花梨延续)

黄花梨木不仅只有海南有，越南也有越南黄，二者木材相似，但是越南黄花梨的木质较海南黄花梨的密度较松软。越南的油性低于海南。

除了越南黄之外，对于越南而还有细甸黄。

无论是黄花梨木材都是名贵的品种，正是被砍伐，目前原木几乎绝海，黄梨也很难找海，海南多产正是黄花梨的根部和家具制作而用材。

老越花梨

# (荔枝木延续)

纹理：鹿耳纹，蜡纹，水波纹云边，直纹（径切纹），山峰纹（弦切纹）

老荔枝木根：
椽柏木根形弯曲蛇结，本身蛇带有曲结地方，荔枝木根成为了间接雕刻出的家具用木材。

在上海街头就藤有作根木上雕刻出来雕件，阳雕刻而，荔枝木下可刷漆，利用了其纹理和根部的蜘蛛型长雕成的椽几屏风

# 红花梨

一红花梨，也是北非一种红沉木材，中国也多次进口这种木材，作为成同一级或三级代替红木。

红花梨是属桃树的品种种子，非洲的红色国家，中国国家一级种材，有此杂。

利用红花梨，做红花梨材作木边的材料也有，不同的在红花梨也会与国内红木混混（广西、广东、四川、云南、浙江、山东、苏州、成都等）。

中国红花梨木材价格高，色红纹鲜明，经常用于家具、高档材料，家具材料和不同等级材质，制作高档家具，工艺品雕刻作品。红花梨属广泛应用工艺用材材料。

# 木材的选择标准

## 形
形态要具有怪异性。

[三分雕刻，七分天成]
30%
70%

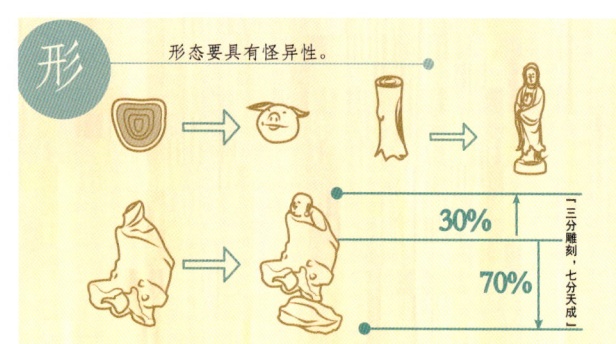

根雕是一种追求与表达自然之美、并且在人与自然间寻求平衡和谐的艺术。在根雕里面有着"三分雕刻，七分天成"的讲究，根艺创作的构思，必须着眼于最大限度地保护自然之形，溢自然之美，而一切人为艺术的再创造的痕迹需藏于不露之中，可见根雕工艺品的艺术表达很大程度上是要依赖根材自身的造型的。根材选择的造型标准可以简要概括为"稀、奇、古、怪"这四种类型。

（1）荔枝木：福建本地盛产木材之一，也是本地传统木材。一些百年以上的老荔枝木根，其树根盘缠树结，造型奇特。
（2）龙眼木：和荔枝木一样是福建本土出产的传统根雕木材，老的龙眼树根，虬根疤节，造型也适于根雕。
（3）崖柏：大多产自太行山，一般生长在海拔700—2100米的悬崖峭壁的崖缝中。其树根在岩石缝隙里生长，根形跟随岩石的走势变化多端，具有很强的可塑性。是近几年来比较流行的根雕材料。

## 市
木材的市场受欢迎程度

崖柏
花梨
金丝楠
红豆杉
阴沉木
樟木
黄杨木
荔枝木
龙眼木

当今的工匠选材很大程度上还是受该木材的市场受欢迎程度的影响。比如说生长在悬崖峭壁石缝中的崖柏，由于其丰富怪异的根部形态，和天然的艺术价值，在市场上大受欢迎。所以近年来很多工匠师傅常常选择根雕作为雕刻的原材料。崖柏雕刻的作品在上街几乎大部分店家都有，崖柏根雕的专营店也比其他木种的专营店更加的常见。在前几年，因为红豆杉里的紫杉醇经过提炼可以成为抗癌良药，所以误传红豆杉可以抗癌，红豆杉也因此受到消费者的欢迎。而传统的龙眼木在如今的根雕市场上则很少再看到，根据上街镇一些根雕工坊和销售店里的师傅说，龙眼木相对太常见了，现在已经不再能让大众感到稀奇了，就渐渐在根雕市场中黯淡下来了。

## 习
工匠对木材的适应程度

几种常用木材硬度示意
紫檀木 缅甸花梨 崖柏 黄杨木 樟木 金丝楠
同一力度
硬度

每个工匠对木材的适应程度不同也会影响对于木材的选择。每种木头木质的软硬程度不相同，雕刻起来的手感、方法多多少少都不太相同。有的木材质地硬，比如缅甸花梨，还有阴沉木，木头密度较大，雕刻的时候可能需要用的力气比较大。而有的木材质地相对比较软，比如黄杨木。平时习惯性地雕刻花梨木或者阴沉木的工匠，如果让他再去雕刻比较软的黄杨木，在雕刻的过程中可能会习惯性地用雕刻较硬木头的强度，从而可能导致木材开裂等等一系列问题。不同的木材纹理特性也不太相同，面对不同的木材构思设计的方式也可能有所区别。一般而言，一个雕刻师傅最经常选择雕刻的木材就三或四种。当然，雕刻师本身对于某种木材的特殊喜好也是选择木材的标准之一。

## 色
视觉感受和一种文化心理

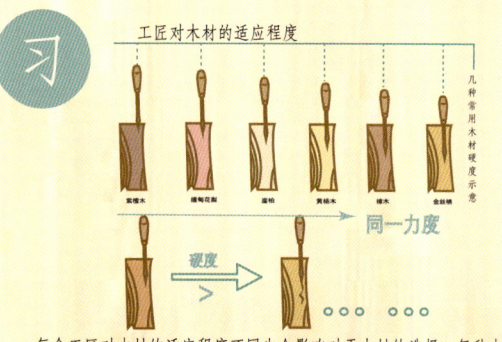

崖柏木 黄杨木 金丝楠 红豆杉 老挝花梨 缅甸花梨 龙眼木 阴沉木
轻快柔和 → 深沉庄重

与视觉感受和一种文化心理有关。大部分的木材并没有冷暖之分，都属于暖色。只是大部分木材有的偏红，有的偏黄，当然也有颜色阴暗的阴沉木。一般来说颜色较暖的木材在视觉上会给人一种比较温暖积极的感受，有的颜色较冷比如说黄杨木，颜色偏浅黄，会给人以柔和的感觉，并且有轻盈的视觉感受。而颜色较为深沉的木料，就体现出一种庄重尊贵的感觉，比如传统的龙眼木。而在传统的文化指标里，偏暖色的木头被称为阳材。传统"红木"一词就与木材的颜色有关。中国的文化习惯里红象征着喜庆、吉祥，所以这或多或少地也会对木材地选择造成一定地影响。

## 纹
木材纹理粗细与存在的位置

一些纹理比较丰富明显地，比如巴花，其纹路华丽浓重，本身就具有很强的装饰性，而雕刻一般的题材都是些人物或者是山水这一类造型比较复杂的东西，这些带有浓重纹理的木材就不再适合进行装饰性的雕刻艺术品了，否则很有可能这些纹路会喧宾夺主，从而破坏了雕塑本身要传达出来的效果，所以这一类木料更多地是用于家具制作，比如大板之类的。还有一些木料比如说金丝楠木其纹理有比较明显的疏密粗细变化，雕刻的时候往往在纹路较细的地方雕刻像脸这样的部位，而纹理较粗较明显的地方可以雕衣服之类的。还有阴沉木这样的木料，因为颜色整体比较暗沉，纹理相对不太明显，就成了工匠们雕刻的宠儿。

## 价
木材的价值价格

金丝楠
阴沉木
太行崖柏
樟木
荔枝木
龙眼木
黄杨木
黑胡桃
非洲花梨
海南黄花梨
花梨木
胡桃木
酸枝木

木材的价值价格很大程度上也影响着工匠们的选择，而这又与产量有关。一些木材获取相对比较容易，产量也尚且相对充足，比如樟木，最好的樟木料产地就在临省江西，而且福建本地就有樟木的产出，所以樟木自然也成了工匠师傅们常常选择的木材。还有花梨，由于我国的海南黄花梨资源已经将近枯竭，木材难以得到并且价格极其昂贵，与之木材性质相近的东南亚花梨、甚至非洲花梨便作为一种替代品走进根雕市场，这些花梨木在当下传统花梨木已经难求其料的时代语境下，满足了中国人对于花梨木的特殊文化情节，同时产量也相对丰富（但毕竟还是珍贵木材，总体还是少的），资源储备尚未枯竭，所以也相当受工匠们的欢迎。

"一生一本"·田野考察笔记《闽北木材调查研究》展板介绍

**教学案例三：寿山石种类品鉴研究**
作者：2018级设计5班　赵佳

# Research on the variety and classification of shoushan stone

Shoushan stone is unique to Fuzhou precious stone, its stone crystal, fat emolient, colorfui, natural color, with rare, human and appreciation of the characteristics of the people at home and abroad. In 2003, it was identified as the 'national stone' candidate stone. Shoushan stone culture is a kind of special culture with long history and extensive contents. It has gone through a long historical process and developed into a kind of Chinese civilzation at home and abroad in modern times.

● 寿山石在宝石和彩石学中，是属于彩石大类的岩石亚系。它的种属，石名都很复杂，约有一百多个品种。按传统习惯寿山石的总目一般可主要分为"田坑""水坑""山坑"三大类。因为产于田底，又多现黄色，故称为田坑石或田黄。

**田坑　田黄石**
呈卵状，颜色以黄色为主，身为"印石三宝"之一，十分珍贵。

**水坑　黄晶原石**
其中黄冻质地细腻如蜡，肌理间有红筋，似田黄冻。

**山坑　高山石**
质地微艰略坚，通体半透明，布满色泽各异的斑点，偶现金砂。

**寿山石系谱表**

● 寿山石色彩斑斓，硬度较小，可雕性强。按其颜色、质地、通透性的不同可以进行基本的分类。

水坑石以透明度高、肌理莹洁者为上，主要有水晶冻、鱼脑冻、玛瑙冻、鳝草冻等等。其中水晶冻最为通透，质近玉水晶。

主要品种有银裹金、田白石、金裹银、鸡油黄、枇杷黄、黑皮田等等，也有很粗田这种质地粗劣、温润不足，不过是多杂质的田坑石，是田黄中的下品。

山坑石的名目有以产地命名的，如高山石、都成坑、月尾石、虎圆石等等，有以色相命名的，如桃花冻、艾叶绿石等等。

水坑石 → 田坑石 → 山坑石

山坑石是分布最广、品种最多的石系，其通透性从透明到不透明都有，其中高山石产自高山各洞，质地莹润。

水坑产自寿山乡南面的坑头矿脉。由于矿体地下水丰富，矿石受其侵蚀，多呈透明状且富光泽。田坑产自寿山乡一带溪旁田底所埋藏的零散独石，质地温润可爱，微透明或半透明。山坑石产自寿山、月洋两个山村，颜色质地很丰富，会出产不透明寿山石。

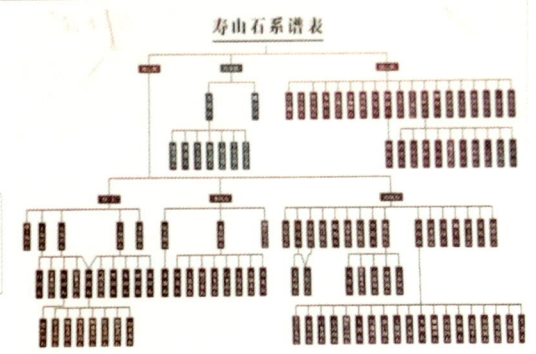

**田坑**：石肌里隐隐可现萝卜状细纹，颜色外浓而向内逐渐淡，石表有时裹黄色、白色、灰黑色或黑色的石皮，间有红色格纹。

田坑石无根而璞，无脉可寻，产于田底，呈自然块状，光滑圆润无明显棱角，如图1。

水坑石是于坑头各洞出产的矿石的统称，由于矿体地下水丰富，矿石受其浸蚀，有轻微的棱角纹理，寿山石中各种"晶""冻"多出于此。

山坑石中石质因脉系及产地不同，各具特色，所以山坑石的名目特别丰富。有石质粗糙，多砂丁杂质的栲栳山石，也有质温润光滑的高山晶石，芙蓉冻石等。

**水坑**：颜色以红、蓝、灰褐色为主，富有光泽。水坑石的品种主要以每一块矿石的色象形似而区分。

**山坑**：分布最广，品种最多。什么颜色都出现过，主要品种有高山石、都成坑、月尾石、山仔濑等等。

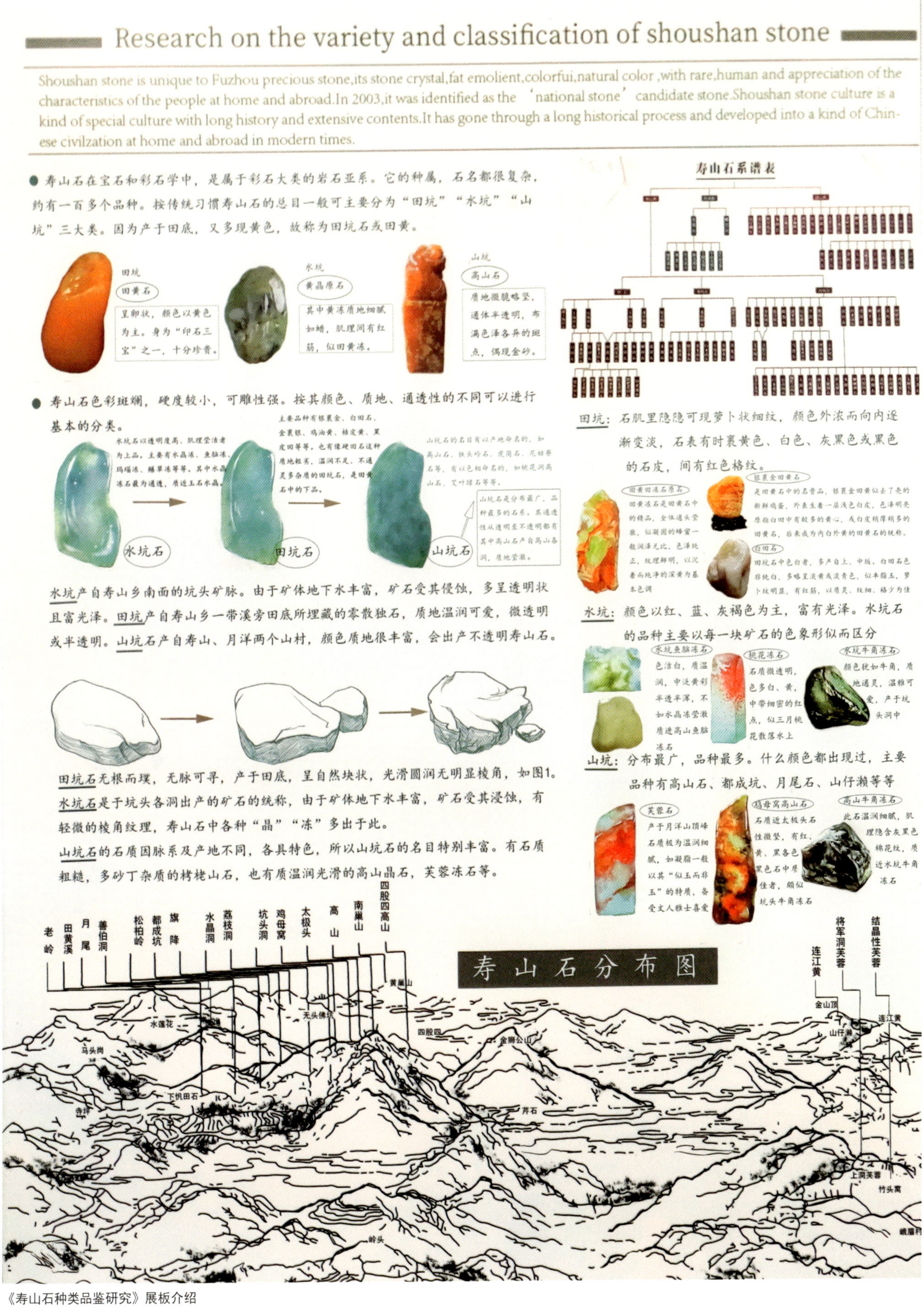

**寿山石分布图**

《寿山石种类品鉴研究》展板介绍

# 第七节　器具与色彩

器物的色彩来源，一是由材料本身所呈现的色彩，如用新竹制器的青色和日积月累后的红褐色，乌木的黑色和黄杨木的黄色；二是由植物或矿物染色所呈现的色彩，如"茜草，根红色，可做染料""蓝有三种，蓼蓝染绿，大蓝如芥，浅碧，槐蓝如槐，染青，三蓝皆可作淀"等。

对色彩的选择或是受传统文化的影响，或是因地域文化、社会习俗、情感信仰而不同。《礼记·檀弓》："夏后氏尚黑，大事敛用昏，戎事乘骊，牲用玄。殷人尚白，大事敛用日中，戎事乘翰，牲用白。周人尚赤，大事敛用日出，戎事乘騵，牲用骍。"在不同地区的文化中，色彩呈现出类型化和程序化的审美特征，代表着不同的符号意义和象征性，借以表达观念或事物。如中原的戏曲世界里，红色的忠义，黄色的凶悍，白色的奸诈，黑色的刚正，蓝色的勇猛，它们以人定色，以色喻人；而西藏地区的藏戏面具中，红色用于位高权重的角色面具，白色多用于善良的老者面具，绿色用于母亲的面具，蓝色用于天神的面具。

中国传统器物的色彩主要呈现为赤、黄、青、白、黑五种色系，造物颜色审美主要体现出质朴、素净、古雅的特征。中国对色彩的描述通常"借物呈色"，如"月白""出炉银""驼绒""竹绿""古铜""燕尾青""砖灰""桃红""姜黄""蟹壳青"等，让色彩具体而生动地展现出来。"缁衣""乌纱帽""青衿""缥囊""绯袍""茜衫""朱门"等说明了器物与色彩的紧密联系，并逐步演变成某一类事物或群体的代名词。

器物是否为纯色常常是判定其品质的标准。"（均州窑器）红若胭脂，青若葱翠，紫若墨黑。三者色纯，无少变露者，为上品"，即纯色意味着单纯、美好、不带杂质、没有瑕疵，是上等品质。"盖曰王之所以为文也，纯亦不已"，纯色也象征着正直，代表高尚的品德，从而与人品相联系，隐喻高洁、洁身自好。在民间器物的色彩中，纯色也最具特色，如红色象征着吉祥、热闹、喜庆，其代表有宁波的红妆家具、本命年"扎红"、新娘头上的大红盖头等。

中国文人对一些器物以素雅为美。如对家具颜色的选择多用乌木、花梨、紫檀、楠木、榉木等自然之色，对瓷器则偏好"青""白"，《长物志》作者文震亨评价粉青："官、哥、汝窑以粉青为上，淡白次之，油灰最下。"这也体现了传统瓷器的"类玉"审美倾向和态度。而民间器物则追求色彩的各种对比，如"青紫不并列，黄白不随肩""红搭绿，一块玉""紫是骨头绿是筋，配上红黄色更新"，这些民间顺口溜中既有红与绿、紫绿与红黄的冷暖对比，也有红与黄的邻近色对比；也有"黄马紫鞍配""红马绿鞍配""黄身紫花，绿眉红嘴，显得鲜明""红花要靠绿叶扶""红离了绿不显，紫离了黄不显"这类补色对比。不同的行业也有不同的赋色法则，例如云锦的配色口诀：两晕玉白深浅红，三晕水银配大红；又如无锡泥人的上色歌诀：红得艳，绿要娇，白需净，纯色如纸映心魂，等。这些设色口诀，虽然不是来自于高深的色彩理论和色彩实验，却恰当地表达了民间审美思想和传统文化观念，体现了一定的色彩心理情感效应。

思考题：

① 色彩在不同历史阶段反映了怎样的文化信息？

② 色彩择用表象背后是怎样的深层内涵与文化观念？

③ 梳理东西方色彩在造物中的发展历史脉络，分析其中的特征和观念机制。

宁波朱金漆器物

闽南地区的剪瓷雕

**教学案例一：从红妆家具看宁波婚嫁习俗（节选）**
作者：2019级设计15班　杨颖盈

红色象征着吉祥与喜庆，寓意着生命的延续，自古就是中国人崇尚的颜色。有着七千年历史的浙江余姚河姆渡遗址中出土了一只朱漆木卷胎漆碗，其朱髹色料经仪器测定，含有朱砂成分，成为早期浙东地区红色崇拜的代表性物品之一。宁波地区自古以来就是海陆畅通、经济繁荣的江南重镇，商贾遍布全国，经商氛围浓厚，当地"崇红尚金"的嗜好尤为普遍，"十里红妆"的婚俗更是将红色的运用达到了一个崭新的高度。

红妆家具均以朱与金为主色，这些极富地域文化的朱金漆木雕、朱红家具、大红楹联，既体现了内房生活，也表达了浙东女性的审美情趣，淋漓尽致地展现了另一种江南风情。特别是红妆家具以朱漆髹底、雕饰贴金等多种工艺于一身，显得典雅而富丽，极具喜庆之意，成为大户人家陪嫁品的首选。在封建体制中，十里红妆某种意义上是明媒正娶的代名词，象征着女主人在夫家的地位和身份。因此，即使是普通家庭，也会不惜代价倾力为自己的爱女营造一个幸福美满的家庭状态。一来是帮助女儿在夫家争得地位，二来即使是女儿在夫家失宠，依然可以衣食无忧。当吉时一到，新娘乘坐花轿来到夫家，嫁妆也随之进门，铜乐齐鸣，爆竹震天，嫁妆队伍，浩浩荡荡，蜿蜒数里。从女家一直延伸到夫家，挑夫们依次抬着新娘的各种生活用品：大到华丽的红柜、红桌、红箱，小到精美的木桶、提篮，一担担，一杠杠，朱漆泥金，流光溢彩，仿佛是一条披着红袍的金龙，洋溢着吉祥喜庆，显示着家产的富足。

宁波朱金漆木雕有"三分雕，七分漆"之说。朱金主要用的贴金箔、漆朱红两种工艺，对雕刻工艺的精细度没有过高要求，但对漆工刮填、修磨、贴金、描花、上彩的要求却很讲究。在红妆家具中，工匠们通过浮雕、透雕、圆雕等雕刻技法，雕刻人物、动植物等花纹图案，再运用贴金、饰彩工艺，结合碾金、沙金、沥粉、碾银、开金、描金等工艺技法，撒上云母或者蚌壳碎末，再涂上传统中国大漆完成。

在十里红妆中，打头阵的并不是美轮美奂的花轿，而是一只木制马桶。马桶在天亮之前由新娘的小叔子悄悄挑走，嫁妆和新娘的花轿要按小叔子挑马桶的路线行走。马桶又叫子孙桶，上层用于接产婴儿，下层预备热水，以便洗去胎儿出生时的母液。子孙桶被视为子孙投胎的神圣之物，维系着生育大事。因此，马桶要在结婚时先期到达男家，以合早生贵子的吉兆。

花轿也称喜轿，是用于中式婚礼上的特殊轿子。而废除乘轿禁令，形成十里红妆，有着这么一个美好的故事。相传南宋小康王赵构被金兵追杀，一个宁波村女急中生智救他与水火之

「万工轿」

清末明初宁波式花轿，因制造工时耗费一万多个工时，故称"万工轿"。长150厘米，宽90厘米。

花轿根据雕饰人物的多寡及工艺水平分为三等，此轿属于头等轿，是现在最豪华的一顶花轿。采用榫卯结构连接，没有一枚钉子；由几百片可拆卸的花板组成，没有轿门，迎亲时有专门的拆轿师傅跟随，使新娘子方便进入。

花轿木质雕花，朱漆铺底饰以金箔贴花，远远望去金碧辉煌，犹如一座微型宫殿。轿上采用圆雕、浮雕、透雕等工艺手法进行装饰，雕有250个人物，花鸟虫兽无数，所以宁波人又称之"百子轿"。除了天官赐福、麒麟送子、魁星点斗、独占鳌头等吉祥主题外，还有《浣沙记》、《天水关》、《水浒传》、《西厢记》等戏曲场景，有的地方还以镜片玻璃画，每一幅画上也都是一个古典名剧片段。

天下第一"万工轿"

间。康王得救后，为报答村女的救命之恩，许诺得天下后，以她身上的青布裥为凭迎娶进宫，封她为护国娘娘。但所约暗号泄露，使者来到此地，只见家家户户都挂着青布裥。赵构只好下旨"浙东女子皆封王"，出嫁时准许戴凤冠霞帔，乘龙凤花轿，享用半副銮驾待遇，一路上，文官下轿、武官下马叩拜。是真是假，难以求证，但是新娘享有乘坐花轿和出嫁巡游仪式的权利保留了下来。

在宁波博物馆的"宁波民俗风物陈列厅"，我们可以观赏到红妆家具最具代表性的作品之一，被誉为"天下第一轿"的"万工轿"。此轿制作于民国初年，可以说是世上最豪华的花轿。轿高3米，长1.5米，宽0.95米，重量在200公斤上下，由8人肩抬。花轿的轿顶由5座大小不等的牌楼组成，称"五岳朝天"，象征崇高之意；中亭顶上站着一个面目狰狞、手擎毛笔的"魁星点状元"，象征文运昌盛之意；亭角是群龙舞首，飞檐翘角则为凤凰展翅；轿檐由刻着《三国演义》人物故事的16块朱金花板组成，每块花板下悬挂金银彩绣排穗，与朱金花板相互辉映；轿身围以麒麟送子、百子喜庆等彩绘玻璃。此外，圆雕戎装跃马的各路护卫神祇布满上下，全轿共有300多个千姿百态的各色人物，栩栩如生，放眼望去，好像一座微型宫殿。宁波"万工轿"的神奇之处在于其工艺复杂、精细。据说制作这顶轿子，需费一个工匠的一万个工作日，故称"万工轿"，是朱金漆木雕工艺的集大成。坐着万工轿，伴着十里红妆出嫁，是每个宁波姑娘的美丽梦想。

浙东有句老话："一世做人，半生在床"，所以宁式千工床必施各种雕饰。将黄杨木雕、朱金雕刻、镶嵌螺钿相结合，配以昂贵的朱砂涂料和黄金薄片来装饰，整体上好似极致精巧的隔间。使用的"一根藤"工艺，将每一小木段前端制成榫头，后端起槽作卯，榫卯相接，成曲尺之形，大小不一，迂回盘旋，似藤蔓般连绵不断，一通到底。千工床挂面的装饰，若用花板则遮掩严实，线条变化不丰富；而"一根藤"工艺既有玲珑剔透之感，又表现东方人含蓄的情感，好似姑娘半遮半掩，令人遐思。床上的吉子也属于千工床装饰的一大特色。雕刻手法为圆雕或者浮雕的吉子，巧妙利用了其卯榫结构，装饰在床的正面挂面或者挂面的床柱上。吉子以戏文典故中的狮子瑞兽、人物形象为主要塑造对象，传达吉祥之意，是不可或缺的装饰构件。边景画板中的幽兰浮雕交错不失典雅，外头子孙嬉戏，男工女织，象征着家庭和睦，人丁兴旺。图案造型古朴，雕刻刀法浑厚，雕刻成品繁而不杂，惊艳动人。

小姐椅主要是旧时宁波大户人家小姐洗脚和裹脚的座椅。其两条后腿与搭脑通过暗榫连接，两者均不出头，同时座面下方配有放裹脚布的抽屉，四周则是券口牙子，在背靠板上配有朱金漆木雕图案，多以相夫教子为内容，充分反映当时封建传统思想下的民俗风貌。

随着社会的发展，红妆家具正在成为一件件安置在博物馆里的展品，但是它所带来的文化特色和给予人的心灵震撼却是经久不衰的。中华优秀传统文化是中华民族的精神命脉，是涵养社会主义核心价值观的重要源泉，也是我们在世界文化激荡中站稳脚跟的坚实根基。相信在未来，红妆家具能够展现新的生机。

千工床

「卧柜」
一般在女人坐月子时，侍佣所卧的临时性之床。大房时候，均作储物之用。四件柜也叫顶里柜，由底柜与顶柜组成，大多成对出现，故合起来共四件，称之为"四件柜"。用黄花梨木或榉木制作，其色亮丽，线条明快。

卧柜

「小姐椅」旧时给大户人家小姐裹脚垂座椅，高约80~90厘米，座面下方配有放置裹脚布的抽屉。

「五供」中国民间祭祀用盛供品的五件器皿。摆放于宗祠庙宇，做重先祖。道土拖：玉献诸圆满，奉上众鱼角，志在求忏悔，亡者早升天。

「提桶」一种生活用具，从河中打水，再将水倒入水缸内，供人食用。该提桶通体朱漆，雕刻人物、花草纹，花草形缘线条流畅、利落，整个朴实，大方不失富丽，高约32cm。

「茶桶」旧时民间日常使用的生活器皿，一般为木制或藤编，该茶桶喷以朱漆。不仅保温，而且能保护茶壶。

小姐椅和各式组件

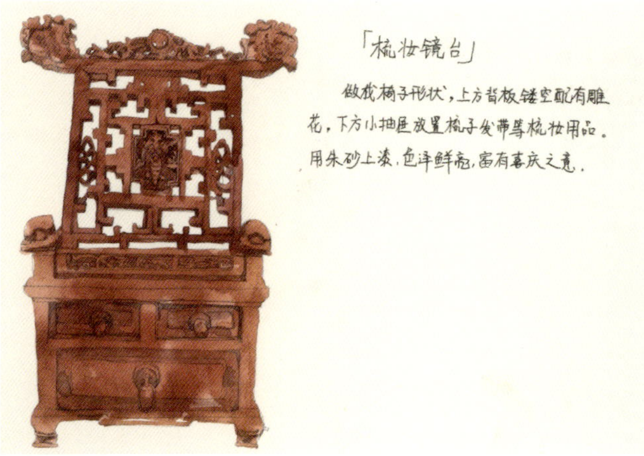

「梳妆镜台」做成椅子形状，上方背板镂空配有雕花，下方小抽屉放置梳子发带等梳妆用品。用朱砂上漆，色泽鲜亮，富有喜庆之意。

梳妆台

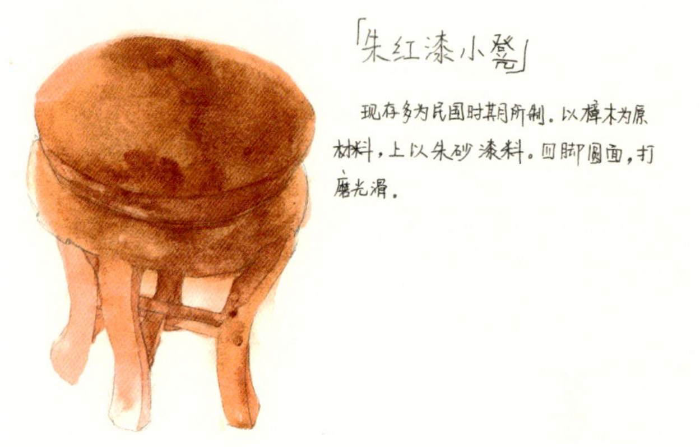

「朱红漆小凳」现存多为民国时期所制。以樟木为原材料，上以朱砂漆料。回脚圆面，打磨光滑。

红漆小圆凳

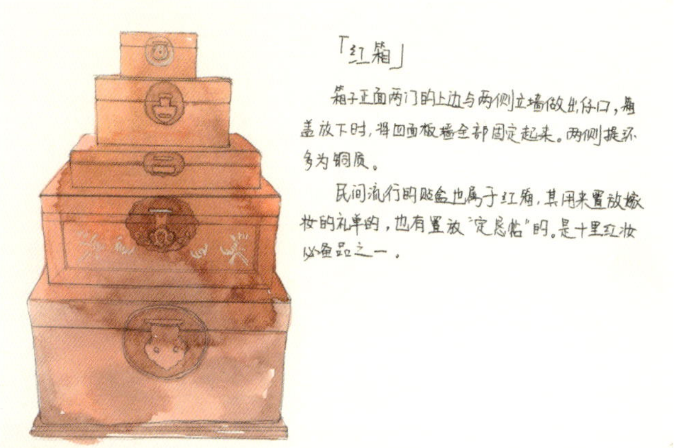

「红箱」箱子正面两门的上边与两侧立墙做出缺口，盖盖放下时，将四面墙角全部固定起来。两侧提环多为铜质。

民间流行的"贴盒"也属于红箱，其用来置放嫁妆的礼单的，也有置放"定亲帖"的，是十里红妆必备品之一。

红箱组合

「婴儿澡桶」由红木密封而成，有效防止婴儿摔倒且方便婴儿洗澡的一种工具。前方开盖有蓄水之用。

婴儿澡桶

十里红妆

十里红妆是浙东地区富家大户嫁女儿的情景。大户人家的嫁资，从细软衣服到房内器具应有尽有。
吉时一到，新娘乘坐花轿来到夫家，嫁妆也随之进门。铜乐齐鸣，爆竹震天；嫁妆队伍，浩浩荡荡，蜿蜒数里。朱漆泥金，流光溢彩，仿佛是一条披着红袍的金龙，洋溢着吉祥喜庆，显示着家产的富足。

红妆家具在队伍中的位置

089

### 教学案例二：碧山村的墙色调研
作者：208级设计7班　章依苗

走访碧山村的街坊小巷，墙的颜色虽各有不同，却总能发现其中的相似之处。墙的颜色离不开时代、地域、文化和自然的综合影响。

从时代来看，明清以来的一系列针对不同社会等级制度形成的建筑色彩的规定，对目前所发现的民居和高等级建筑色彩的影响，尤其是外部色彩影响十分明显。明代初期规定庶民庐舍"洪武二十六年定制，不过三间，五架，不许用斗栱，饰彩色。三十五年复申禁饬，不许造九五间数，房屋虽至一二十所，随其物力，但不许过三间。正统十二年令稍变通之，庶民房屋架多而间少者，不在禁限。"（《明史·志》卷四十四）通过对普通百姓的严格限制和制度的一代代沿袭，平民的住宅不准用彩色装饰这一规定逐步渗透到人们生活中去，并潜移默化地成为人们价值观和审美情趣的一部分。徽州境内现存的传统建筑大都属于庶民的范畴，颜色素雅，多使用简单的砖木原色如灰色、黑色、白色等。观察碧山村的民居墙面，墙体多以青或灰色的砖砌筑，饰以白粉，形成洁白的立面效果，可见时代对碧山村居民的思想影响。

从地域来看，徽州处于皖南地区，一年四季花红柳绿，环境颜色丰富多彩，民居建筑外墙多用白色，利于反射阳光。白墙黑瓦呼应皖南地区特有的山野风光，简约的古典建筑与烂漫的田间花草，带来强烈的视觉冲击，给人宁静的美感。碧山村处于山区，林木繁盛，唐宋以来隐居避世的人们在此世世代代过着平安宁静的生活，在很大程度上影响了人们的色彩观念。人们普遍喜爱彩度偏低而色调中性的混合色，从白到灰再到黑的无彩色正好适合人们的心理需求。

从文化角度来看徽州的建筑，在中国传统观念中，白色具有多向性，表示光明之源。徽州的白墙黑瓦，阐述了徽商做人经商的道理，清清白白，黑白分明，一清二白的意思，符合徽州人的传统价值观，也体现了他们的独特审美观。白色系是皖南地区较为主要的民居色彩，除此以外，由于北部和中部文化的影响，碧山村的民居墙面还融合了灰色和黄色等其他类型色彩，形成了独特的人文地域景观。

随着风雨的侵蚀，现存的徽式白墙，徽州的碧山和南屏的砖墙也别具特色，大多呈现灰色序列。

走访碧山村的现存古建筑，偶尔有一些别样的色彩进入我们的视线，经过询问，这种黄土和石子搭建形成的墙为夯土墙，

碧山村建筑墙色

南屏古建筑墙色

在皖中地区较为常见，在某种程度上可以视作江西移民建造的皖中建筑的色彩标志。碧山村融合了皖南和皖中的部分建筑特色，形成了自己独有的村落魅力。

经了解，夯土墙始于殷商时期，距今已有几千年的历史，古代劳动人民很早就已经掌握了夯土墙的建造技术。夯土是一种具有悠久历史且应用广泛的建筑材料。将含有正确配比的混合物压缩进一个拥有外部支撑的模板或者模具，使用重物将泥土中空隙去除，使泥土变得更结实，来制成砖块或者整栋墙。因地质形成的差异，各地夯土的颗粒组成比例也不同。只有当材料中大小粒径的颗粒组成合理，才能有效减少颗粒间的空隙。

在碧山村一些保留下来的建筑中，有幸见到了整栋夯土墙建筑。由于各种混合物组成比例的不同，夯土墙呈现了分层的颜色。部分土中的三价铁含量较高，使之呈现了橘红色层带。而靠近地面的墙面部分，由于沟渠带来的湿润，使之成为了藓类的绝佳温床，所以往往发黑、发绿。其中，墙面当中包含的大小石子，也使墙的色彩增色不少，与端庄严谨的素色砖墙相比，显得更活泼生动。

随着岁月的流逝，徽州建筑墙体色彩自然形成丰富的剥蚀效果。白粉在雨水的浸透下，部分溶解，与青砖色彩相互渗透，导致表面形成螺旋、浪花或其他无规则纹路，在此过程中，白粉色逐步退去，青砖色则逐步突出并与白色互相渗透，形成水墨浸染的效果。从远处看，墙面黑、灰、白过渡自然，极大地增强了建筑的艺术魅力和历史韵味。风化作用为碧山村的老墙带来了独特的纹理与色彩。

碧山村夯土墙墙色

南屏古建筑墙色

墙面的剥蚀效果带来的颜色变化

墙面发潮带来的颜色变化

墙面发潮带来的颜色变化

清水墙也是碧山村常见的一种墙面，它的砌筑材料主要包围在白粉以下，色彩不易见到，属于"隐色"。在某种程度上可以视作徽式建筑的色彩标志。当然，这种色彩的存在也是与皖南特定自然条件相适应的：它只有在雨量适中的地方才能长久保留。这正符合徽州的气候和水文情况。

不过，也有少数民居的外墙直接以青石、青砖或花砖铺就，尤其是花砖，色彩、质地以及砌筑方法都十分考究。以碧山村花砖为例，碧山花砖是用于外立面装饰的特殊材料，也是皖南地区特有的一种清水墙砖。它的厚度和一般墙面砖厚薄无异，但制作异常精细，烧制成功后，砖面有黑色、白色、黄色等多种色彩，且产生强烈的融合、对比效果，犹如流云、奔马、点墨，观之使人惊叹。也有人就地取材，以石块或者卵石来构建，形成了斑斓的色彩，为村落增添了轻快的色彩。卵石、砖或土的搭配，在稳固实用的基础上，兼顾了美观的视觉追求。

此外，各色的墙上，往往残留着当时市井生活的痕迹。例如斑驳的石灰墙上留下的"磨剪刀"、夯土墙上的模糊讣告、改革开放时遗留下的红色标语印记……

墙上的每一抹异色，无一不是对天候、人文、社会变迁的记录。细看每一面老墙，都能发掘过去的岁月的痕迹，而颜色，无疑是历史静默的"坦白"。墙的颜色的研究，并不仅仅是探究多变色彩的形成原因，更是对地方建筑特色，对文化融合、当时社会风向的探讨。

碧山村清水墙

碧山村清水墙

碧山村清水墙

碧山村清水墙

以石块或者卵石来构建的墙

多彩的墙色

093

# 第八节　器具与工具

　　工具从造型和使用的角度来说，它属于器物的一个分支。手是人体上肢前端能拿东西的部分，从某种意义上说工具是手的延伸部分，让生产生活趋于便利，它可以分为二类：一是用于器物制作的工具，它是技术和技艺的载体；二是用于农业生产和交通运输的工具。

　　器物制作的工具门类多样，各类手工艺生产的工具造型类似，但用途、称呼却不尽相同，在尺寸规格、形状粗细和制作材料上也有所区别。如铁匠工具有锤子、抢刀、铁砧、火钳、铁剪、锉刀、圆规、风箱等，其中的火钳按所夹持的器形，钳口又有扁平、长而带尖、鼓形等。木匠工具如斧子、锯子、刨子、尺子、凿子、墨斗等；锯子分大锯、二链锯、小锯、鱼肚锯、圆盘锯、手锯、钢锯、刀锯等，它们根据用途可分为用于锯断木料的横锯，用于顺着木纹锯开木料的竖锯和用于锯割曲线形状的线锯，按锯齿的大小可分为粗锯齿、中锯齿和细锯齿，按形状分则有框锯和板锯。

　　农业生产工具也可以从用途分类，如耕作工具有锄头、镢头、耙子、镰刀，榨油工具有碾子、木锨、压榨机、撞锤，制衣工具有轧棉机、棉花弓、木槌、纺锤、梭子、纺车、捻线架、顶针、镊子、针、剪刀等，厨具如铁锅、铲子、面罗、笼屉、糕点模子、擦子、瓢等，其他农用的如犁、水车、耧、秧马、秒、连枷、扇车、簸箕等。交通运输的工具有独轮车、橇、马镫、船、锚等。

　　随着科技和生产力的发展，人手与工具的传统协作，逐渐被工业革命所带来的新技术、新动力、新材料、新模式所打破，机械文明已是大势所趋。在下乡实践考察传统器物的同时，我们也要注意工具在社会发展中的变化和进步，以及因此带来造物的改变。

思考题：
① 传统造物是如何体现我们祖先的智慧与创新？如何反映其背后的生产力发展水平和科学性？
② 工具在造物活动中，是如何依照自然的法则进行创造？
③ 试论工具在传统与现代造物中的利弊。

雕刻师与木雕工具

弹棉匠的弹弓

机械对传统手艺的帮助

一个手工爱好者的工具墙

## 教学案例一：木匠去哪了——由工具的变迁看手工艺的变迁

作者：2019级设计15班 李格格

### 一、木工行业使用工具在近代的变化

工具是人在生产过程中用来加工制造产品的器具，工具的发展也是为了更好地提高生产力、加快生产速度并且更适宜加工与生产过程本身，近代木工的工具在动力驱动中和使用技巧上的发展也更加便捷。

就如同我们从原始的行走发展到现在普遍使用各种发动机式、电力驱动式的代步工具的历程一样，木工的工具在驱动动力上也逐渐由各种便捷驱动的机器代替了原有的手工工具。传统木匠要仔细地刨直木料，会用到长短不同的刨或是其他如弯刨、座刨等各种不同的木工刨，不同的木刨相互配合用才能将木料削平实；在近现代，手工电动刨、台式电刨车床都是木工车间常用的机械工具，以电力驱动不仅节省了许多人力与时间，而且在速度提高的同时也保证了木料平整无缺的质量。另一种裁木的工具是锯，木锯和电锯也是不同时代的工具，虽然在前三四十年间木工车间中也经常使用框锯，但越到现代，随着电锯种类的增加与功能的不断完善，电锯使用的范围也越来越广。用老木锯姿势要对，发力也要找好支点，使用木锯时：要用一条腿压好木料，一条腿撑在地上，用锯时会激活全身的肌肉，完成工作后，若不是经常做工的人，可能会全身酸痛。而到现在使用电锯，只需要固定好木料，稳住手中所提的机器，就能顺利地裁切出所需要的木料。木工工具的驱动力由人力变为电力正是科技发展的结果，就如我们所知，科技发展的最终目的是为了提高生产效率，那么由这一点来看，工具的机电化是不可避免的潮流。

同样的，木工工具的发展不仅体现在动力方面，在操作方法上也趋于简便、易操作。在模型或家具基本成型后，需要上漆，看《俗世奇人》里总被人请去刷墙的名匠刷子李，黑衣刷白墙，刷完整个屋子白漆一滴也不会滴在黑衣上。可见，木匠没个齐天的本领是赚不到什么钱的，木匠单纯是个靠手艺吃饭的工作，工具要称手，工具操作也得讲个熟练才能干出好活。对于现代家居和旧时家具上花纹的雕刻，老木匠的工具箱里全是大小不同、用处不一的凿子，他们不仅要会画花纹，也要不怕麻烦、一凿一凿将花纹由大块逐步细化成形。而现在，大多只是购入雕刻机，输入程序且一并将雕花工作交由机器，家具厂部分雇员只是负责后期打磨和保养机器罢了。早些时候木匠学徒使用工具之前都需要详细的学习工具的各种分类以及不同工具的适用范围，这些学习内容包括许多关于使用工具时如何发力或是发力方向如何等方面的知识；而当下木工教学徒如何使用工具大多是教授关于工具本身的各项安全和安装事宜，在操作方式方面则没有手工工具那样繁。虽然当下许多成品在加工过程中仍会用到手工工具，但操作的方法较老木匠时期所用工具的操作已然简便了许多。

### 二、工具改变的影响

工具的变化会从技术的传承以及产品制作两个方面产生影响，使工具发生改变的是科技的发展，而造福于人类的科学技术也会将许多人们原本能够自己做到的本领无形中吞噬至再也不会。

对于木工工具改变受到影响最大的当是行业内的工作者，这些影响有利也有弊，最直接影响的便是木工学徒对于手工技巧类知识的学习。前人对于木工技术的传授就相当于"授之以鱼并授之以渔"，当下木工教学有时不需要"授之以渔"而只需要"授之以鱼"，在工具不断地翻新重组的这一段时间，工具的操作渐渐变得更加得心应手，不必同老木匠那样付出那么多劳力。有时单一工具的智能化，也使得木工工人们不必在同一个做工过程中身边满地都放着同类型工具，或是在单独接活前为记住各式工具的用途反复练手。可以说，工具操作的简便让木工学徒们在工具使用技巧的学习上分配的时间明显减少，旧时木匠教学徒如何用手中的工具还编了不重样的口诀，像关于木刨使用的口诀，前前后后听说的就至少有八条，像"一尺三寸五，立一卧八五""腿要弓，后要绷，肩背着力往前冲"等等就是对应木刨使用时推算刨应推出多长、用力推刨的技巧等复杂技巧的精简概括。现在可使用的便捷工具使木工学徒在学习工具使用上所花费的时间日益减少，而同时与手工工具密切相关的手工技艺也因为工具的变更而逐渐式微。

我们讲木匠，不仅讲的是他们的手艺，更重要的是一种精益求精、锲而不舍的精神

传统的手工技艺，凝结着老匠人一代代传承下来的心血，而木工工具的变化却使得手工技艺在科技的发展中日渐消亡。有些技艺是固定章法，繁复且多变，如同中国木制物件所常用的榫卯结构，总共几十种榫卯结构，哪个木匠都需要精通十几种开榫的方法。放在现在，有了钉子、胶水、气钉枪，如此精通榫卯的结构的木匠越来越少了，而许多手工艺是一种锲而不舍的精神的体现，就像不同时代木匠们对图纸的细致研究，旧时的小器物，哪怕是一个看起来十分常见的折叠木马扎，它在被制造出来前也经历相当长时间的推敲和构思，即使是按照图纸去制造，也是在搞清楚不同构造零件之间的前后关系和衔接关系之后才能胸有成竹地制出满意的器物。同样，器物上的花纹、材料合理规划后的切割都是不可逆的过程，旧时的木匠做工，雕花是一项精细活，要十分仔细、容不得半点马虎，刻错一刀，若是无法补救就只能重新来过，因此，这样能够一次成形的技术不仅是对木匠技艺熟练程度的考验，也是对他耐心、细心程度的考验。我们讲工匠精神，不也是对匠人们锲而不舍、精益求精的工作态度的赞赏与歌颂吗。

　　"旧时的工匠侧重于对柔性要素的认识，在制造与设计中，不仅体现着精益求精的功能特点，也展现出一种典雅优美的审美特点。"在工具日益先进、手工制作的器物越来越少的演变过程中，丢失的不仅是传承下来的手工技艺，同时也有器物中所蕴含的手工柔软的"温度"。也许手工制作会有瑕疵会有失误，但它们的生产经历了一个漫长的过程，灌注了匠人们的心血，所制造出的器物温润且萦绕着手工的温度，仿佛在制造的过程中被匠人注入了灵魂，在记忆中留下了印记。但当下的器物多是规模化的产出，大规模的机器生产使得最终的制成品丝毫不差、没有失误，每一件成品都是惊人的相似，但它们同冰冷的机器一般，没有生机、棱角分明。在由于工具改变而走向机器生产的过程中，我们忘记了曾有过的、带给器物温度的手工技艺，同样也失去了对于造物隐秘且难以言说的情感。

　　三、大背景下手作工艺的得失

　　在进入工业时代后，发动机以及计算机的广泛运用，使得许多原有的低效率且易产生失误的手工制作技艺纷纷淘汰，我们无法避免时代潮流对于落后技术的碾压，因此我们也应当理解手工工具向自动化工具的演变。传统的造物需要有手艺、有耐心的匠人去制造，这其中往往会耗费相当的精力和心血，所需要的时间也相对较长；而在现代社会，伴随着人口的快速增长和生活水平的不断提高，随之而来的是人们对物品的需求从质与量上都有显著增长，手工制作远远赶不上机器制造的效率与成品率，因为需求的多元化趋势使得大量人才集中于知识与科技产业，手工制作行业远不如从前那样有众多的继承者，这也进一步促使了行业内对智能化机电化生产工具的需求。我们无法无视那些方便实用且优于手动使用的工具，但有时也不应太过墨守成规，新的潮流既然难以抵挡，那么就尝试正视并接纳新的方式。

　　人类社会物质生活的不断丰富使人们开始注重精神与文化的修养，同时开始关注并保护那些我们国家特有的手工技艺。在这样的环境下，人们开始发觉我们代代相传的手工技艺是独特且难以再现的一种文化。许多工艺被现代的自动化潮流冲垮，难以重现，亡羊补牢为时未晚，开始保护总比还未开始要好，非物质文化遗产名录的建立与归档、增强国家软实力方针政策的颁布，以及对于文化遗产继承人的保护政策这些都在无形之中提高了人们对于古老技艺的关注与重视。而对于手工技艺的传承是每个时代都应重视的课题，机器制造是不同于手工制造的另一种制造方法，两者是并存关系而非替代关系，因此对于手工制造我们需要投入更多的关注，启发学徒对手工制造的热情与感情，让手作工艺在新时代重新绽放其独特的光彩，让匠人重新回归我们的社会。

　　大工业生产潮流与传统的生产方式并不是完全割裂的，我们要做的也并非是将两者完全拎清，在文化保护的背景之下我们需要关注的更应该是文化本身，俗话说"黑猫白猫，抓得住老鼠就是好猫"，因此，对于工业生产与手工制作两种不同的方法都需要给予合理的关注或找到其中的平衡点。一些既具有审美趣味又同样有较强实用性的器具，审美和生产效率都要考虑，因此两种生产方式的结合便显得十分重要。机器生产优在效率，手作工艺优在柔和，两者结合更应相得益彰。工具更新并不代表生产方式更优，在工具变更的同时，我们需要思考的不仅是得失的表面现象，同时也应探索更优化的新道路。

　　一个事物的变迁往往会多方面地影响其他各种相关事物，即使是工具的改变也会间接影响到个人追求、文化内涵，甚至是社会需求。木匠变为木工，是丢失也是获得，我们很难在工具更迭得更加便捷后抉择手作与机器两者谁更合适，但我们所能肯定的是手作工艺对我们生活与情感的补充，它们具备的"温度"总能使生活在钢铁城市中的人们坠入柔软，它们营造出的祥和，不禁勾起人们记忆的犄角旮旯中仍留有的尘封往事。但望木匠只是难见于表面，而只暂时藏于人们的心底。当在小小的村落看到仍在使用手工工具的匠人，指尖轻轻划过精细的制品，感受到留有的余温，如同失而复得的欣喜般久难忘怀。

# 木工工具之变迁

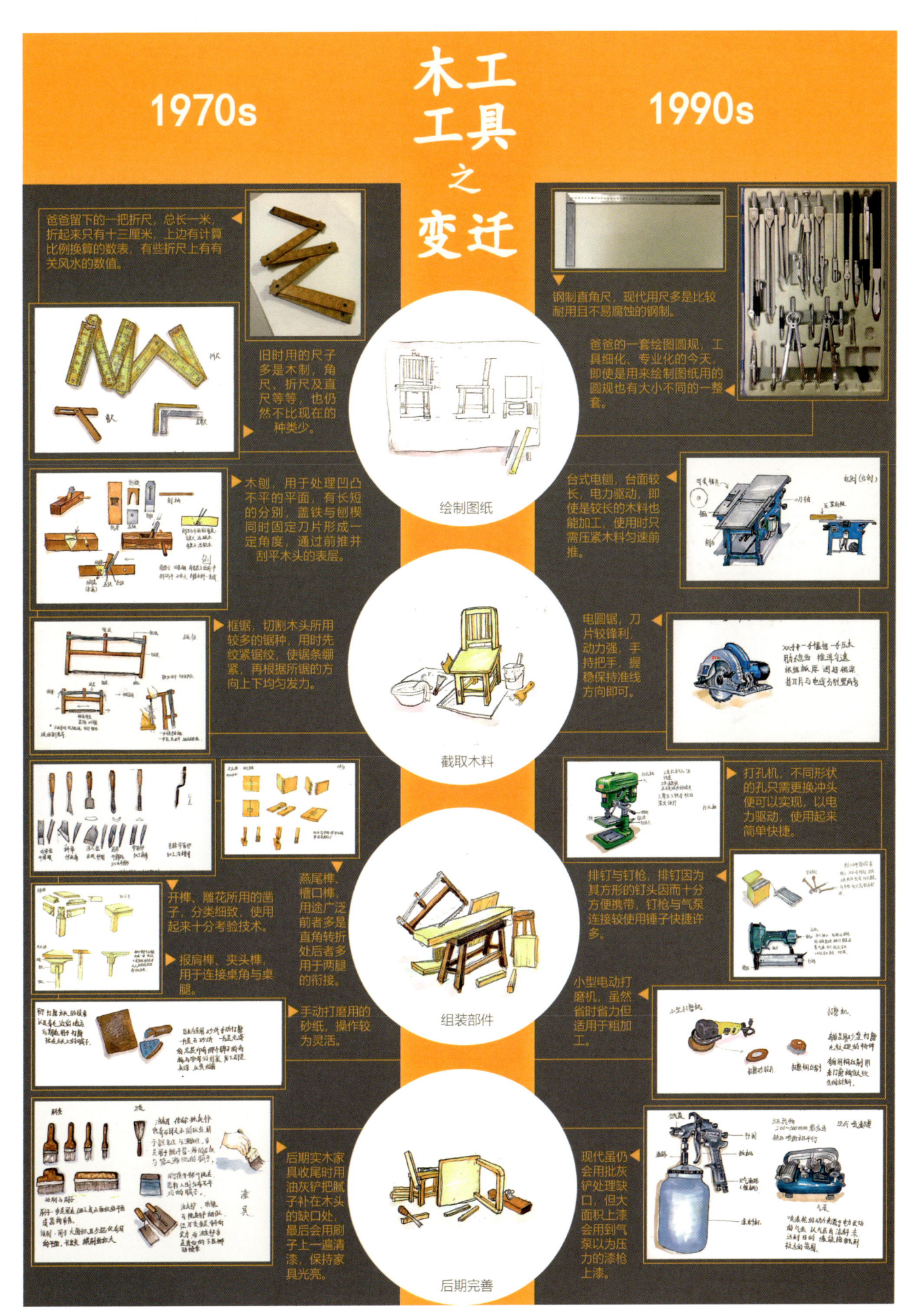

## 1970s | 1990s

**绘制图纸**

- 爸爸留下的一把折尺，总长一米，折起来只有十三厘米，上边有计算比例换算的数表，有些折尺上有有关风水的数值。
- 旧时用的尺子多是木制，角尺、折尺及直尺等等，也仍然不比现在的种类少。

- 钢制直角尺，现代用尺多是比较耐用且不易腐蚀的钢制。
- 爸爸的一套绘图圆规，工具细化、专业化的今天，即使是用来绘制图纸用的圆规也有大小不同的一整套。

**截取木料**

- 木刨，用于处理凹凸不平的平面，有长短的分别，盖铁与刨楔同时固定刀片形成一定角度，通过前推并刮平木头的表层。
- 框锯，切割木头所用较多的锯种，用时先绞紧绞绳，使锯条绷紧，再根据所锯的方向上下均匀发力。

- 台式电刨，台面较长，电力驱动，即使是较长的木料也能加工，使用时只需压紧木料匀速前推。
- 电圆锯，刀片较锋利，动力强，手持把手，握稳保持准线方向即可。

**组装部件**

- 开榫、雕花所用的凿子，分类细致，使用起来十分考验技术。
- 燕尾榫、槽口榫，用途广泛，前者多是直角转折处后者多用于两腿的衔接。
- 抱肩榫、夹头榫，用于连接桌角与桌腿。
- 手动打磨用的砂纸，操作较为灵活。

- 打孔机，不同形状的孔只需更换冲头便可以实现，以电力驱动，使用起来简单快捷。
- 排钉与钉枪，排钉因为其方形的钉头而十分方便携带，钉枪较使用锤子快捷许多。
- 小型电动打磨机，虽然省时省力但适用于粗加工。

**后期完善**

- 后期实木家具收尾时用油灰铲把腻子补在木头的缺口处，最后会用刷子上一遍清漆，保持家具光亮。
- 现代虽仍会用油灰铲处理缺口，但大面积上漆会用到气泵以为压力的漆枪上漆。

传统工具与现代机械在家具制作中的对比与流程示意图

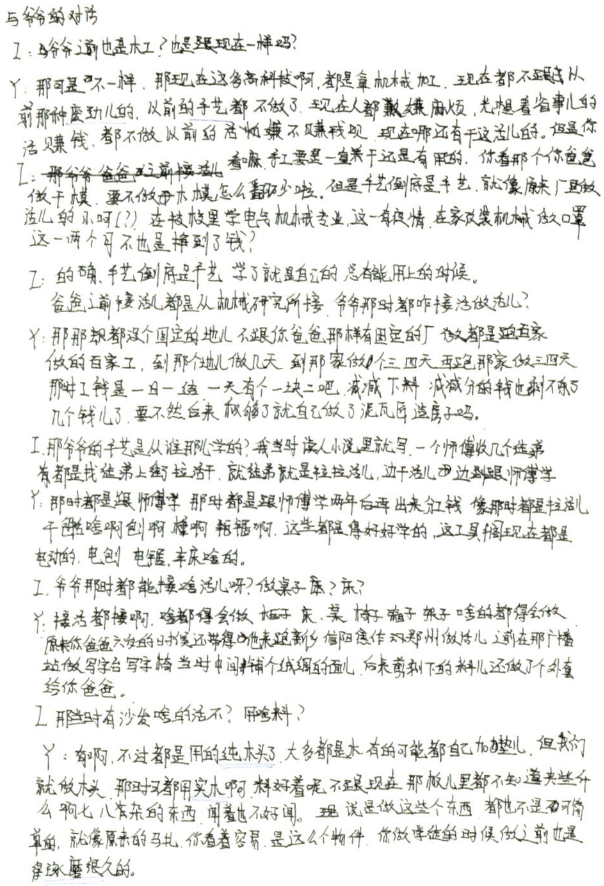

与爷爷关于木匠的调研

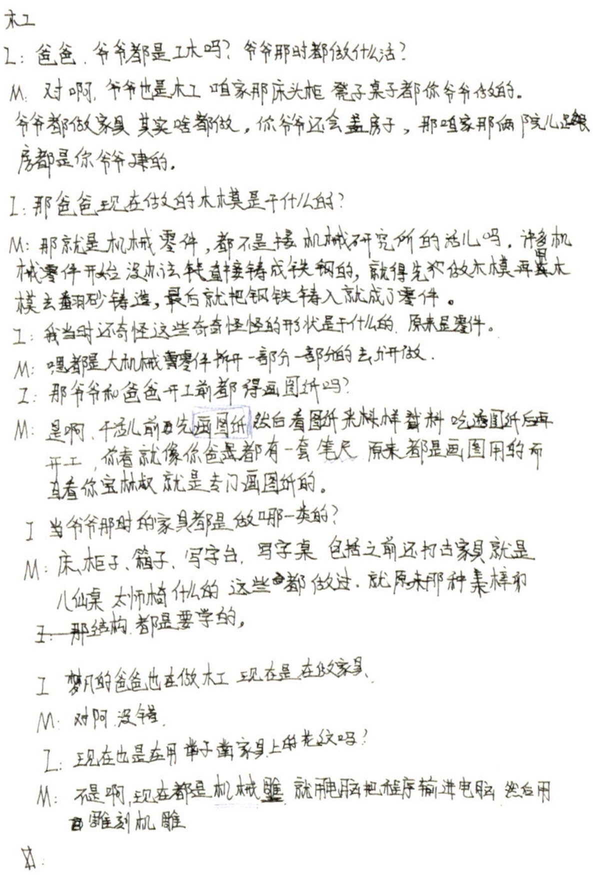

与妈妈关于木匠的调研

### 四、调查与图绘（木匠工具的古今对比）

1. 形态的构想与图纸的绘制

图纸的绘制是整个工作过程中最重要的第一步准备，图纸中需要包括各个零件的长宽高数据、不同零件的形状结构以及弯曲面的曲度。

旧时爷爷做家具时，图纸包括许多不同零部件的形状，有些有花纹的部位还需要把花纹大致画上去，这也是为了方便给买家看成品的大概效果；爸爸做木工那时有了厂房，有时是接大厂的活干，那时还有了计算机，有些图纸是从计算机中下载的，不过大多时候还是靠着数据与描述以及观测样品来画出图纸，并且翔实记录数据。有些复杂的物件的图纸是需要画很多遍的，这一个图纸的副本上就集合了三张小张的图纸；像爷爷当时为别人做家具，图纸也是需要和买家反复商量，画几遍小草图，最后出正式图纸确定下来的。

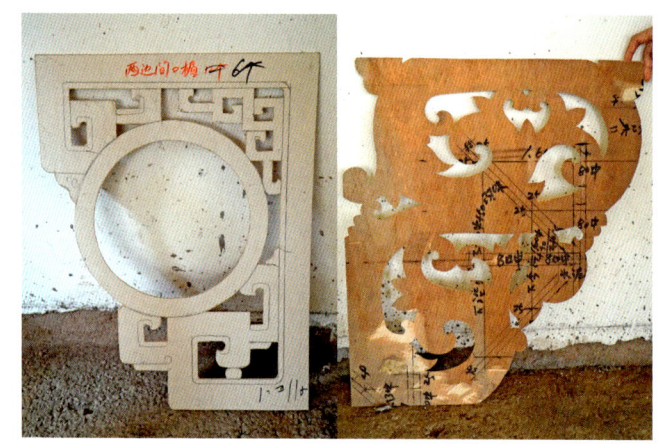

2. 尺笔

图纸最需要的是精准二字，比如形状、具体的数值，以及比例尺的大小都应严格遵守，绘制图纸就相当于在纸上构建等比缩小的二维模型，物件的正面图、侧面图、俯视图，这些都是需要准确绘制的。

旧时用的鲁班尺或者角尺大多是木质的，只在部分需要固

传统构件的制作模件

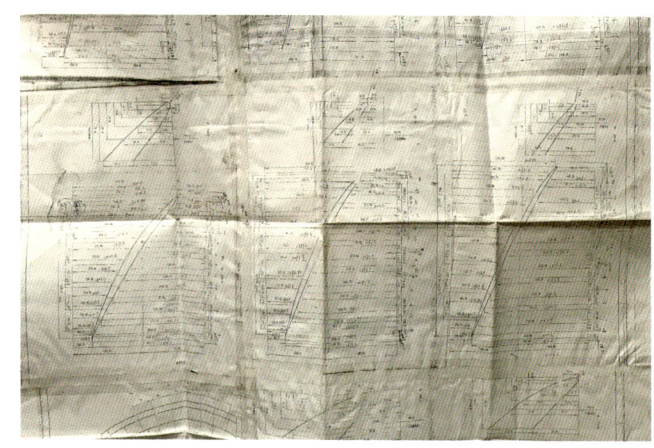

爸爸绘制的木模图纸的复制版

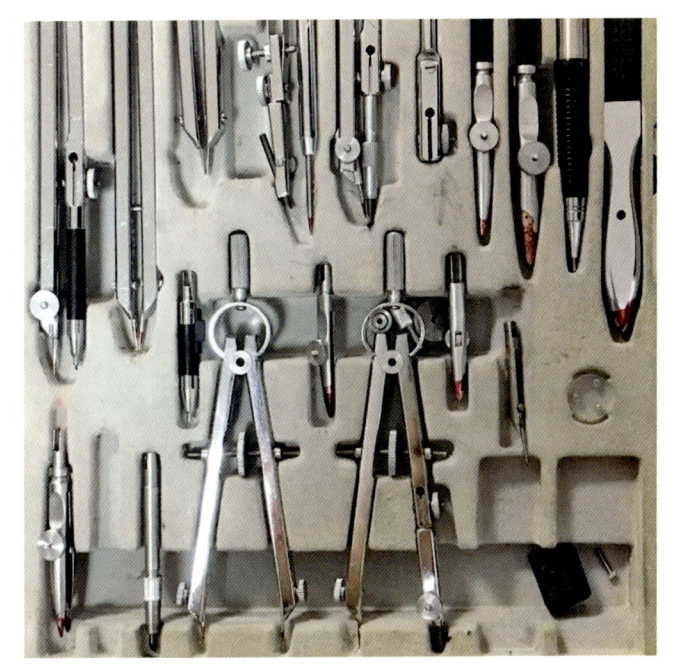

爸爸用来绘制图纸用的套装圆规

旧时的折尺、角尺，以及后来的钢尺、卷尺和精细的游标卡尺

定的位置是金属材料，有些旧用的鲁班尺上还有一些距离与对应的风水吉凶，为的是应对人们对家具风水的需求。现代用的尺基本上是以不锈钢材料或者韧性较好的塑料制成的，原有的折叠样式的长尺现在也大多由卷尺代替，像平行尺、三角尺、云尺等等分类较全、用起来更方便、更耐腐蚀。而现在的绘图用笔也较原来使用的笔分类更细、功能更专一，许多笔的笔尖直径也比原来使用的技术笔更细一些。

### 3. 锯

对木材进行粗加工时需要用到大尺寸的、便于切割的工具，较大件的木材可以用长锯。长锯只有两端嵌在把手上、需要两个人配合才能操作，较小的则有框锯、板锯、曲锯等。

框锯适用于中小块的木料分割，方便一人操作，使用前需要拨锯齿，用于横切和纵切的锯齿方向不同，其使用的角度也有区分，纵切角度相对于横切的角度大一些。操作时要用一手一脚固定木料，另一手握稳锯把，拉动锯身时着力下沉。

现代有许多种电动手锯，比如电圆锯或是台式的车床锯等。现代的电锯使用时所要注意的大多是安全和电力连接方面的问题，操作上与手工锯有相似的方式，但更稳且保持在目标准线上。

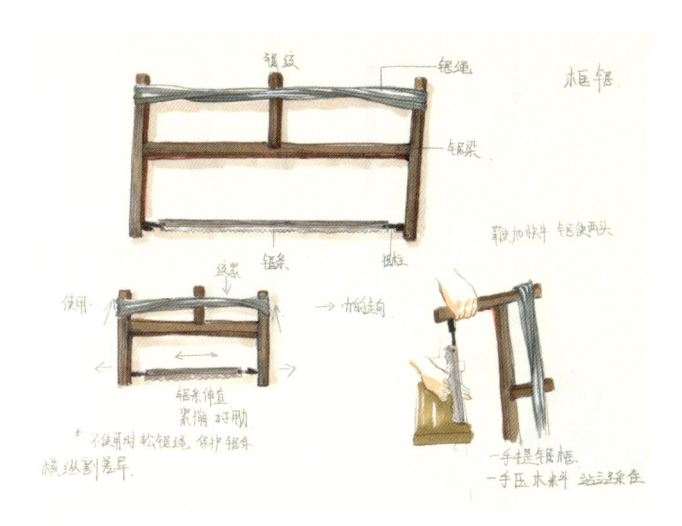

框锯的结构与用法技巧

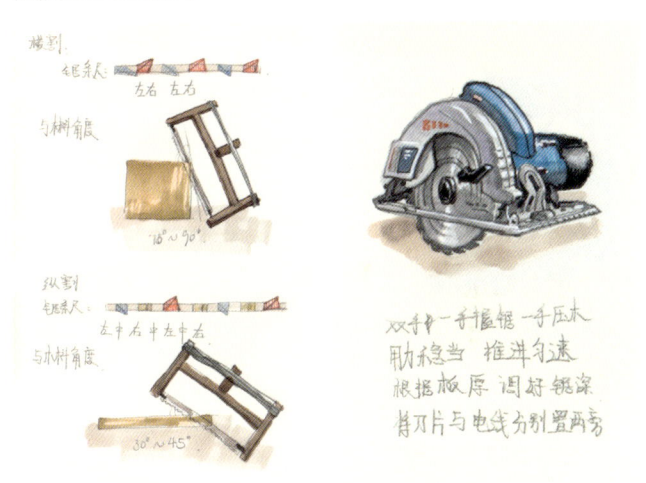

框锯横割与纵割中的使用差别　　电圆锯与大概用法解释

### 4. 刨

用于加工木材的另一件工具是刨，它可以将木料不平整、不光洁的表面刨平或者调整木料的厚度。

老式的木刨也有许多的分类，比如说长刨、短刨、座刨、曲刨，它们适用范围不同但结构相似。使用木刨时最主要就是要使足力气前推，下压刨身的同时要控好前推的力，两者搭配合适才能顺利把刨推出去。发力时"腿要弓，后要绷，肩背着力往前冲，全身着力前推"。

现代木工刨大多使用起来没有老木刨费力，大型的有车床，长度较长的木材也能高效率地加工处理。小型的现在也有手提

099

式的电刨,虽然重了不少,但尺寸较小方便携带,发力方向与老式木刨相同,由于动力由电力替代,所以在使用时只需稍用力前推即可完成加工。

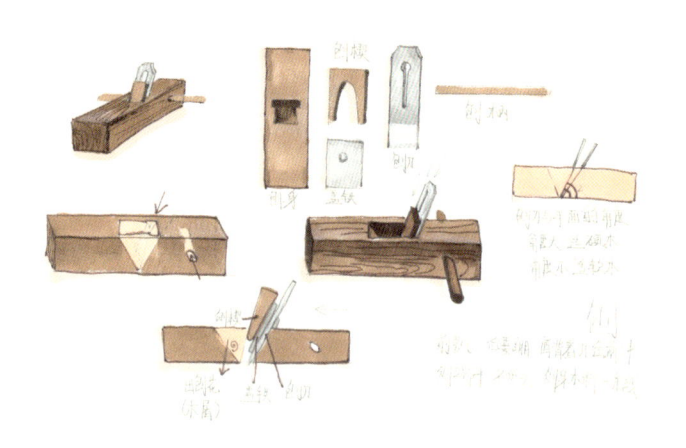

直刨结构图

凿子的分类与用法

电刨结构图

打孔机及其用法

### 5. 凿子

老木匠的工具箱里总有一层拥挤不堪——堆放的全是大小不同、用处不一的凿子,它们有的宽窄不一,有的直曲不同,凿子一方面是用于开榫或者打洞,另一方面用于雕凿花纹。因为物件的尺寸不同所以凿子也有尺寸区分,方槽与圆槽需要使用不同曲直的刀口。使用凿子要配上一把硬木的锤子,两个一起用着才不累手。

现在的雕花和开孔基本上用不到太多的人力,打洞有打孔机,雕花有雕刻机。要开出不同的形状的洞只是要换些合适的钻头或者挪动钻头就能开出合适的孔洞,通过输入合适的数据与调整到合适的位置,雕刻机便可以无误地雕出花纹。

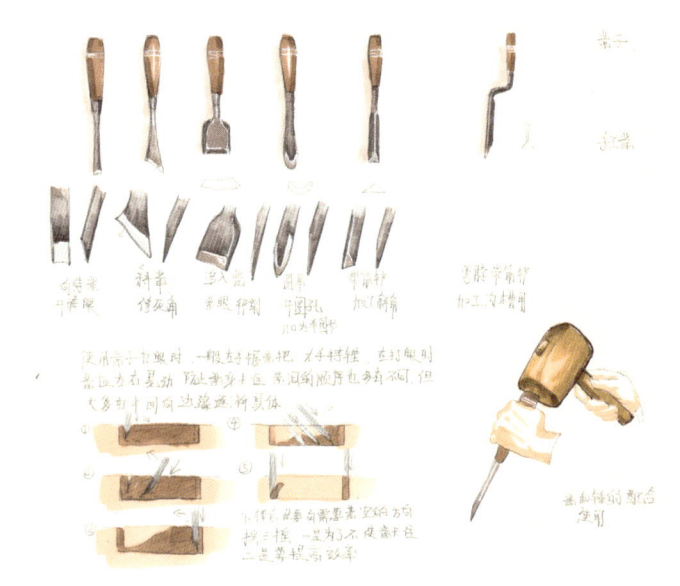

### 6. 砂纸

砂纸是一种将小块砂石镶嵌在塑胶皮纸表面,用于打磨初步切割后或是上过油灰的木料,打磨物件表面并使其变得圆滑光洁的工具。我们听过其他打磨用的铁质锉子,那些大多是用于打磨工具用的,而打磨一些细小的地方或者没有明确转折的曲面时大多使用方便裁剪、易操作的砂纸。

现在,用于打磨的工具虽然有许多电动工具,但因为电力工具的尺寸与精度有限,所以大多数电动打磨工具适用于较为大件物件的平面,手工用的砂纸则仍然用于细小的角落或者有花纹的部位。虽然电动工具节省人力,但有时却难以达到手工处理的精细程度。

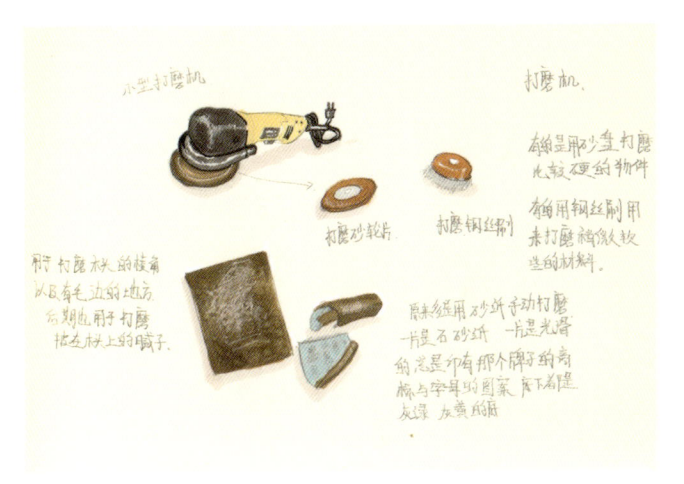

小型打磨机及手工打磨用的砂纸

厂里用的台式打磨机

7. 榫卯

中国木制物件常用的榫卯结构共几十种，木匠需要精通十几种开榫的方法。

像常见的直角中的燕尾榫、老家具腿足与束腰相连的抱肩榫，以及较为常用且多变的槽口榫。这些木质结构小的用在桌子椅子上、大的用在房梁、楼阁上。这些使木头严丝合缝组在一起的结构虽然不用一根毫钉，但却有极好的防震与承重的效果。

钉子、气枪、各种胶水的推广使用后，现在很多复合型板材家具制作中不再使用榫卯结构，钉子与胶水虽然能十分快捷地将各个零件组合起来，但其减震效果与牢固的程度远不及榫卯结构。

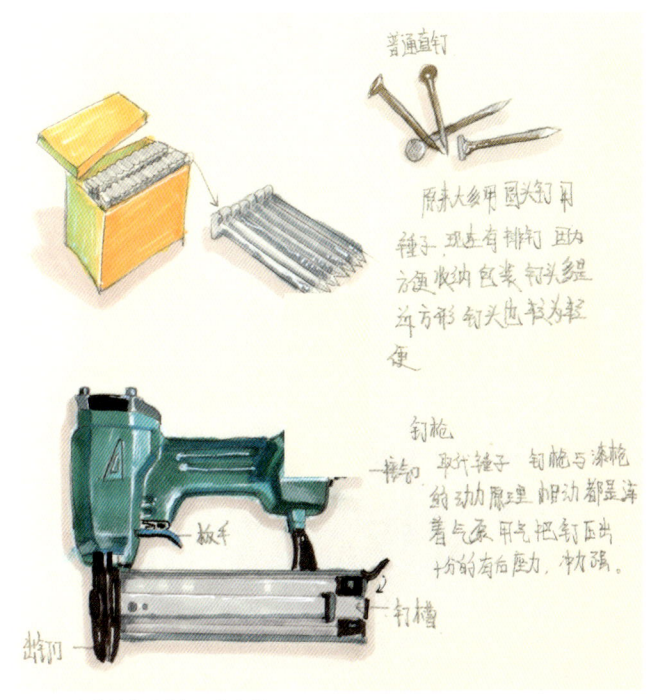

现代用连接零件用的钉子与钉枪

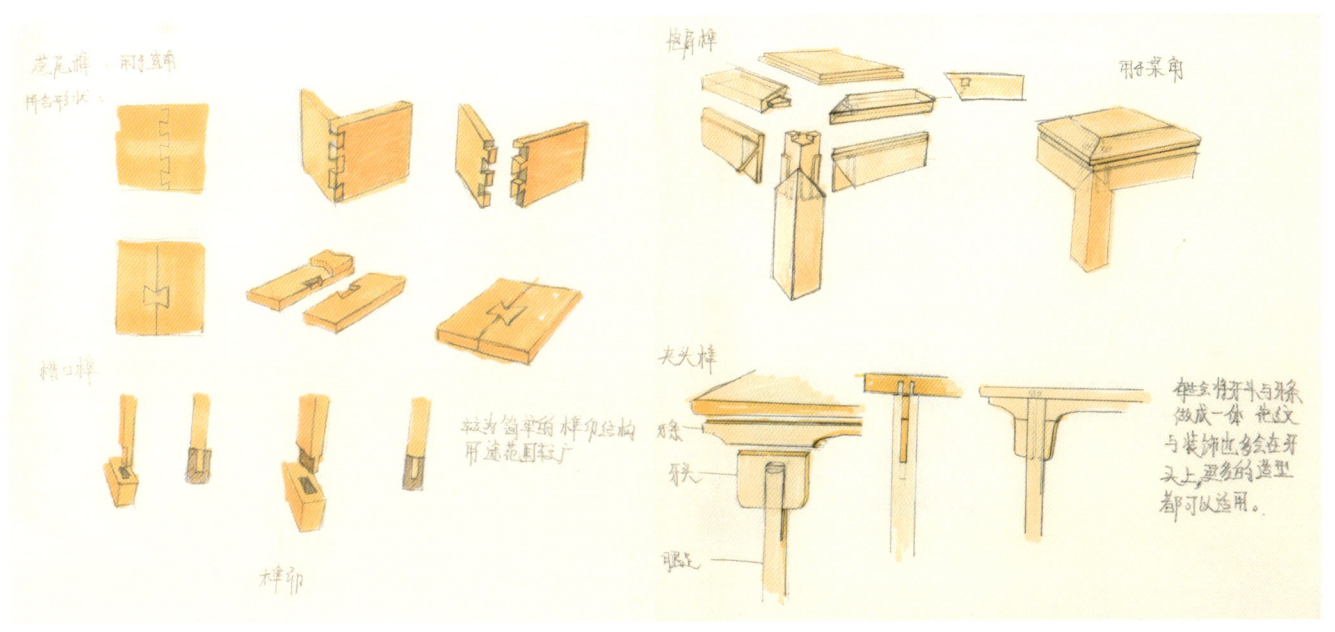

传统家具中的榫卯结构与连接方式

101

8. 上漆

上漆的工具无非就是刷子，刷子就像凿子一样，在宽度上有宽窄的区分，用处各不相同，小的称刷子，大的为排刷，刷子很多是猪毛做的，叫猪鬃刷。有的家具需要补平木头本身的小孔或者坑先要打一层腻子，这叫作批灰，腻子大多是用滑石粉与乳胶混合或者原子灰混合使用，在后期加工时用批灰铲或者刮片把腻子推平并使其均匀分布，再经打磨最后上漆。

现在批量上漆大多是喷漆装置与原有的手动工具结合使用，喷漆枪的使用需要搭配气泵把涂料压出去，使涂料均匀地喷洒在器物的表面。但是喷漆枪适用于面积较大的面，细节可能难以顾及，所以小号刷子现在还在使用，方便后期处理角落或者喷漆的空隙。

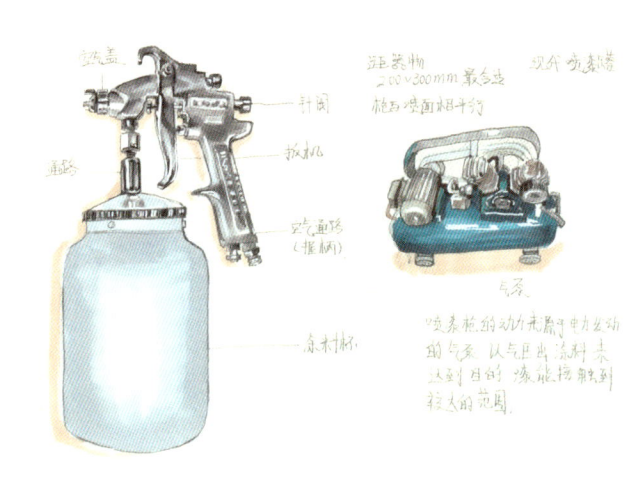

现代喷漆所用的喷漆枪与气泵

传统上漆用的工具与流程

参考文献

[1] 姜琪. 中国古代家具工匠发展演变初探[J]. 2013.9.
[2] 唐昱. 中国古代家具里的新"技术"[J]. 2000.1.
[3] 朱典想. 唇齿相依：木工机械行业与家具行业[J]. 2005.2.
[4] 胡景初. 中国家具木工工艺发展简史研究（下）[J]. 2013.10.
[5] 铁力滕. 古时木匠的学徒历程[J/OL]. 2018.9.
[6] 李华麒. 从服装缝制工具的演变看手工制作的意义和作用[J]. 2019.2.
[7] 唐然. 浅谈手工制品在当代社会生活中的重要性及生存模式[J]. 2019.4.
[8] 李海清. 为什么要关注新工具？——基于建造模式解析的建筑学基础之考察[J]. 2016.2.
[9] 郑钰潇. 至刚至柔者，木也[J]. 2018.12.
[10] spuirrel. 老木工的刨子使用方法八大口诀[DB/OL]. 2014.7.
[11] 刘宗悦. 工艺之道[M]. 南宁：广西师范大学出版社，2011.
[12] 冯骥才. 俗世奇人[M]. 北京：作家出版社，2008.
[13] 莫里斯·梅洛庞蒂. 知觉现象学[M]. 北京：商务印书馆，2001.

## 2. 砖带当风——徽州砖雕工具的比较
作者：2017级设计6班 麦筱斐

砖雕建筑材料厂里所用的坯土，大多是在休宁一带精选的红土。红土和当地的黄土相比，烧制后色彩更为青黑，也更为持久。当红土被运送过来，会放置在工作车间外面的堆土棚内进行自然风干，并且要避免太阳直接照射。之后为制泥环节。传统工艺先要将泥土注入泥池，和清水搅拌成浆糊状，等泥渣子沉淀筛选后再用牛踩成千斤泥，反复踩到成泥筋，泥巴揉熟了才能做砖坯。现代机械方便快捷，只要控制好搅拌机中泥和水的比例就可以。

待泥坯完成后，用切割机根据构件的大小进行切割。切割完成后，根据构件题材的不同分为窑前雕刻和窑后雕刻，如滴水、复瓦及简单图案的门坊上小的构建都为窑前雕刻。与其说是雕刻，不如称之为模具压制更为贴切。在压模车间内，为确保压模过程的顺利进行，液压机都放置在阴凉的角落。液压机是现代非手工砖雕制作的"主心骨"，与传统工艺雕刻一个部件动则几天相比，液压机只需几分钟就能完成。"倒模砖雕"造价低廉，价格只有手工砖雕的六分之一，却也严重影响到匠人及砖雕技艺的传承与发展。若是图案复杂的如人物、山水、花鸟等，还是会依照传统流程，等砖坯烧窑变硬后雕刻，当然也会有先用粗模具压制，等窑后再做精细雕刻、补刻的方法。

但是，无论是手工还是机器，砖雕最重要的风干过程是千年不变的。我们在工厂里看到，无论是成型的砖瓦、出模后的瓦当、待手工雕刻的砖坯，都必须静置在棚内晾干。对棚的高度也有讲究，棚太高就会造成风大，容易出现外干内湿的情况；太低易遭太阳暴晒，使砖开裂。待自然风干后就可以入窑烧制了。一般厚度较薄的部件需要烧制七天七夜，大块的额坊就要半个月。我们考察的这家工厂仍选择用柴窑烧制，比电窑烧制的色彩更为青黑。

传统徽雕技艺大体分为七个步骤。第一步是绘图，将图案根据部件尺寸在纸上画出来；第二步是选砖，一般选色差小、质地均匀的本地砖；第三步是润砖，用生石灰水喷洒砖料，以便于完成印砖；第四步是印砖，将图纸平铺在砖料上，用类似描红的手法将题材转印至砖面；第五步是打坯，凿子凿出轮廓线条，砖料易碎，一般用木锤能更好地把握力度；第六步是细雕，由圆雕、直雕、平雕三种基本雕法组成，圆雕立体感强，以植物为例，多适合花蕊部分的雕刻；第七步是修补，一般将砖完全泡入水中浸透，然后细刻边缘或补平表面，再用砂纸打磨。

砖雕工具有刨、铲、錾、刻刀等，它们根据工艺要求又有轻重、大小、长短、刃口宽窄厚薄之分。熟练的师傅不用多加思考便能一下拿起称手的工具进行雕刻，这便是人与技艺之间延生出的匠心。

徽州砖雕厂考察

棚下正在晾干的窑前雕刻砖

制瓦当的铁质模具

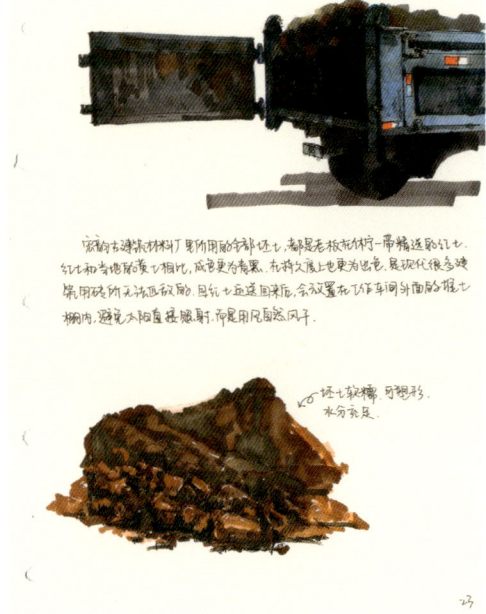

《砖带当风——徽州砖雕工具的比较》
调查笔记（之一）

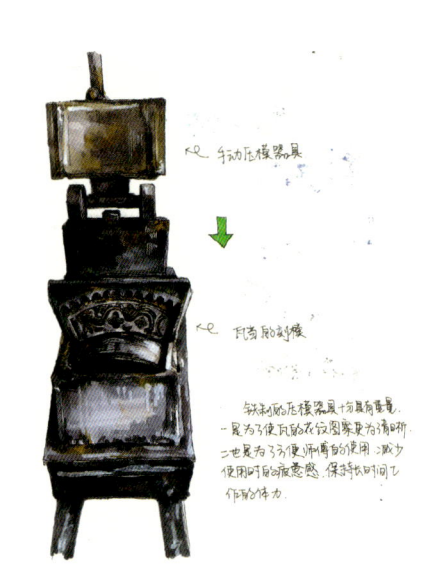

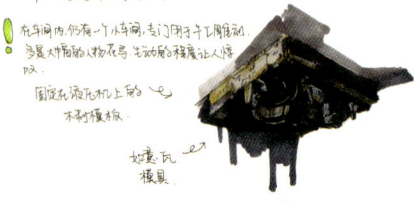

《砖带当风——徽州砖雕工具的比较》
调查笔记（之二）

《砖带当风——徽州砖雕工具的比较》
调查笔记（之三）

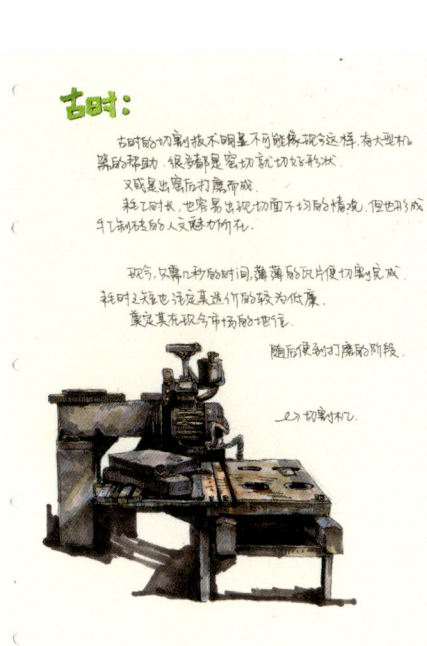

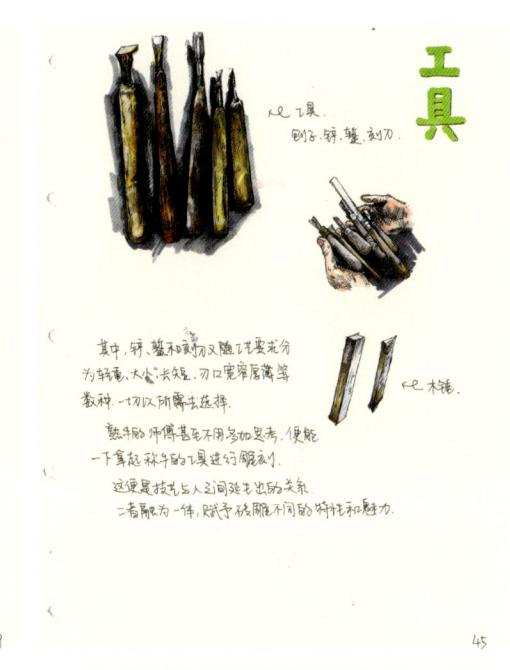

# 第九节　器具与工艺

日本民艺理论家柳宗悦说："美术的价值在于其个人性，而工艺的价值则是社会性。"工艺是劳动者利用生产工具对各种原材料、半成品进行增值加工或处理，最终使之成为制成品的方法与过程。工艺贯穿着器物从尺度样式、材料选择、生产工序等诸多环节，是建立生产制造系统的基础。

"工"本义为矩，一种曲尺，后引申为工匠。《礼·曲礼》"天子之六工，曰土工，金工，石工，木工，兽工，草工"，《周礼·冬官考工记》"审曲面埶，以饬五材，以辨民器，谓之百工"。"工"又有工夫、技术、工程、擅长、巧、精、生产劳动等解释。"艺"有才能、技能、技术的含义，"技能"就是掌握了做某事的尺度或标准，"艺"又可引申为"准则、极限"，如果"技能"能达到出神入化的地步，自然会给人以艺术性的享受，故"艺"有艺术之意。所以，"工艺"即是由良好的技术所产生的美。技术不仅仅是娴熟的手法，还是智慧和理解，通过掌握正确的技艺方法制作正确的器物。在传统器物制作中，手是技艺和器物之间的媒介，因此"工艺"称为"手工艺"更能表达器物的生产途径。

我们的祖先通过几千年的生产生活的经验积累，面对不同材料逐步形成了不同的加工工艺，如竹子、草、丝绸、毛等的编织工艺，木材的榫卯工艺，金属的锻打、铸造工艺，金属、宝石、贝壳的镶嵌工艺，陶土的成形、划刻和烧造工艺等。面对同一种材料也有不同的工艺方法，比如竹子有竹编、竹簧、竹雕、竹刻等形式。相同工艺的精巧程度也决定了器物的用途，如将竹子劈成粗篾可以做建筑的墙体骨架、楼板或篱笆，劈成细篾或丝就可以做凉席、篮子等各类生活器物。不同地域的工艺也会形成不同的风格和流派，如中国的漆工艺就有福州脱胎漆器、扬州漆器、平遥推光漆器和成都漆器四大产区，各地因其历史沿革、技艺传承、审美变化等发展出不同工艺特色。

随着工业革命的变革，人们在生产组织形式、日常生活和思想观念等方面也产生了变化，使工厂制造代替了手工作坊，机器生产代替了手工劳动，劳动效率和生产力得到了极大提升，工艺所代表的传统生产加工方式因此有了新的定义。

思考题：
① 器物的工艺之美是如何体现的？它与美术之美有哪些不同？
② 如何看待传统手工艺与现代工业文明的关系？
③ 工艺赖以生存的机制是什么？工艺进步或流失等变迁的原因是什么？

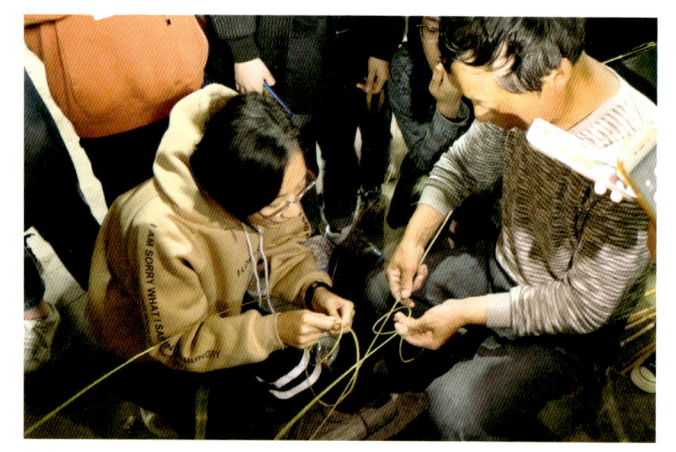

体验竹编工艺

苏州缂丝工艺

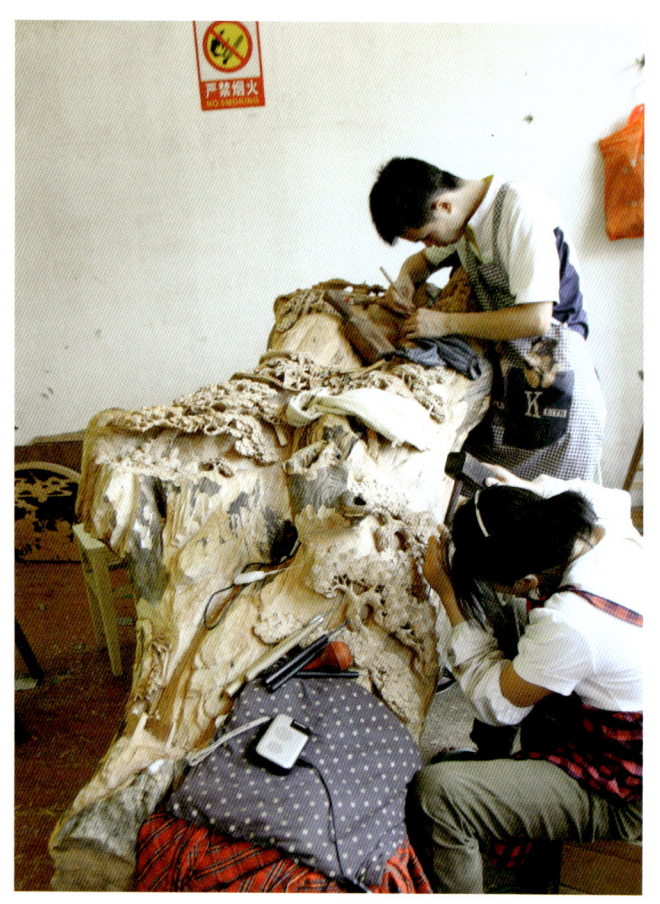

福州木雕工艺

**教学案例一：宁波骨木镶嵌工艺浅析（节选）**
作者：2019级设计15班　钱佳璐

1. 选材及其工艺流程

骨木镶嵌分为平嵌和高嵌，在宁波广受赞誉。宁波地处浙东沿海，有着悠久的农耕文明，有着得天独厚的原料优势。舟山群岛位于浙江省东北部，是中国第一大群岛，盛产鱼胶和贝蚌。鱼胶可用于骨嵌的胶合，保护骨木镶嵌的成品不易开裂损坏；贝壳和蚌类成本低廉，色泽绚丽，可用于点缀。在骨材的选用上，以白为美。牛骨可就地取材，且色泽较象牙更加洁白美观，镶嵌成品更加牢固耐用，因此被宁波工匠广泛采用。

骨木镶嵌的关键就在于骨、木及胶合物的选材。牛骨以牦牛骨、黄牛骨、水牛骨最为常见。按质地来看，牦牛骨脂色润滑，堪比象牙；水牛质地粗糙，成色较差，实为下选。但因牦牛多生长在北方，不易获取，在骨材的选用上，更多倾向于产源丰富的黄牛骨。在选取木材时强调韧性、稳定度（不易变形）、密度和耐磨性等，基于骨和木两者之间相互作用上的考虑，在选材时就尽可能削弱物理因素对作品的影响；选用鱼胶，不仅因为它是传统制作家具的重要黏合材料，有着牢固的黏合性，还包括它的弹性，当木材发生物理形变时，鱼胶可以通过自身体积的改变，在骨与木之间起到缓冲作用，从而延长骨木镶嵌作品的使用时间。对比502胶水等强黏材料，鱼胶既能保护到作品本身，还可以随时填补、拆换，极具灵活性。

骨木镶嵌主要的工艺流程可归纳为"两裁三贴"。第一裁，裁的是对原画稿的复写轮廓，手艺人需要将纸上的轮廓一一裁剪下来，在大小不同的骨片上摆放好位置，涂上糨糊并贴在骨片上，完成"第一贴"；第二裁，裁的是骨片，也就是钜骨，采用了同样的方法将形状从纸片形中提取出来，并粘贴在带嵌的木板上，以待下一次取形，即"第二贴"；为方便钜割，要先用钢针或刻刀在骨片的边缘划线以确定轮廓，凿槽、平底、修边三个工序，是骨木镶嵌的关键步骤，在处理上需要格外小心谨慎，针对不同的纹样选用不同的刀具，按照骨片的厚薄来确定凿槽的深度，需要非常精准的计算。接着将被剥离的骨片和木板重新黏合，用竹棒在骨片纹样的背面涂上适量的鱼胶，对准嵌槽将其用力压到槽底，使其完全贴合，可以得到剪影形的大效果。如果是平嵌还要多一个刨平的工序，使之表面平整，骨木融为一体。

在大框架完工后，就进入到骨木镶嵌——最能体现其艺术性的步骤——拉刀筋（线雕）。在这个工序下需要对骨片的细节进行雕刻，用三角刀或平口刀塑造出人物的五官、枝叶的层次等，以此丰富画面，此时作品效果基本完整。

髹漆作为最后的收尾工作，主要为了突出画面效果，提高衔接强度。一般先用牛尾漆刷，再用板漆刷；在漆刷时要注意用力均匀、着漆轻薄。上漆后已镶嵌的牛骨或螺钿会染上一层黑黄色的生漆，因此需要用不同大小的刮刀仔细地刮掉，露出牛骨或螺钿的本色。这样就完成了骨木镶嵌工艺。

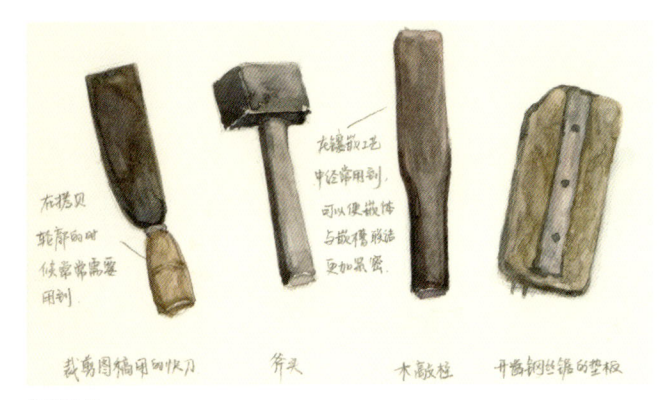

镶嵌工具

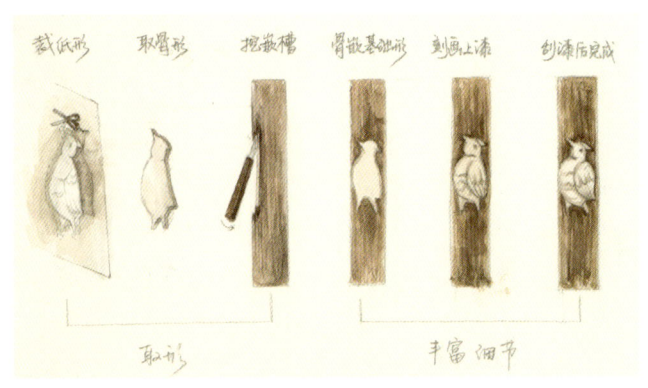

镶嵌工艺流程图

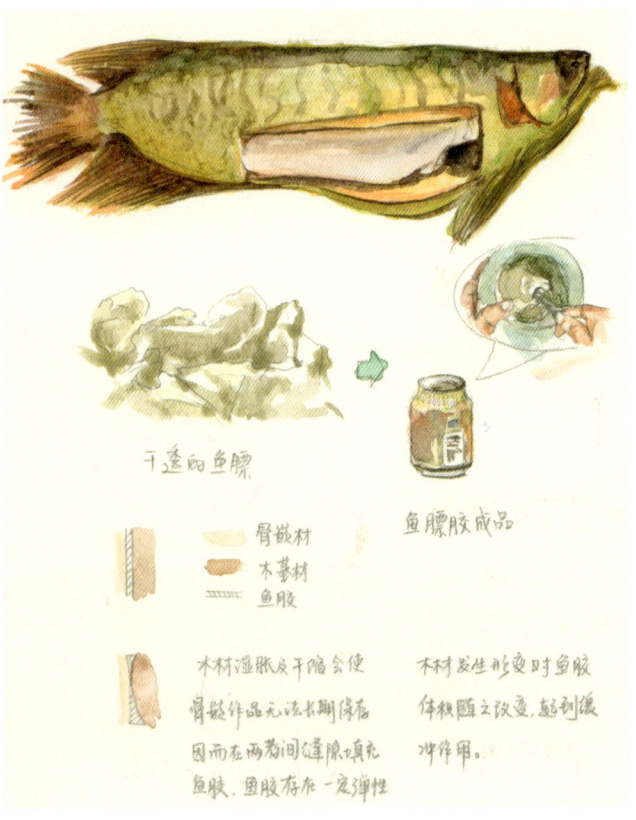

鱼鳔胶

1. 在薄纸上描摹原画稿，勾勒出人物形象、花鸟树木等画面内容的外轮廓线后，将摹写下来的画稿贴在牛骨片上。

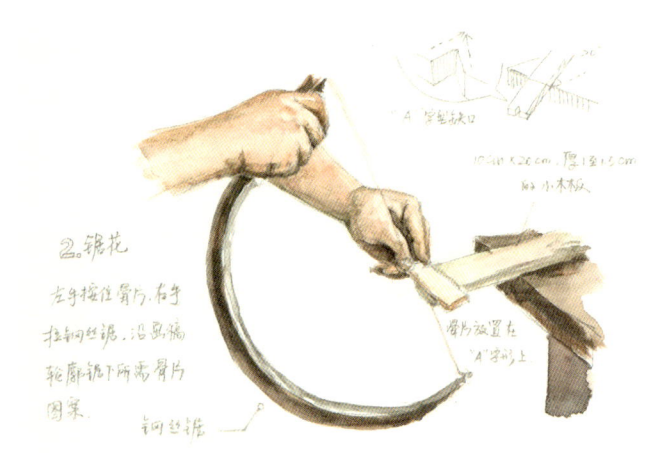

2. 用钢丝锯沿画稿轮廓锯下所需的骨片图案。

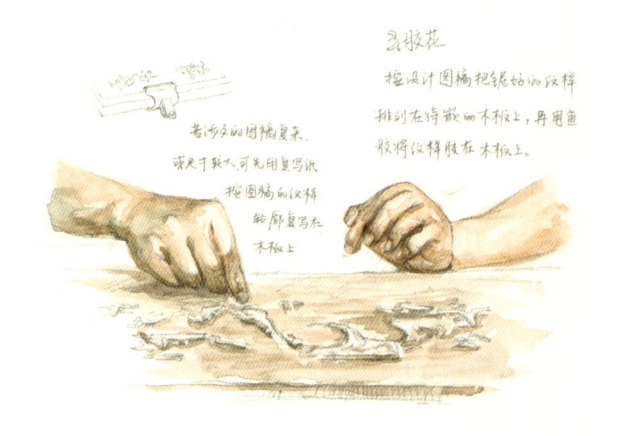

3. 修整骨片的毛边，并按原设计画稿的位置排列在待嵌的硬木板材上，然后给骨片的背面涂上鱼胶，粘在原排好的位置上。

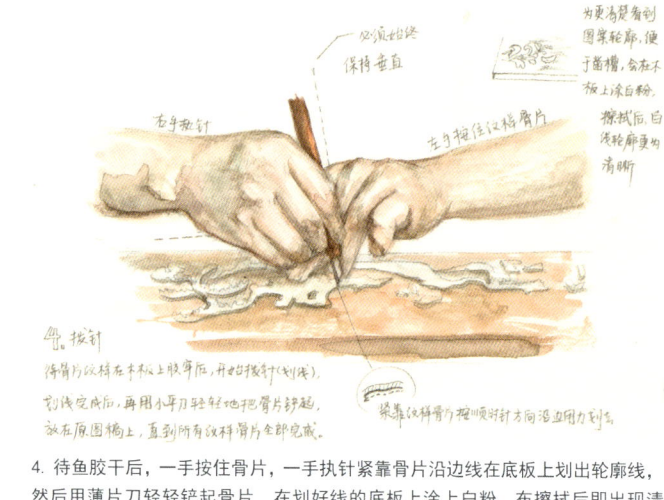

4. 待鱼胶干后，一手按住骨片，一手执针紧靠骨片沿边线在底板上划出轮廓线，然后用薄片刀轻轻铲起骨片，在划好线的底板上涂上白粉，布擦拭后即出现清晰的白色轮廓线。

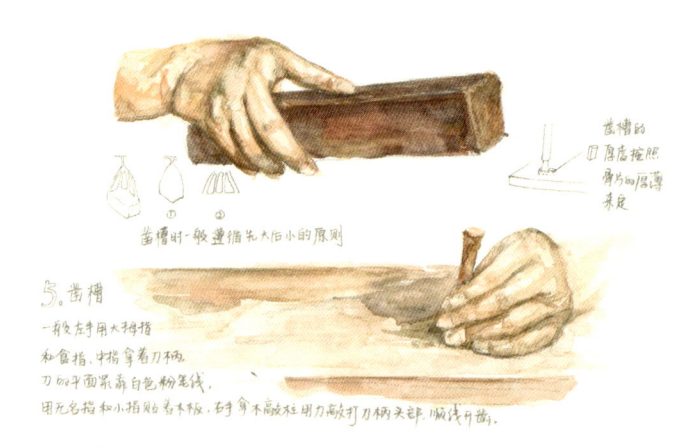

5. 左手拿刀柄，刀的平面紧靠白色粉笔线，右手拿木敲柱用力敲打刀柄的顶部，顺线开凿。

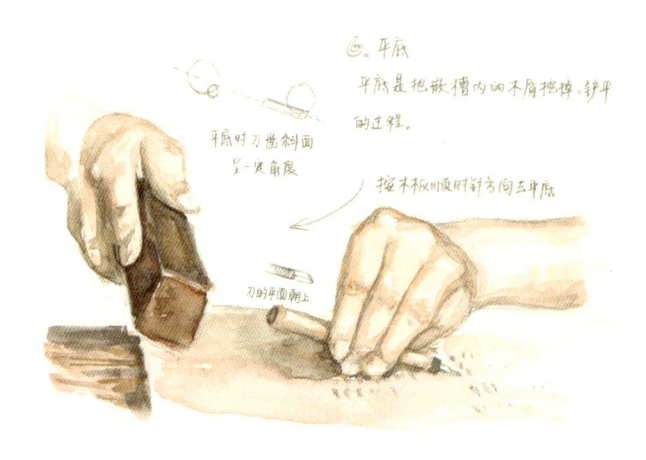

6. 把嵌槽内的木屑挖掉、铲平。

110

7. 修边，使骨、木尽可能完全贴合。

10. 在已有轮廓基础上，针对人物须发衣纹、花卉筋络、岩石皴法等进行刻画。用大小不同的三角刀的刀尖沿画稿线条逐条刻去，一次而成，减少复刀的出现。

8. 将铲起的骨片图案底面和硬木板材凿槽并涂满鱼胶，嵌入后用木槌轻轻把骨片平敲入槽，炭火小心烘烤，使鱼胶融化，然后再次把嵌好的骨片全面紧敲一遍，使其更加牢固贴服（生漆代胶，效果更佳）。

11. 髹漆，需上三次生漆石膏，使拉刀筋的各种图案和纹样更加明显。

9. 待黏结的鱼胶或生漆干透，将嵌入骨片高出底板的部分用刃口微露的刨子刨平（高嵌无须进行）。

12. 用平口刀、斜刀等各种大小的刮刀将已镶嵌牛骨或螺钿上的生漆小心刮掉，露出骨的本色。

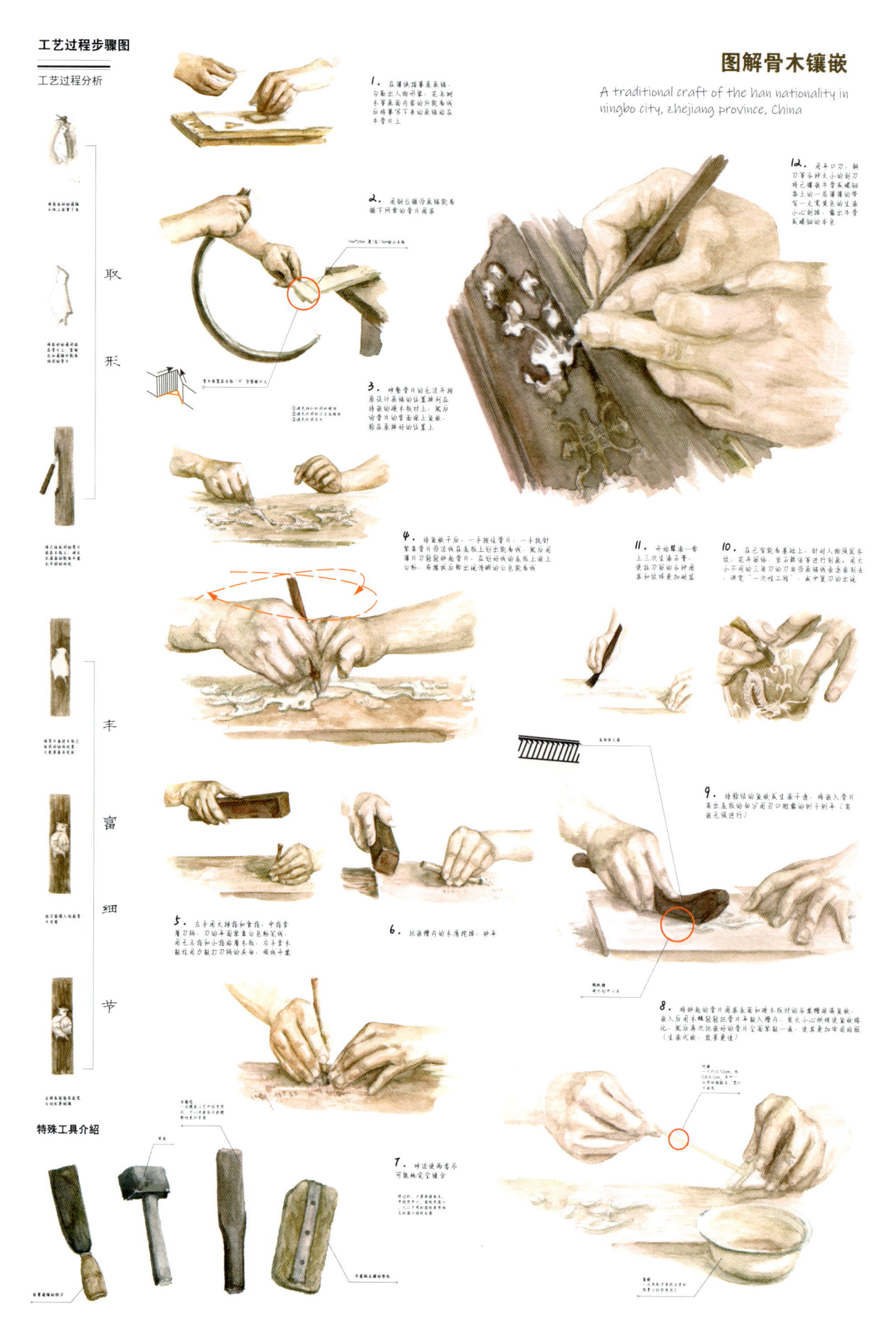

# 图解骨木镶嵌

**A traditional craft of the han nationality in ningbo city, zhejiang province, China**

## 工艺过程步骤图
### 工艺过程分析

### 特殊工具介绍

2. 从螺钿到骨嵌

借鉴与创新

螺钿作为镶嵌的一支，在骨嵌正式得名之前已经是非常受欢迎的传统装饰艺术。螺钿的"钿"字，取镶嵌装饰之意；选取螺壳海贝等天然着色，使木器造型更为绚丽，流光溢彩，如梦似幻。后人更以"螺钿妆成翡翠光"加以赞誉。螺钿工艺在周代已经流行，唐代时从中国传入奈良时代的日本。那些精美的螺钿制品不仅被纳入日本皇家的收藏，还经日本匠人学习后活用于建筑物的漆质、马鞍的装饰等，使之进入日本人民的生活，用途更加多元。可以说中国螺钿艺术对日本风格的形成发挥了极大的作用；而后来的日本螺钿又反过来影响了宁波骨木镶嵌工艺。

在内容选材上，螺钿选取大量的人物形象、几何纹样、花鸟鱼虫等作为装饰素材，广泛应用于家具、盒匣、屏风等生活用具，且不拘泥规格和场合。骨木镶嵌承袭了螺钿的基本形制并发展出更多有新意的内容。不仅记录了很多生活故事和江南景致，还诞生了民间艺术的瑰宝——"古体"，有着浓郁的地方特色。相较于螺钿丰富的装饰性，骨木镶嵌更加有厚度，像是一幅诗性的长卷，向你娓娓道来它的美。

在制作工序上，螺钿已经形成了材料镶嵌工序上的雏形，大体分为纸稿→切割成型→嵌贴→髹饰→研磨→推光六步工序。实际上并未真正达到"嵌"的工艺，仅仅利用贴和漆叠后的缝隙形成视觉上"嵌"的效果。骨木镶嵌在螺钿的基础上增加了锯骨到胶合一系列工序，突破"镶"的舒适圈，这才真正做到了"嵌"，形成了自己的工艺特色。

螺钿制作工艺

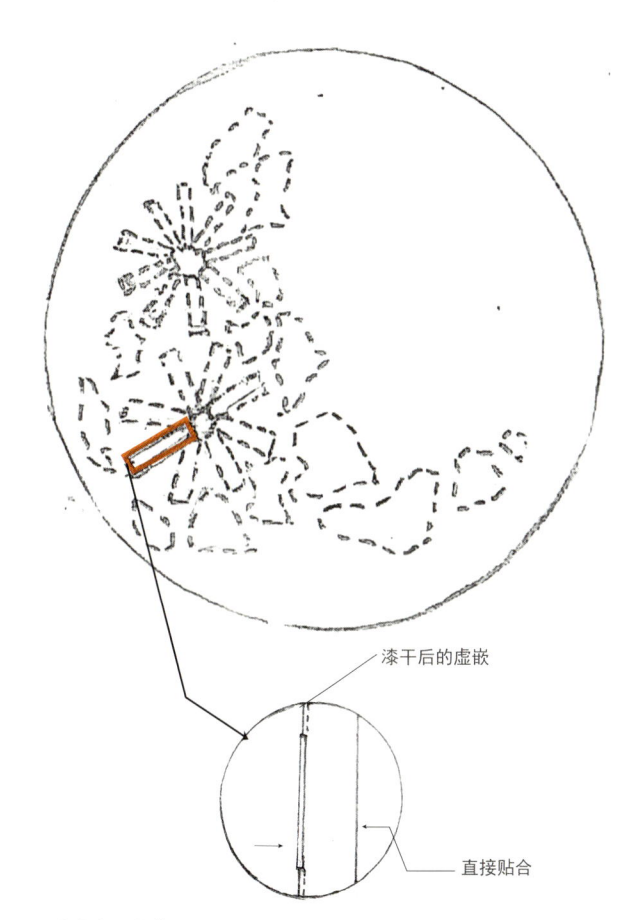

早期螺钿工艺截面图

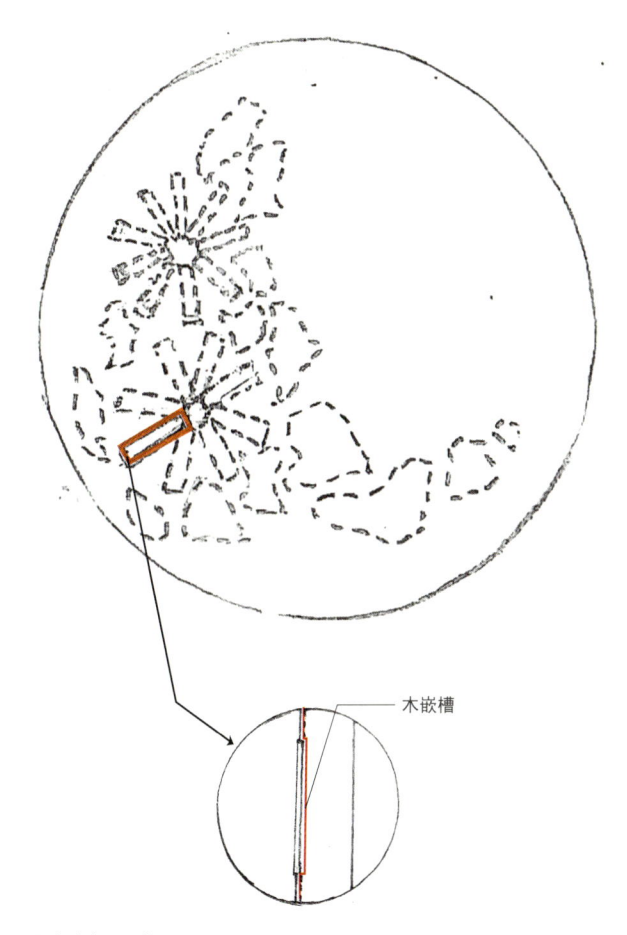

漆干后的虚嵌

直接贴合

骨木镶嵌工艺截面图

木嵌槽

113

艺术风格的形成

从螺钿发展到骨木镶嵌，后者黑白相间的独特风格受到了很多人的喜爱，逐渐脱离螺钿形成自己的艺术名词。而"若要俏，三分孝"正是后来对骨木镶嵌的风格概括。"孝"就是素白色。这跟骨木镶嵌的用材有很大的关系。骨嵌的用木大多选取深色，以此来衬托骨嵌材的洁白。骨表面的细腻光滑和木表面的粗糙纹理形成对比，气蕴古朴，庄重大方；虽然螺钿工艺已经有了色的分区，但是它更加注重材料本身斑斓的色彩带来的装饰性，容易使人忽略嵌体造型本身，而关注整个作品的颜色造型。而骨木镶嵌这样明显的颜色的分区，就更容易保留中国画"墨黑纸白"的艺术特点。

对比那些色彩浓郁的精致的螺钿作品，被宁波骨木镶嵌保留下来的螺钿嵌大多也以简洁自然为主，这种"去繁"的审美观被明代万历年间的人文地理学者王士性概括为"浙东俗敦朴，人性俭啬椎鲁，尚古淳风，重节概，鲜富商大贾"。虽然宁波地处浙江，但是浙江的风俗也存在地域差异，以钱塘江为界，可粗分为浙东和浙西。浙西俗繁华，喜热闹，流传有"闹周"（即小孩子抓周）这样的习俗，且经济发达，富贾众多；浙东民风质朴，生活节俭，有古时的淳朴之风，鲜大富大贵之人。所谓"一方水土养一方人"，在工艺上也同样适用。骨木镶嵌生于浙东，养于浙东，因此深受浙东"简"文化的熏陶。

3. 创作手法

雕刻

与平嵌的凿刻相比，高嵌的艺术形式更接近浅浮雕。雕刻是很常见的装饰艺术，早在河姆渡时期就已经出现了浮雕的雏形，出土的陶器物表面有大量动植物变形纹样，即早期的图案装饰。现在的骨木镶嵌作品中依然将花鸟鱼虫作为主要的图案装饰纹样。

宁波博物馆藏清花梨木平嵌狩猎归来图圈交椅

骨木镶嵌将木跟骨分为两部分，需要在斟酌骨刻的高度后，经过留与刻的取舍，考虑整体嵌入后的成像。在高嵌中骨雕会有高出木面的部分，这借鉴了雕刻中阳刻的表现技法；而在细节处理上，在骨材全部嵌入木材之后，会用刻刀补充细节（如毛发等），在木板上会划出现线痕，又对应了雕刻中阴刻的表现技法。骨木镶嵌在基于汉画像砖凿刻技法背后演变出两种材质结合的凿嵌手法，尽显宁波匠人求新求变的精神。

雕刻中的虚实关系和层次

"丹青体"和留白

清道光年间可以说是骨木镶嵌发展的一个重要转折点。在道光以前，主要还是临摹国画作品，道光之后过渡到民间风俗画和以舞台戏剧人物为主的"古体"。因此在骨木镶嵌作品中可以发现大量类似国画人物的线条处理，被归纳为"丹青体"。"丹青"最早得名于绘画时用朱红色和青色，因其鲜明的对比，成为绘画的代名词。后逐渐也将水墨画等素色绘画风格纳入丹青的范围中。

临摹国画的骨木镶嵌作品大多选用高嵌来表达画面，造型上更加细致，着重刻画流畅的线条和局部层次感。这类骨嵌作品的要求会更高，需要在处理画面时不断梳理关系，努力向画面意蕴靠近，表现出衣摆的飘逸或者是树叶的晃动感。整体观之与中国画相差无几，细节上又十分精巧耐看，因此有着"图案古拙，几同汉画"的美名。

但是较之中国画表现山石的皴法和毛发用色的浓淡处理，雕凿手艺难以达到笔墨的灵动，所以需要结合材质特性调整造型方式，重新归纳出松石、树木、石堆、牛毛等表现方式；考虑到两种材质镶嵌时要"天衣无缝"，因此在造型上多选用偏几何的图案来组织不规则的画面。

留白作为国画非常重要的表现技法，能够在方寸之间表达出丰富的信息，传递出"少即是多"的理念。因此，留白留的也是思想上的空白，能给人以无限的遐想空间。从临摹的层面来讲，留白也被作为一种学习的形式保留下来，广泛应用于骨木镶嵌。除了被用于空间的界定（如几个人的落脚点界定的水平线形成了空间透视，以此代替了地面的绘画）留白也用于突出表现一种绘画元素。比如带有浓郁的中国画意蕴的梅兰竹菊四君子被现代骨木镶嵌传承人杨达进制成屏风，四台屏风一一对应，除梅兰竹菊以外充作留白，如此更有孤旷感，更能突出其高洁的品性。

清乾隆时期达到了骨木镶嵌发展历史上的高峰期，由于清代本身追求一种繁复美，且皇室贡品大多不计成本，因此在制作上更加丰富多变，构图设计更加复杂精美，制作出来的骨嵌大多紧而密，装饰意味更加强烈。凡可见之处均用骨嵌装饰，淡化了这种留白的概念，不仅工艺复杂工期长，反而会显得赘余；但是不能否认这种装饰性使骨嵌技艺在这段时期迅速成熟，留下了许多传世精品。

骨木镶嵌家具装饰局部

骨木镶嵌几何化造型

剪影形和散点透视法

骨木镶嵌选用牛骨贝壳象牙这类单色材质作为镶嵌原材料，在颜色的表达上缺少层次，但是在剪影形的呈现上比原有的螺钿表达得更加淋漓尽致。而且两色块之间边线明朗，在布局上更能留有余地。在骨木镶嵌的平嵌作品中，以刀代笔，大块面收放自如，层次分明，俊秀古拙，与中国传统剪纸十分相似。木版年画最早也是源于国画，之后形成一种民间艺术。作为年画，它被大量用于新年烘托气氛，张贴着象征吉祥如意的图象。被赋予了抽象概念的木版年画造型逐渐脱离写实，将美好的寓意融入在画面中，表现了民间最质朴的美好愿望。天津杨柳青年画造型生动夸张，想象力丰富，深深影响了骨木镶嵌民间"古体"风格的形成。

骨木镶嵌讲究人景并茂，在表现复杂的情境时常采用散点透视法，这种传统的东方绘画技法可以在画面处理上打破时间和空间的限制，在有限的画面里表达多个主题。不拘泥于传统的比例透视，将前景后景放在同一个平面上，能够通过重组时间和空间，将一个故事完整地呈现在器物上。从这一点就可以看出，骨木镶嵌巧妙地将中国画技法和木刻版画技法结合到了一起。

## 参考文献

[1] 陈雪颖，沈法. 以骨木材质论宁波骨木镶嵌的选材之道[J]. 名作欣赏，2020(5)：95—96.

[2] 刘爽，金露. 非物质文化遗产的旅游开发研究——以宁波骨木镶嵌为例[J]. 特区经济，2019(2)：105—108.

[3] 马涛. 非遗传承与博物馆藏品保护互补关系的探索与实践——以宁波骨木镶嵌工艺为例[C]. 中国博物馆协会城市博物馆专业委员会、江苏省博物馆学会. 传承与创新——地方性博物馆变革与发展学术研讨会论文集. 中国博物馆协会城市博物馆专业委员会、江苏省博物馆学会：常州博物馆，2018：72—78.

[4] 马涛. 复古与鼎新：骨木镶嵌国家级"非遗"传承人访谈[J]. 文化遗产研究，2017(1)：117—123.

[5] 王宏星. 谈宁波的骨木、螺钿镶嵌工艺[J]. 东南文化，2001(6)：38—41

[6] 陈立未，张福昌，宫崎清. 宁式家具装饰手法初探[J]. 2003.

[7] 陈明伟，陈素君. 宁波骨木镶嵌[M]. 杭州：浙江摄影出版社，2012.

**教学案例二 "铁为肌骨画为魂——浅析铁画工艺（节选）**

作者：2019级设计15班 盛婉青

一、序

因受家乡文化的熏陶，我自小就喜欢手工艺术品。偶然的一次机会，我在芜湖徽商博物馆看到芜湖铁画时，第一次被铁画那黑白分明、立体展现和虚实结合的风格所吸引。长大以后，无意间与父亲提起铁画一事，突然想起家里还有一幅多年以前收藏的《骏马奔腾》铁画，于是向父亲询问起铁画的由来，并讨论起芜湖铁画的发展历史与工匠精神。

芜湖铁画是芜湖特有的工艺品，"以铁为墨，以锤当笔"，是绘画艺术与锻铁技艺相结合的产物。其公认的创始人是芜湖铁匠汤鹏，姑苏画派代表人物萧云从推动了芜湖铁画的发展。芜湖铁画艺术的形成是工匠与艺术家跨界合作、实现艺术创新的典范。后经汤鹏、梁应达、储炎庆、储金霞等铁画艺人的传承和创新，芜湖铁画经历了创始、停滞、复苏、繁荣的发展过程。

二、铁画追溯

提到芜湖，人们首先想到的便是铁画，"以锤为笔，以铁为墨，以砧为纸，锻铁为画"是它标志性的诠释，是我们这个冶铁之乡特有的工艺品。芜湖铁画可以追溯到三百多年前的清康熙年间。芜湖生产赭石，所以冶铁炼钢业在这里起步较早，技艺精湛的铁匠工人从四面八方闻名而来，亦或是讨生活而集聚至此，逐渐形成"铁到芜湖自成钢"的说法。

它的创始人汤鹏，当时还是一名铁匠，幼年为避兵随父逃荒流落到了芜湖。根据《湖县志》记载："汤鹏字天池，溧水人，侨居芜湖，创意为铁画，施之灯幢屏障，曲折尽致，山水花卉各极其妙，一时称为绝技。"黄钺在清朝乾隆年间所作的《汤鹏铁画歌》一书中说道，在努力与坚持之下的汤鹏，对铁匠技艺较为精通之后，便将黄钺曾祖父的临街门面给租赁了下来，作为打铁作坊来维持生计。这个铁匠铺就在画家萧云从隔壁，于是他每日去观摩学习萧云从作画，日久便对萧云从的画技得之于心，形之于画，将其了解并习得的绘画技巧运用到铁画的捶打焊接之中，至此铁画便进入了百姓们的视野。

继汤鹏之后，出现了一位对铁画的艺术发展极为重要的人，梁在邦。文献记载他不仅多才多艺还能诗善画，功名未成便学铁匠以铁锻画，其铁画都是自绘自锻且能做到画从心出，画在锤底，他的作品拥有强烈的艺术感染力，而且充满了诗情画意。随着铁画技艺的成熟，铁画便成为芜湖特有的工艺品，从业者由此诞生，生产铁画的场所便是铁匠铺子。可惜那个时候从事铁画创作并不能维持生活，因而铁画锻造技术也并没有流传下来，芜湖铁画工匠出现了断层。之后，在沈德金父子的铁匠铺有一位叫储炎庆的小铁匠，成为铁画重要传承人之一，这要得益于他年轻时每日跟随沈德金父子捶打一些日用的铁器。有一天，一位顾客到店中买走了几幅铁画，虽然他在沈家学徒早有耳闻，但还从未见过，这一眼，储炎庆便屈服于铁画精湛的工艺。然而他知晓沈德金父子的铁画技艺传内不传外，传男不传女，他便在每日下班后，悄悄趴于阁楼"偷师学艺"，白天偷偷拿着打铁的边角料自己琢磨，终习得其精髓。

新中国成立后，政府重视铁画并有意推动其发展时，才发现整个芜湖的铁画传承只剩下储炎庆这个"独苗"。于是芜湖市人民政府请出当时唯一的铁画艺人储炎庆，并成立芜湖工艺美术厂，拯救了濒临绝境的铁画工艺。在储炎庆师徒所创作的众多铁画作品中，首屈一指的是人民大会堂里的《迎客松》。

芜湖铁画艺人储炎庆和他的徒弟们

人民大会堂贵宾厅铁画《迎客松》

该画长4.5米，高2.5米，以黄山迎客松为原形，近为玉屏峰一角。迎客松的松针茂密，松针都是一根一根锻打出来的，而且做到根根松针有槽沟、有正反，还要打出松花松果；巨大的松干树皮鲮圈，每一个鲮圈要锻打数百锤，其中鲮圈与鲮圈的连接十分讲究，环环逼真；锻接时，落锤要准确、快速，要求锻锤百发百中，锤点疾落、密如骤雨。制作迎客松的高峰是最后整体红接，场面如火如荼，激动人心，由储炎庆统一指挥，八大弟子众锤齐发,烟喷火燎,锤声震耳,无比壮观,最后一气呵成,锻接成了铮铮劲松,真堪为鬼斧神工!

三、铁画技艺的审美与创新

铁画艺术作品从构图和层次上都是以中国画为图稿进行创作的,其章法、布局与中国画并无差别,我国传统绘画中姑苏画派和新安画派的艺术风格和特点一直是铁画艺人所遵循的原则。南朝谢赫所作的《古画品录》中,明确提出的中国画创作的"六法",即气韵生动、骨法用笔、应物象形、随类赋彩、经营位置和传移模写,不仅在中国传统国画中加以运用,也一直是铁画艺人追求的目标。

与国画相比,铁画作品与国画有会心之处,但与国画相比,又别具风格。铁画山水小景作品中,大多疏林远树,旷远幽深,给人烟云晦明的感觉;铁画人物作品中注重形神兼备的特点;铁画花鸟作品又有赏心悦目、富丽堂皇之感。比如现收藏于北

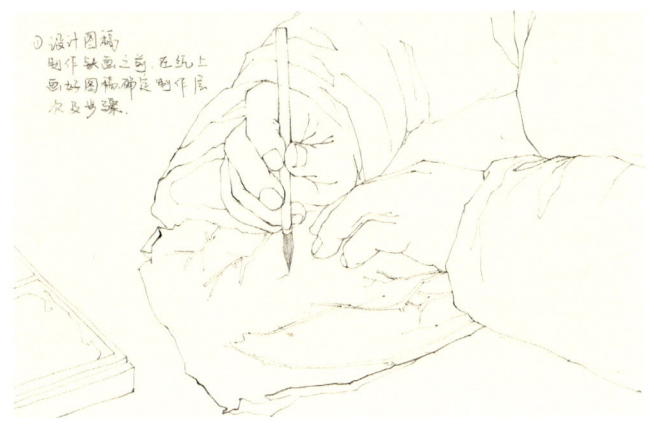

1. 设计图稿。铁画借鉴中国画章法来布局,又仿造雕塑、剪纸工艺特点。在制作铁画之前,艺人要事先在纸上画好底稿,确定制作层次和步骤。

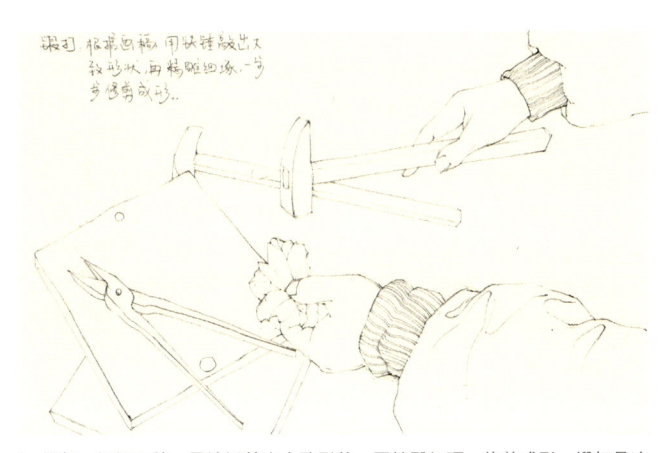

2. 锻打。根据画稿,用铁锤敲出大致形状,再精雕细琢,修剪成形。锻打是冶炼后制作铁画的首要环节,也是最重要的环节,极其考验艺人的技艺。

3. 红锻。将铁入炉,通过熟练的技巧把画的线条粗细、黑白层次、疏密薄厚表现出来。

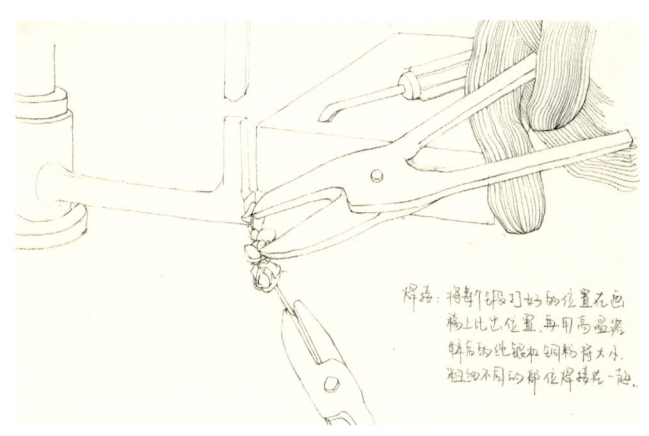

4. 焊接。锻打完后,就要焊接。焊接是个精细活儿,它需要一点一点地焊,整个过程必须全神贯注,容不得半点马虎。首先要把每一个锻打好的部件在画稿上比对出位置,然后再用高温溶解后的纯银和铜粉将大小、粗细不同的部件焊接在一起。

5. 上漆。焊接完成后,再用工具对焊接好的作品进行整形修整,确保其形态完整。整形修整后,就到了防锈烘漆,将锻造成形的铁画用酸水清洗去锈,最后再喷上黑漆。

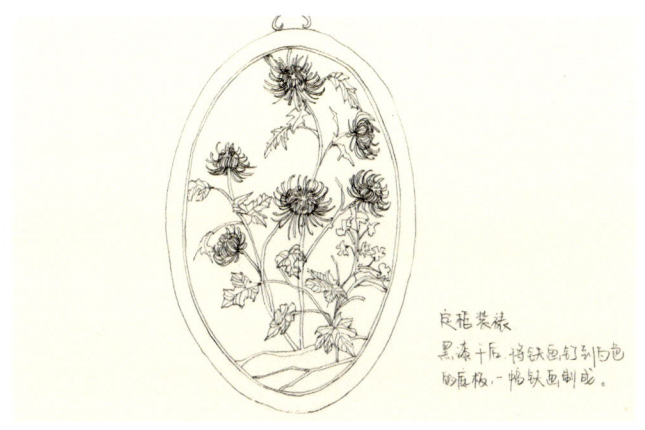

6. 装裱。黑漆干后,将其钉到白色的底板上,一幅完整的铁画制成。

京故宫博物院的汤鹏代表作品《四季花鸟》，该作品构图丰富饱满，牡丹与菊花的花朵采用的是多层焊接技术，花冠的形式采用半圆立体，整幅作品绚烂多姿。清代诗人马廞良所作《汤鹏铁画歌》，其中有句"铁汁淋漓泼墨水，硬画盘空不着纸"，就十分明确地说出了铁画"盘空不着纸"的特色，也就是我们所说的层次感对比强烈，视觉艺术上具有立体感。芜湖铁画的创作，远景一般采用疏细线条，近物采用粗犷布局。锻成后都采用镶嵌在白色丝绢或白漆底板上，然后进行装裱，这样的铁画作品画面均呈"镂空"状态。比如铁画中的松枝、竹叶、山水、花鸟等景物在视觉上均略向画面前突出，好像有漂浮在画面上的感觉。总之，国画形象生动、情感丰富、构图合理、虚实结合、黑白分明、形神兼备的特点，在铁画作品中皆得到体现。因此，韦谦恒评价铁画"直教六法归洪炉"，这种评价是非常恰当的。

铁画是根据画稿分步骤锻造而成，将黑铁变为工艺品，因此，炉锤艺术显得十分重要。铁画匠人根据作品的需要，将铁入炉，通过红锻和冷敲，锤打出画面需要的块或线，最后通过焊接工艺制作成铁画。炉锤，依据钢铁本身具有的柔韧性和延展性的特点，锤打出具有质感的线条，通过焊接工艺使作品明暗对比强烈、凹凸有致、纹路清晰、画面参差错落、舒展卷曲、龙飞凤舞，工艺特色明显。"百炼化为绕指柔"，艺人们通过炉锤，随画赋形，锤下生辉。经过捶打制成的铁画，画面元素疏密有致，线条粗细适度，景物虚实相生，整幅作品给人端庄凝重、秀逸生动的视觉感受。汤鹏充分使用铁的延展性特点，显示了铁画匠人高超的艺术手法，通幅作品看不到焊接和锻打的痕迹，可谓天衣无缝。汤鹏在康熙26年的草书对联"晴窗流竹露，夜雨长兰芽"这幅铁字书法，根据草书的艺术特点实现转折和弯曲，从笔画起头到收尾只有一根单一的铁线，笔法纵横、行云流水，充分显示了刚柔并济的艺术效果，开创了铁字艺术的先河，体现了屈铁盘丝的高超炉锤技巧。

四、铁画技艺的现状

1990年后，由于社会的变迁及审美趣味的多样化，芜湖铁画开始走了下坡路。我查阅了一些资料发现铁画的技艺在其发展过程中所遇到的阻碍不仅有自身因素，也受多方影响：

1. 防锈技术的落后。不经处理的铁极易氧化生锈，通常十年左右一幅精美的铁画便会被锈蚀得面目全非，这也是在早期发展过程中很难解决的一大问题，所以当技艺失传，后人也根本无法从前人的作品中复原制作工艺。

2. 地域局限性。在对铁画的调查与研究中了解到，大部分购买铁画的都为本地人，而外地顾客对铁画了解少且认同度低，再加上铁画售价较高，政府若无法做好宣传广告工作，销售的地域性限制就成为了必然。

3. 传承方式较为单一。一般都是家庭作坊中父子、父女或是师徒之间的传授。传授多以口传身授为主要方式，缺乏科学系统的理论总结。大部分的铁画艺人都为年纪较长的老年人，他们很少具有绘画功底，且创新意识不强，缺乏相关知识产权的保护，导致大师级铁画作品的市场价位难以拔高，铁画升值空间不大。大部分铁画从业者的创作热情在逐渐消退，一是因为当前铁画老艺人的待遇一般，与省级甚至国家级工艺美术大师的身份相差甚远；二是铁画行业长期以来社会的认同率较低。

4. 题材缺乏创新。大部分铁画题材较为传统，仍停留在山水松竹一类的题材上，缺少创新意识，一位传承人在受采访时所说："我女儿最近新作可以打90分，这幅画突破了画框，他们年轻人的脑子里有东西，他们有自己的思想。"铁画技艺作为非物质文化遗产，其艺术创新和技艺传承都是很重要的，然而重"技"偏"艺"的现象却普遍存在着。他们不知道的是"技"与"艺"的相得益彰才是芜湖铁画在过去的岁月中能够辉煌一时的重要原因。

5. 装裱工艺的不成熟。俗话说"三分画，七分裱"。在铁画的早期发展中，装裱技术简单。一幅铁画的完成不仅需要经过防锈处理，还要对铁画进行其特殊的装裱，如木工做框，漆工做漆，再由装裱师装裱。我觉得防锈技术的改良是铁画作品能够长时间保存和欣赏的重点。

五、小结

2006年5月20日，芜湖铁画锻制技艺经国务院批准列入第一批国家级非物质文化遗产名录，但铁画艺术的发展仍需要锻铁工匠和画家的共同努力，加强铁画艺术在研究、传承、创新与推广等各方面的工作。需要进一步丰富铁画艺术的文化内涵，充分发掘其的人文价值，将技艺与文化产业相结合，有效提高企业的经营理念和管理效率，从而提升铁画艺术作品的受众品味。

在信息化时代来临之际，人们逐渐对钢筋水泥等工业环境产生了厌倦，而对现代生活中充满人情味的手工制品变得热衷，这是消费者对传统文化艺术的一种回归，铁画艺术正迎着这股潮流而上。中华民族的强盛必须借助民族文化的传承与演进，而铁画艺术的文化内涵正像是一棵傲然挺立的"迎客松"，彰显着中华民族的气节与精神。

## 教学案例三：伞间开合——浅析福州油纸伞的制作工艺

作者：2019级设计15班　陈芝宇

"撑着油纸伞，独自彷徨在悠长、悠长又寂寥的雨巷。"这是诗人戴望舒在《雨巷》中所描绘的景象，然而这充满意境的场面并非是诗人凭空捏造，在许多年前的福州塔巷，也能见到如此情景。在这无数的伞间开合中，留下的是福州油纸伞手艺人最为质朴的匠心工艺。

《孔子家语》载："孔子将行，命从者持盖。"以此可以看出中华伞的文化历史悠久，中国是世界上最早发明雨伞的国家，因此也被称作是伞的故乡。在中国由于地理环境这一因素的影响，南方地区多雨，伞因此成为了福州人居家必备的工具之一。福州油纸伞作为中国传统文化的一种外在表现，秉承着"实用"的原则，从五代十国时期出现至今已逾千年，是中国油纸伞的一大重要分支，造福了没有尼龙伞时的南方人民，它在福州人的日常生活中占据着十分重要的地位，福州油纸伞也被福州人称为"包袱伞"，"包袱"与"保福"谐音，这其中不仅意指福州人出门包袱中必会携带纸伞，还蕴含福州人对于生活的美好愿景。

提及福州油纸伞的历史，据《福州史志》记载可以追溯到闽国初建时期，闽王王审之将油纸伞带往南方，油纸伞这一技艺随着中原与江浙一代南下入闽，在福州地区广为流传，随着油纸伞制作工艺的不断改良与提高，油纸伞这一行业在清朝时得以繁荣发展，在清末福州贩卖油纸伞的商户一度多达300余家，纸伞也广销海外，同时在辛亥革命后的抵制日货的运动中，福州人将油纸伞作为"国伞"，这也使得福州油纸伞成为福州三宝之一，与角梳、脱胎漆器并列。

福州油纸伞的制作工艺十分独特，这不仅是因为在制作纸伞时所使用的材料都十分考究，还因为这其中每一步制作工序都是环环相扣，要经过多达80多道工序才可以完成。在这众多的工序之中，最为主要的工序有六步，分别是选竹、做骨架、上伞面、绘花、收型和上桐油。

在纸伞骨架的选择中，福州油纸伞就地取材，严格选用福建本地三年以上竹龄的闽北青山老竹，这是由于福建森林资源丰富，气候条件适宜竹类生长，福建本地竹林面积大、竹类种类繁多，而闽北所产的毛竹是全国竹纤维排列最为密集的竹子。福建位于亚热带地区，也是台风的高发地段，这种毛竹排列严密，做成的骨架坚固，因此可以抵挡住8—10级台风的肆虐；而在上伞面这一工序中，选用的也是与其他地区采用的皮纸所不同的福建特产绵纸，这种绵纸是芦苇特制，纸张韧性强，可以做到纸伞开合3万次以上不开裂、不漏水，哪怕是在炎热的夏天，伞面也不会发泡；绘画上多以山水、人物、花鸟为主，古色古香，看起来别有一番韵味；收型这一步骤是为了让伞面可以更好地贴合骨架，要知道在整把伞上最为脆弱的部分就是伞的伞面，而收型可以让伞面在使用的过程中不容易出现起边、漏水等问题，这也有益于延长纸伞的使用寿命；而最后一道工序上桐油，采用的是天然桐油，不仅没有污染，还可以利用桐油本身的特性很好地保护伞面，通常上桐油这一步骤要重复多次，先在三伏天集中涂刷三次，等这部分的桐油干了后再补刷一次，以此来巩固先前绘花的颜色和图案。同时在所有桐油都干了以后，伞面上还会留有清香味，给纸伞增添另一番韵味。油纸伞取材于自然，与我们现在追求环保的观念相吻合，从这些工序和选材中可以领悟出人与自然的审美哲学。

福建的闽北青山老竹

福建特产绵纸

福建特产绵纸

1. 选竹。对竹子的选择有着严格的要求，基本上采用福建本地所产的毛竹，并且要求竹龄达到三年以上，这是由于福建本地毛竹排列紧密，能很好抵御台风的侵袭。

2. 做骨架。选择好制作所需的毛竹，接着采用传统手工的方式进行削条，并将表面打磨光滑。

3. 描花。描绘的内容多为山水、花鸟和人物。将伞骨架撑开后，找到合适的角度后进行描花，之后再在伞面上涂刷上一层桐油。

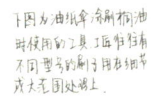

4. 收型。收型是为了让伞面可以更好地贴合骨架，要知道整把伞最为脆弱的部分就是伞面，而收型可以让伞面在使用的过程中不容易出现起边、漏水等问题，这也有益于延长纸伞的使用寿命。

5. 涂刷桐油。采用的是天然桐油，它很好地保护伞面不受侵蚀，通常上桐油这一步骤要重复多次，先在三伏天集中涂刷三次，等这部分的桐油干了后再补刷一次，以此来巩固先前绘花的颜色和图案。

下图为油纸伞厂涂刷桐油时使用的工具。工匠中使用不同型号的刷头可以涂刷大花园细节或大花园细节上

下图是工匠常用的多刀类的一种，称其用途这个号课后的切条，刀柄与刀刃加上使用上工匠可以更好地发力

福州油纸伞的制作工具繁多，主要可以分为刷类和刀类两大类别。其中刷类主要用于纸伞制作过程中涂刷桐油，不同型号的刷头可以涂刷纸伞的不同部位。另一大类刀类主要用与纸伞制作前期对竹子的切割和分条，在这一类中比较有代表性的是短柄式的横刀。与其他刀类相对比，使用短柄式的横刀在切隔竹条时更易掌握力度，使用起来更加顺手。如果要锯断或切割整个竹子，往往采用刀面更大的刀具，这样受力更加稳当。工匠们深谙制作的繁琐，因此工匠在制作时，会根据具体情况使用不同的工具，可以说每一个工匠都有一套得心应手的工具，这些工具往往陪伴工匠从学徒到手艺人的全过程，经历岁月沉淀，工匠对它们都有着浓厚的感情。

油纸伞经久耐用，不仅与制作工艺严谨、选材严格有关，还与其特有的结构有关。油纸伞主要由伞布头、伞骨、跳子、伞柄这几部分构成，每一个部分都有其精妙之处。纸伞收合后，伞骨围绕骨架收起，整把伞的形状呈现圆锥形，这样一来可以减小纸伞的体积，在不使用的情况下便于收纳和收藏。而在伞骨撑开时，交叉的批子构成了多个三角形紧密排列在一起，这增强了骨架的稳定性。伞杆上的跳子，遵循力学原理，使得伞的一开一合都可以轻松自如。由此可见，福州油纸伞的结构在美观的基础上兼备美学和力学。

从伞体结构来看，油纸伞的造型符合劳动人民的传统观念。油纸伞的伞面为圆形，象征着圆满、团圆，而纸伞撑开以后的十字形，代表了十全十美的含义。伞顶用伞布头包着的部分形状类似葫芦，因此有"福禄"的说法。油纸伞伞面上的不同图案也有着各自丰富的内涵，在不同场景下，人们会通过使用不同图案的伞来表示当时的心境。例如在有喜庆氛围的婚聘场景下，人们所选择的图案往往是"天仙配"或者"龙凤呈祥"一

打开的纸伞

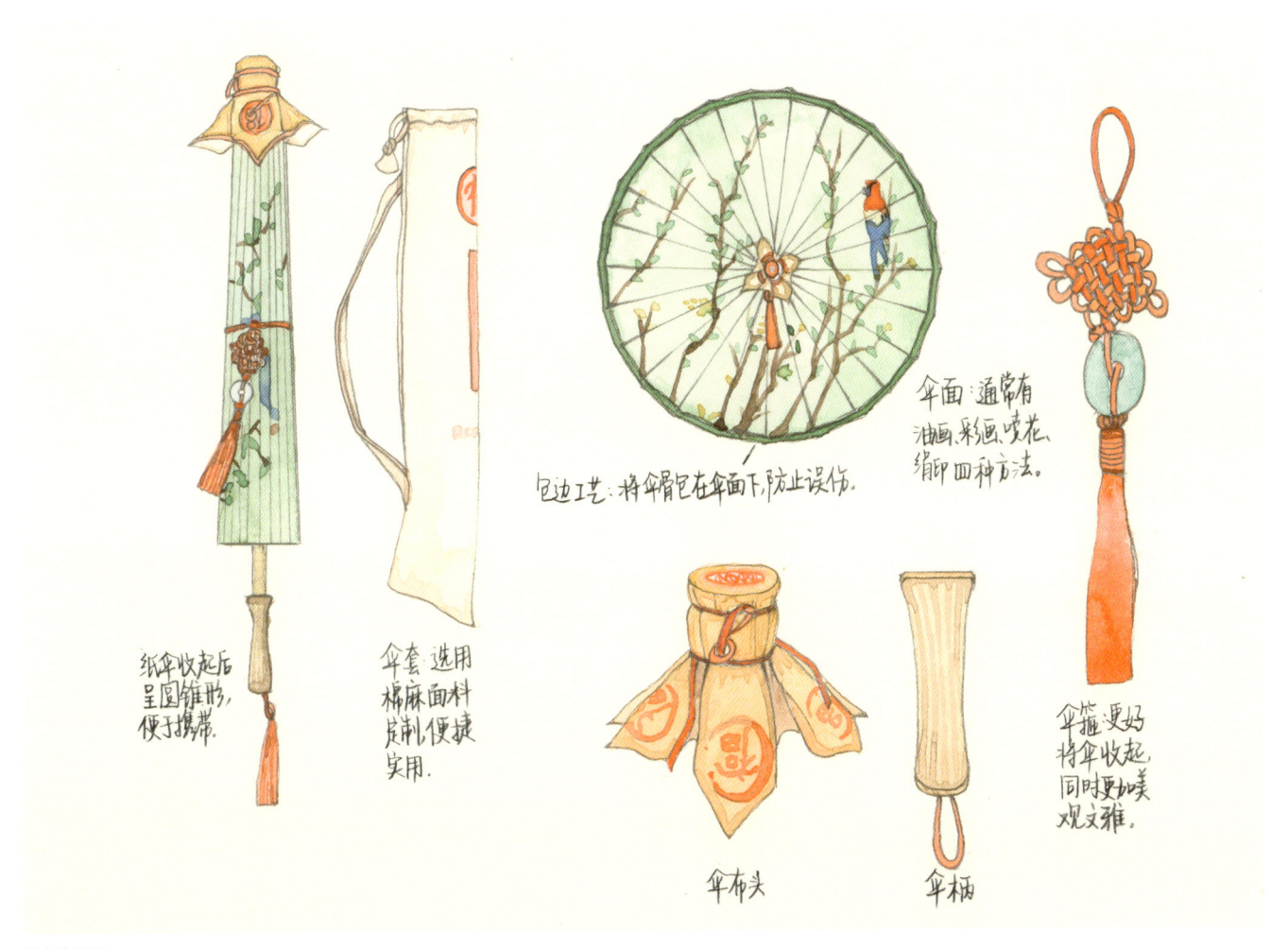

纸伞分解图

**伞布头**：类似于古代书童头上的头巾，以棉布或其他材质的布料包紧整个伞头，并用两股红绳平行捆绑，不仅可以保护伞头，还可以起到装饰作用。现代油纸伞往往会在伞布头上印上商标。
**伞柄**：基本采用和伞骨架相同的竹材制作，伞柄大多呈现上大下小或者波浪状，握法符合人体结构，伞柄底部坠上红绳便于悬挂或手提。
**伞箍**：伞箍的样式往往没有硬性规定，它的主要作用是将伞面收紧，便于收藏和携带。伞箍属于现代油纸伞提出的新概念，旧时的纸伞基本没有伞箍。

伞的骨架从顶部看呈现两个同心圆。

伞的支撑符合力学原理，每两竹杆间呈三角形，保证稳定性。

油纸伞骨架

油纸伞骨架线框建模

油纸伞骨架拆解建模

油纸伞骨架建模

伞面图案

122

类的样式。而在庆寿时，人们往往选择"松柏之寿""彭祖老仙"等纹样，以此表达对寿者最衷心的祝福。如果是亲朋好友间的互赠纸伞，纸伞往往传递着共愿安康、相亲相爱的含义，给被赠予者带来温暖。

油纸伞曾盛极一时，很大原因是由于福州油纸伞就地取材，受众广，而油纸伞的替代品竞争力不强，所以油纸伞在民国初期市场占有率较高。但其重量重、携带不易、容易破损等短板也随着时代的发展显得尤为明显。1956年成立的福州伞厂，在20世纪80年代职工曾多达八百余人，日产量也十分可观，接近十万把。而随着现代尼龙折叠伞的出现，人们发现油纸伞并非不可替代的，尼龙伞无论在美观程度还是便携性方面都更符合人们的需求，油纸伞行业受到前所未有的巨大冲击，从一开始家家户户皆备纸伞于家中，到后来民众基本都选择使用尼龙伞，纸伞在这一变化过程中慢慢地退出了人们的生活，福州伞厂也于1996年宣布解散。

油纸伞在这多年的历史中，经历过衰落的阶段，但好在其取材自然的环保概念，加之自身也在演变的过程中发生良性改变，所以仍然可以出现在当今人们的生活中。在采访父亲的过程中我了解到，在他的童年时期油纸伞还是属于福州人生活中比较常见的物品。在这个时期的纸伞骨架通体采用毛竹来制作，因此在我询问父亲对那时候纸伞的印象时，父亲第一反应是"笨重不已"。骨架通体使用竹材料，这样虽然坚固，但也造成纸伞普遍较重，严重影响到了纸伞的便携性。而在实地考察中，我也在工匠手中买到了现在市面上常见的纸伞，我发现，如今的纸伞已经将骨架中一些小的支撑杆替换为了绕线，选择韧性强的线再加以严密缠绕，在稳定性上可以与先前的版本相媲美，但在重量上后者比前者更胜一筹。

当今福州油纸伞重回大众视野有很大一部分原因是在2015年时福州油纸伞的申遗成功，纸伞的传承人依靠自身的努力，重新让这一技艺走进千家万户人的生活。在此次关于福州油纸伞课题的研究过程中，我有幸采访到了福州油纸伞传承人严先生，在与他进行了大约半小时的交谈中，我明白了纸伞工艺技术的复杂性以及纸伞传承地不易。在福州，能找出的油纸伞手艺传承人寥寥无几，大多数手艺人迫于生计早已转行。严先生半路出家，凭借着自身对油纸伞这一行业的坚定以及作为传承人的责任感一步步走到了今天，但在谈到手艺传承的过程中遇到的最大困难时，他也提到关于纸伞的价格问题。由于工序的复杂再加上选材的严格，油纸伞的价格往往比普通伞高出好几倍，如今购买纸伞的人群主要是来福州的游客或者少量的本地人。现在能看到的福州油纸伞，为了考虑符合现代人的喜好，大多将伞面上的纹样更换为了更符合现代审美的图形，这些纸伞作为一件件工艺装饰品，陈列在福州的旅游商店，供人们拍照、收藏，却鲜少有人真正购买。

漫步于福州塔巷，把把纸伞高高悬挂于塔巷的空中，与装点的紫色花朵交织，相映成趣，巷子的墙壁上装饰着各式各样、大小不一的纸伞。沿着小径走下去，路边装饰的壁画栩栩如生，让人忍不住联想到江南小巷的诗情画意，静下心来，可以闻到桐油的淡淡清香，仿佛将自己置身于画面中，感受到多年前福州人的情怀。作为一种伞面上的艺术，福州油纸伞在保护传承仍然存在着许多困境，对此我们应当改变观念，挖掘这些工艺品背后深刻的文化内涵，树立我们的文化自信，给予中国传统手工艺合理的生存空间，让这些具有浓厚民族风韵的油纸伞作为一种美的要素存于当今社会，旧的事物未必都是不好的，取其精华后照样能够使其熠熠生辉。

**参考文献**

[1] 丁凡倬. 传技·守艺[J]. 辽宁美术出版社. 2018：70—71.

[2] 匿名. 福州这三个老物件，有历史，有生活，有艺术[J]. 福建省轻纺有限责任公司. 2017：36.

[3] 程金良. 闽北毛竹林生态经营浅析[J]. 2018：138—141.

[4] 王献颖. 闽北竹业资源利用及其发展趋势研究[D]. 福建农林大学. 2015：18—19.

[5] 齐超. 基于研学旅游的福州油纸伞非遗活态传承研究[D]. 福建师范大学. 2018：26—30.

## 4. 福州脱胎漆器工艺研究

作者：2018级5班　江绿蔓

# 脱胎漆器

　　福州脱胎漆器很早就有"三山艺巧，四海独绝"的美称。它之所以享誉国内外，得力于其他独特的制作工艺，行话说"瘦肥美丽文为眼，骨肉皮筋巧坐神"，脱胎漆器千文万华的漆艺效果也源于它工艺技法的丰富。脱胎漆器，作为一件艺术品，脱胎漆器轻巧耐用、典雅美观，作为非物质文化遗产，脱胎漆器之上舞动着的，是迸发的激情和色彩。而在脱胎漆器背后，则是漆器手艺人绽放于心的诗意，外化于形的坚守。如今，这门古老的手艺也吸引了越来越多人的重视和关注。

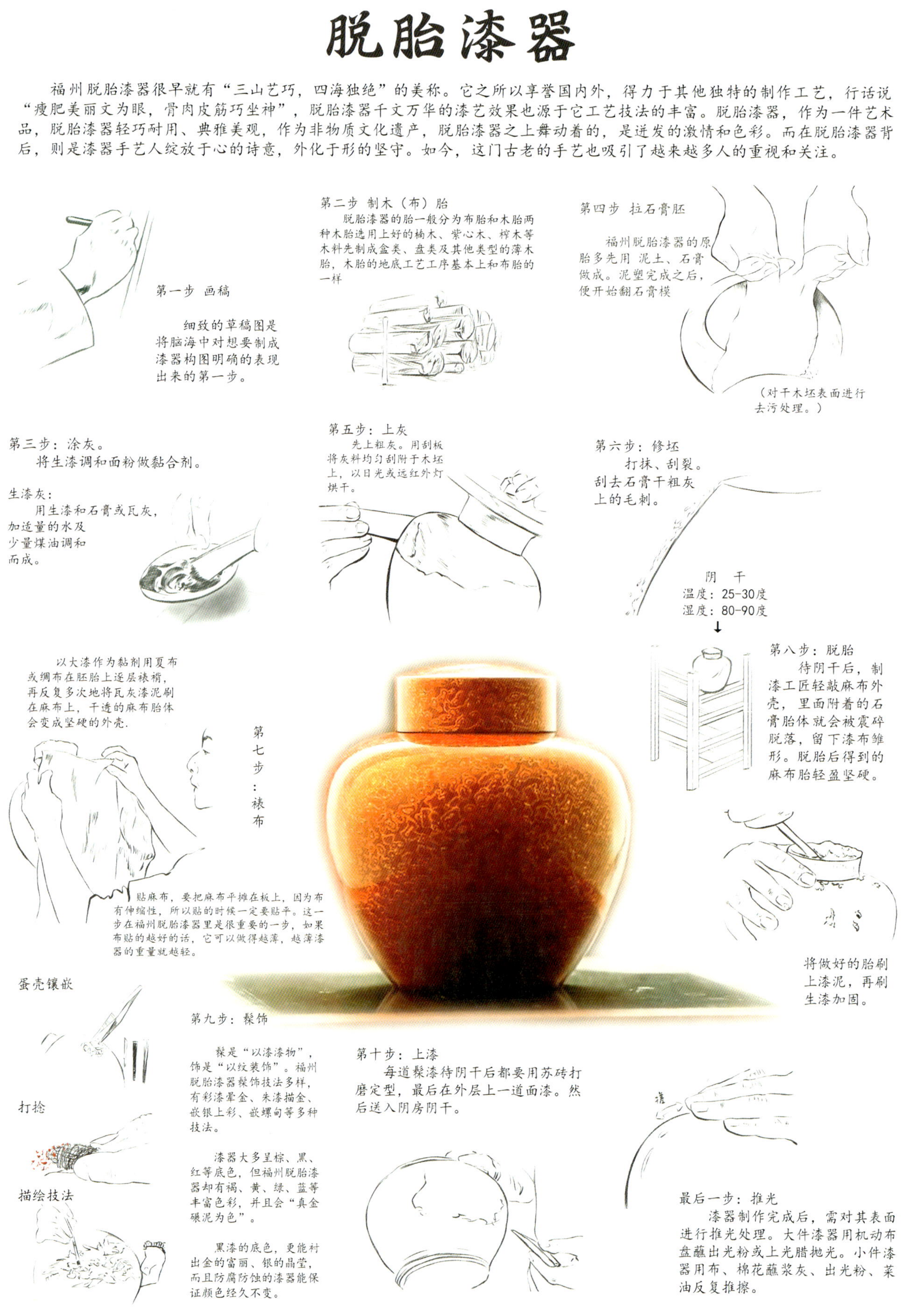

**第一步 画稿**
细致的草稿图是将脑海中对想要制成漆器构图明确的表现出来的第一步。

**第二步 制木（布）胎**
脱胎漆器的胎一般分为布胎和木胎两种木胎选用上好的楠木、紫心木、榉木等木料先制成盒类、盘类及其他类型的薄木胎，木胎的地底工艺工序基本上和布胎的一样

**第四步 拉石膏胚**
福州脱胎漆器的原胎多先用泥土、石膏做成。泥塑完成之后，便开始翻石膏模

（对干木坯表面进行去污处理。）

**第三步：涂灰。**
将生漆调和面粉做黏合剂。

**生漆灰：**
用生漆和石膏或瓦灰，加适量的水及少量煤油调和而成。

**第五步：上灰**
先上粗灰。用刮板将灰料均匀刮附于木坯上，以日光或远红外灯烘干。

**第六步：修坯**
打抹、刮裂。刮去石膏干粗灰上的毛刺。

阴干
温度：25-30度
湿度：80-90度

**第八步：脱胎**
待阴干后，制漆工匠轻敲麻布外壳，里面附着的石膏胎体就会被震碎脱落，留下漆布雏形。脱胎后得到的麻布胎轻盈坚硬。

以大漆作为黏剂用夏布或绸布在胚胎上逐层裱褙，再反复多次地将瓦灰漆泥刷在麻布上，干透的麻布胎体会变成坚硬的外壳.

**第七步：裱布**

贴麻布，要把麻布平摊在板上，因为布有伸缩性，所以贴的时候一定要贴平。这一步在福州脱胎漆器里是很重要的一步，如果布贴的越好的话，它可以做得越薄，越薄漆器的重量就越轻。

将做好的胎刷上漆泥，再刷生漆加固。

**蛋壳镶嵌**

**第九步：髹饰**
髹是"以漆漆物"，饰是"以纹装饰"。福州脱胎漆器髹饰技法多样，有彩漆晕金、朱漆描金、嵌银上彩、嵌螺甸等多种技法。

**打捻**

漆器大多呈棕、黑、红等底色，但福州脱胎漆器却有褐、黄、绿、蓝等丰富色彩，并且会"真金碾泥为色"。

**描绘技法**

黑漆的底色，更能衬出金的富丽、银的晶莹，而且防腐防蚀的漆器能保证颜色经久不变。

**第十步：上漆**
每道髹漆待阴干后都要用苏砖打磨定型，最后在外层上一道面漆。然后送入阴房阴干。

**最后一步：推光**
漆器制作完成后，需对其表面进行推光处理。大件漆器用机动布盘蘸出光粉或上光腊抛光。小件漆器用布、棉花蘸浆灰、出光粉、莱油反复推擦。

《福州脱胎漆器工艺研究》展板介绍

## 5. 寿山石雕工艺流程分析

作者：2018级设计5班　孙嘉

《寿山石雕工艺流程分析》展板介绍

# 第十节 器具与传承

器物的传承包含三个方面：人、技、物。

人的传承，即制作器物的手艺拥有者和传承者，是技艺传承的主体。随着城市化进程，手艺人生存的外部环境正在改变，市场经济驱使他们放弃原有手艺，转而通过进城打工、个体创业等方式脱离村镇生活、增加劳动收入。这造成了手艺人年龄偏高且人数逐渐减少、手工艺传承后继乏人等问题，手艺生存与保护状况不容乐观。

技的传承，即器物在制作工艺流程、劳动组织方式、产量质量维护等方面的传承情况。我国古代工匠的技术传承有序，且发展成熟，在《周礼·考工记》中记载木工生产行业有七种，有造车的"舆人"、造轮的"轮人"、制弓的"弓人"、制戈戟木柄的"庐人"、制作木弯梨的"车人"、制作钟磬木架的"梓人"和盖宫室房屋及制作室内木器的"匠人"。生产生活的多样性也逐渐产生了如石匠、瓦匠、漆匠、篾匠、皮匠、铁匠、裁缝、白铁匠、泥水匠等一批手工业者。由于大部分技艺已不能适应现代化的生产和生活方式，加之师徒、家庭、作坊等传统形式的技艺传承面较窄，使器物技的传承岌岌可危。

物的传承，即器物本身在使用上的延续性，考察对象涉及与生产劳动、衣食住行、休闲娱乐等相关的器物。人的生产和生活方式决定了物的存在方式，它们在不同社会进程中有着不同的形态、材料和工艺，同时伴随着不同的使用习惯和使用寿命。特别是传统器物，它凝结了大量的劳动和智慧，蕴含了中国人的传统审美和对自然的理解。但是现代人的生活方式让传统的物被迫退出家庭，我们只有在一些村镇中还能见到它们零星的身影，而大部分已是博物馆、陈列馆的展品，并借助影像和说明牌述说着它们的往事。

器物的传承在总体上来说维系艰难，主客观原因都使这些传统手艺站在消亡的边缘。一是制作器物的原材料供应不足甚至断裂，例如苏州品质优良的缂丝所用的生丝原料需要从日本购买，其品质、种类和价格都受制于人，极大地限制了缂丝创作水平的进一步提高和产业提升。二是在市场经营方面存在一定问题，除少部分如紫砂壶、毛笔等仍有市场需求外，多数传统器物都存在市场需求和客户定制有限、产品加工和销售周期长的特点。三是传承人的培养问题，一方面手艺人多数年老体弱，年轻人在接受程度、掌握时间和技艺水平上参差不齐，而且多数人对手艺的理解是吃苦多、赚钱少、不易学，从而使从业者数量不断减少；另一方面行业内部市场竞争激烈，传承人往往有着"教会徒弟饿死师傅"的心理负担，使技艺得不到全部传承，最终造成人亡艺绝。

器物的传承在社会快速发展的今天还表现出了另一种面向，即以物为载体的惜物精神与节俭的家风传承。每一件曾经陪伴着我们生活的物，都是劳动人民的辛勤创造，都承载着我们的生命记忆，因此，惜物也是对自我生命的尊重。惜物不仅是一种"待物之德"，也是一种惜物谨身、惕励自做的精神修养之道。惜物不仅在物资匮乏的年代要做到，在生活优渥的时候更加需要坚守。如果一个人自小养成艰苦朴素、勤俭节约的生活习惯，就会懂得自我约束、知道感恩馈赠，就能在人格方面不断丰满，在精神层面不断强健，从而炼就吃苦耐劳、不屈不挠的意志品质，成为一个敢于直面任何困难、迎接任何挑战的人。节俭作为中华民族的传统美德，也体现了作为个人的行为方式、精神境界和文化追求。静以修身，俭以养德，只有认识到这些"传家之宝"对于小家和大家的意义，才能让自己在消费社会的大潮里汇集精神能量，专注内心修养，做到淡泊明志，宁静致远。

思考题：

① 在人、技、物的传承中，各自承载怎样的意义？它们是如何相互联系的？

② 对于一件器具或一门工艺现状，我们如何还原它的过去，阐释它的未来？如何使其承担起时代的文化责任？

③ 具有社会和历史维度的造物研究，我们如何从整体的框架下来理解器具的传承？

位于仙居县西门街的这条明代老街原有4家打铁铺，自2012年建设改造后只剩下1家。店主张老伯生于1940年，16岁跟随其父进入仙居铁器社打铁，虽然铁器社时散时合，但他一直坚守自家祖传的打铁铺，成为他所有的生活来源。张老伯育有六女一子，儿子继承了这门祖传的手艺，到他这里算是第五代了。打铁一般需要二人搭档，经验丰富的师傅掌主锤，右手握小锤，左手握铁钳，在锻打过程中，要凭目测不断翻动铁料，下手握大锤进行锻打，并同时要拉风箱、烧铁料。铁铺打犁、耙、锄、镐、镰等农具，也打菜刀、锅铲、刨刀、剪刀、等生活用品。二人每月的收入一般在4000元左右，遇上差的月份只有一半。在仙居原有的十几个铁铺中，像张老伯父子这样搭档的已经没有了。张老伯的儿子也说："若是哪天父亲打不动了，他也就改行或者出去打工，一是因为没了搭档不好配合，二是没人用打的铁器了。"

**教学案例一：外公的"传家宝"（节选）**
作者：2019级设计15班　谢星语

一、引言

家风家训可以说是一个家庭乃至家族的风尚传统。它来源于族中家骥人璧对后辈的殷切期望，凝结了家庭长辈优秀的品行人格，是针对家族成员为人处世之道的道德准则。

"天下之本在国，国之本在家"，"家风是一个家庭的精神内核，也是一个社会的价值缩影"，从古至今关于家的话语都说明了家风在整个社会、国家的重要性，而它也正凝结了中华儿女几千年不变的文化传统美德之精华。

我从家庭出发，由外公的一生经历为主线，将外公纷繁的人生经历化简归一。在时代变迁下小人物、小家庭生活的发展变化巨大，但是一个家庭的内在核心始终在时间的流逝下历久弥新。我原以为家国情怀是一个宏大的课题，可当我发现每一个家庭成员的人生轨迹都会互相影响从而产生"蝴蝶效应"时，从小我至小家，从小家再到社会，"我"与家，家与"国"的联系由此逐步递进深化。

一个家庭对人影响最深的则是长辈的言传身教，也就是家风给予每个人的无声烙印。总的来说，家训、家风在一些具体的表现上是类似的，都是通过口口相传或物的传承等方式来传达中国传统美德与良好生活的作风。但落实到每一个具体家庭来看还是有所区别的，它承载着家族的独特记忆。勤俭节约是外公最突出的品质，因此，我开始从外公身上寻找我家家风的缘起。

二、外公的"传家宝"

外公一生踏足过的地方很多，他的脚步基本遍布了全中国。在部队时，随部队各地奔波，之后由于工作需要，他也总是频繁出差，积极参与国家电厂建设，国家哪里需要进行电网建设他就往哪儿跑。无论是从事军人职业还是身处管理岗位，他始终一心忠于国家，紧跟党的脚步，干一行爱一行，爱岗敬业、朴素节俭、默默奉献。

谈及外公的人生转折点，那肯定要说到他参军和参与抗美援朝战争的经历。上甘岭战役时，缺乏水资源就喝尿，缺乏干粮就饿肚子，没有子弹就上刺刀。在战争中，物资极其匮乏。只有经历过什么物资都缺乏的年代，才更懂得珍惜。物尽其用，外公严谨自律、崇尚俭朴的品格也由此奠定。

外公遗留的衣服很少，仅剩下一件军大衣与一件简单的工作服。妈妈说外公的许多衣服要穿到不能穿，甚至是补丁都打

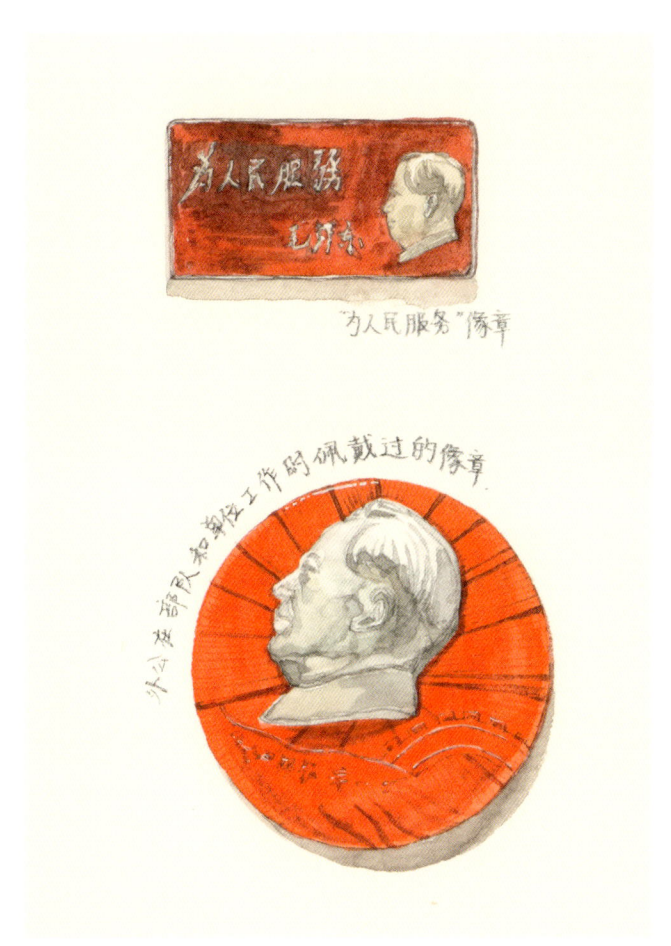

"为人民服务"像章

外公佩戴过的毛主席像章

外公的"和平万岁"纪念章

外公的空军工作服

不上后才会换掉。最值得一提的是一只钢盆，这是当年外公抗美援朝复员后，利用遗留的炮弹钢熔铸而成，据外婆说，当时生活实在穷困，一直到了后来生活水平提高了也舍不得扔掉，于是变成了一个纪念品。外公留下的书本册子多达数十本，记录了他各个时期的工作，其中有在步兵学校时期写的学习笔记与总结反思，有机械工程方面的专业知识与工作上遇到的问题，也有他在任居委会主任时各支部的详细工作安排和会议记录，这些本子让我感受到外公踏实、认真的工作态度。另外还有些零散的纸张、票据，都是外公的记账清单，记载了他在生活上的精打细算。

勤俭节约是外公一直贯彻的品格。为了衣服多穿几年，他学会了针线，为自己的破衣服上补补丁。后来外公购置了一台缝纫机，自己做衣服、书包等，大姨的书包就是外公用他的军用旧书包改制而成。随着家里生活水平的提高，到现在我们也总是秉承着勤俭的态度，不多买、不乱买，在服装上也绝不铺张浪费。

我的母亲将外公勤俭节约，不铺张浪费的品质延续下来。从孩提时代母亲就教育我"谁知盘中餐，粒粒皆辛苦"，到长大后的"历览前贤国与家，成由勤俭败由奢"。点点滴滴的生活日常，在外公的影响下，"俭"家风也由此流淌进孩子们的心中。

三、"俭"家风的形成与发展
1. 家风的内涵及特征
一个家庭在继承发展中所逐步形成的较为稳定的行为方式、生活作风、传统观念、道德规范等各方面起到规范性作用的总结，即所谓的家风门风。

在不同的家庭中，伴随着不同的地域环境、家庭历史，家风的本质也会发生相应的改变。以"俭"家风为例进行分析，其形成受到时代背景与个人经历、观念的影响，具有时代性与传承性的特质。外公前半生身处于物质较为匮乏的年代，他年少时的惜物观念形成了勤俭持家的理念与生活作风，继而我在长辈们思想观念的指引下不断继承发展。

2. "俭"家风的具体内容
以"俭"为核心，这是家风的内核。俗话说"成由勤俭败由奢"，汉文帝曾以"履不藉以示朝"；北宋司马光以回首过往、今昔对比的口吻教导子女崇尚节俭，由此提出了"由俭入奢易而由奢入俭难""俭能列名得福，奢必招祸自败"，分析"俭"与"侈"的利弊得失，以此来勉励子孙后辈须保持行俭

炮弹制的钢盆

空军军服内额度暗袋与修补后的军装

外公用的公文包和腰包都已发白脱线

戒奢的家风。表现在个体之上，只有先提升自己的品行涵养、专业素质，才能更好的追求个人幸福。

"俭"家风往往体现在生活中的一些细微之处，也是一个家庭言传身教的成果。以修身做人为立身之本，勤俭节约为基础遵循，言传身教为主要手段的家风传承，更是反映了一个家庭的乃至群体的思考方向。强调勤俭持家的理念，强化无声的内化涵养，身体力行地给予后辈影响，家风才能代代延续、经久不衰。勤俭持家，是中华民族的传统美德。直至今天，"勤俭节约，艰苦奋斗"仍是被不断呼吁的话题。

3. "俭"家风的继承与发展

在古时，人们对家风极其看重；近年来，在时代的呼吁下，我们重新燃起了对家风的思考。但是，目前人们对家风的认识还是较为浅薄，对传统风尚的理解与施行还是被严重忽视，所以我们更需要重拾家风来谈传统美德的继承与发展。

"俭"家风在实际生活中所呈现的状态是"惜物"精神的内化。知物、用物、惜物，旧物往往代表着一代人的记忆符号，它更多表达了人们的一种精神风尚，一个时代人的悲欢喜乐。人们的衣着越来越华丽，但服饰的淘汰率越来越高；人们餐盘中的食物越来越丰盛，但餐厅的空盘率却越来越低；人们的物质生活越来越富足，但人们对勤俭节约的意识越来越弱。许多人将派头、排场看得很重，在一些人眼中"惜物"可能是小气抠门的表现，但它实际上却是秉持着节俭的美德而赋予旧物件以新的价值。珍惜自然的馈赠，珍惜彼此的劳动，珍惜自己的选择，惜物就是积德纳福。不管在什么年代，惜物都是优良品德，值得人们去推广。

家风是中华传统中精神风貌和文化内涵的一个重要载体，我们必须对家风传统的延续持有积极坚定的态度。勤俭节约不只是存在于人们高喊的口号中，更多的应该内化于人们的心中，成为日常生活的一部分。旧物旧史拾"俭"家风，外公的"传家宝"不仅是他留给我们的这些老物件，更是惜物的生活态度和节俭之风。我以物来追忆外公，警示自我，这正是物的传承意义所在。

外公的工作笔记本

外公的日常用品及亲手缝制的小布袋

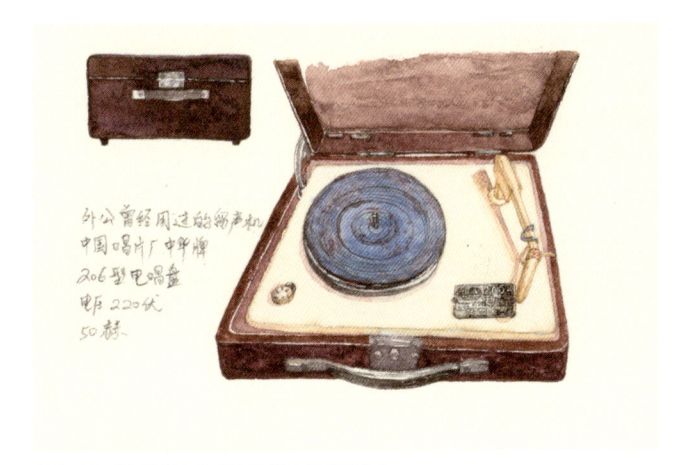

外公对生活的热爱也体现在他用过的留声机上

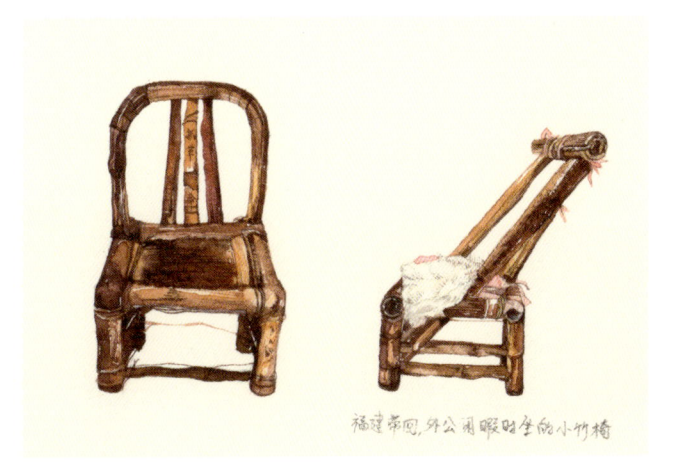

外公的竹椅

## 教学案例二：漆艺与材料的传承与创新

作者：2018级设计5班 杨正怡

中国是世界上最早制作漆器的国家，我们的先民从新石器时代开始就认识了漆的性能并用以制器。历经商周直至明清，中国的漆器工艺不断发展，达到了相当高的水平，并对亚洲其他国家产生深远影响。

当代漆艺应是建立在传统漆器上的创造。在古老的漆文化正在被人们重新衡量和认识的当下，对传统材料和技法的重拾、对新材料的挖掘和技法的创新，不仅可以改变漆艺表现的形式美，更能启发人们对艺术的想象，改变对传统表现媒介的观念。

调研通过对传统漆艺材料的时代特征、媒介种类、肌理效果、工艺特色等方面的考察，探究现代漆艺如何实现对传统漆艺的传承和创新。传统漆艺赋予了创作者取之不尽的宝藏。我们处于一个多元发展的时代，传统的材料、技法和题材已不再满足消费者的需求。而随着对漆画材料语言的研究创作应运而生，漆画艺术与现代艺术观念相互作用，促使漆画的审美价值和艺术表现力更富时代感。如何更好地运用新手段将新材料作为载体来表现漆画艺术，如何在现代漆画创作中把人的艺术思想、内心情感、审美情趣更好地表现出来，成为现代漆画表现的核心问题。如果我们能在尊重、吸取、提炼传统漆艺技法及表现手段的基础上，吸收各种新观念、新表现、新材料，归纳和总结其创作语言体系，才能将现代思维、意识与传统中最能和现代艺术结合的部分相融合。

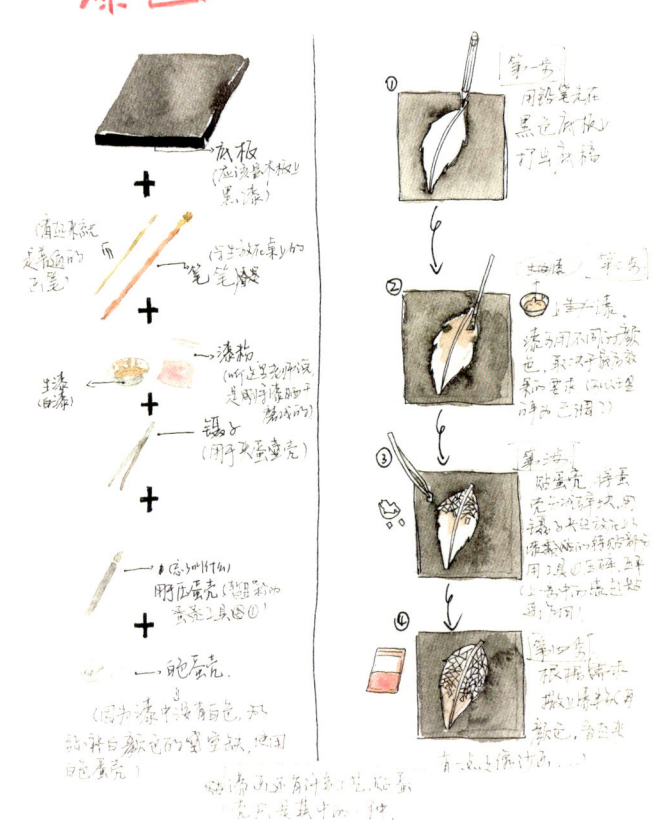

漆画制作流程（徐可歆）

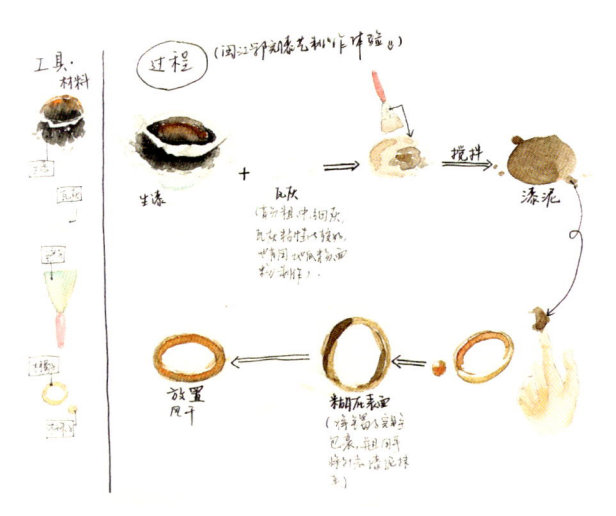

漆手镯的制作流程（徐可歆）

漆画工具（徐可歆）

《现代漆艺与综合材料的创新结合》展板介绍

## 教学案例三：中国古代家具的款式与流变研究

作者：2018级设计5班　戴心悦、廖云鹏、徐可歆、王若雪、施君琳、赵佳、施平丰、叶小艺、金佳恬、冯梦秋、胡琦珍、孙嘉

一、中国古代家具的发展

中国是世界家具史上起源最早的国家之一，它起源于夏朝，经历了不同的发展阶段与变革。

原始社会木结构建筑的出现推动了家具的发展。我们可以从商、周的青铜器中看到早期家具的雏形。春秋、战国时期，手工业高度发展，漆木家具出现。这个时期是中国家具的发展期，主要品种有案、俎、几、床、箱、禁、屏、席等，及至两汉，都以比较低矮的家具为主。

魏晋南北朝时期是中华民族的大融合时期，各民族之间文化、经济的交流对家具的发展起了促进作用。此时新出现的家具主要有椅、凳、杌、橱、笥等。床已明显增高，可以跂床垂足，并加了床顶、床帐和可拆卸的围屏。坐类家具品种的增多，反映垂足坐已渐推广，促进了家具向高型发展。

隋唐五代时期，由于垂足而坐成为一种趋势，高型家具迅速发展，并出现了新式高型家具的完整组合，它一改六朝前家具的面貌，形成流畅柔美、雍容华贵的唐式家具风格。典型的高型家具，如椅、凳、桌等，在上层社会中非常流行。《通雅》记载："倚卓（椅桌）之名见于唐宋。"六朝已有椅凳，唐代更趋流行。家具高型化又对住室高度、器物尺寸、器物造型装饰产生一系列影响。也在这一时期，家具向成套化发展，种类增多，大致可分为：坐卧类，如凳、椅、墩、床、榻等；承物类，如几、案、桌等；贮藏类，如柜、箱、笥等；架具类，如衣架、巾架等；其他还有屏风等。

宋代是中国家具承前启后的重要发展时期。宋代，垂足而坐的椅、凳等高脚坐具已普及民间，结束了几千年来席地坐的习俗。宋代家具以造型淳朴纤秀、结构合理精细为主要特征。宋代家具重视外形尺寸和结构与人体的关系，工艺严谨，造型优美，使用方便。元代家具多沿袭宋代传统，但也有新的发展，结构更趋合理，为明清家具的进一步发展奠定了基础。

明代手工业的进一步发展，许多文人雅士参与了室内设计和家具造成型研究，这些都促成了明代家具的大发展。王世襄先生在《明式家具研究》一书中将明式家具十六品包括：简练、淳朴、厚拙、凝重、雄伟、圆浑、沉穆、浓华、文绮、妍秀、劲挺、柔婉、空灵、玲珑、典雅、清新。明代家具在继承宋代家具传统的基础上推陈出新，不仅种类齐全，款式繁多，而且

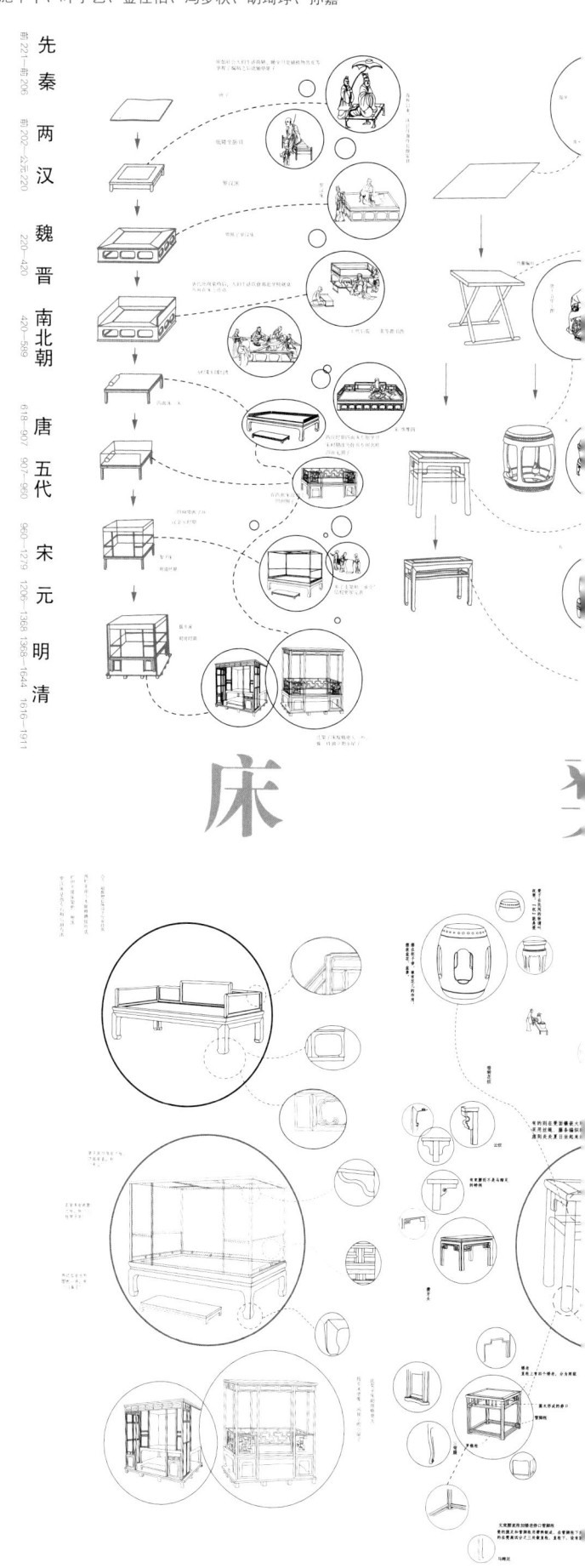

古代家具款式流变示意图

# 椅　　　桌　　　柜

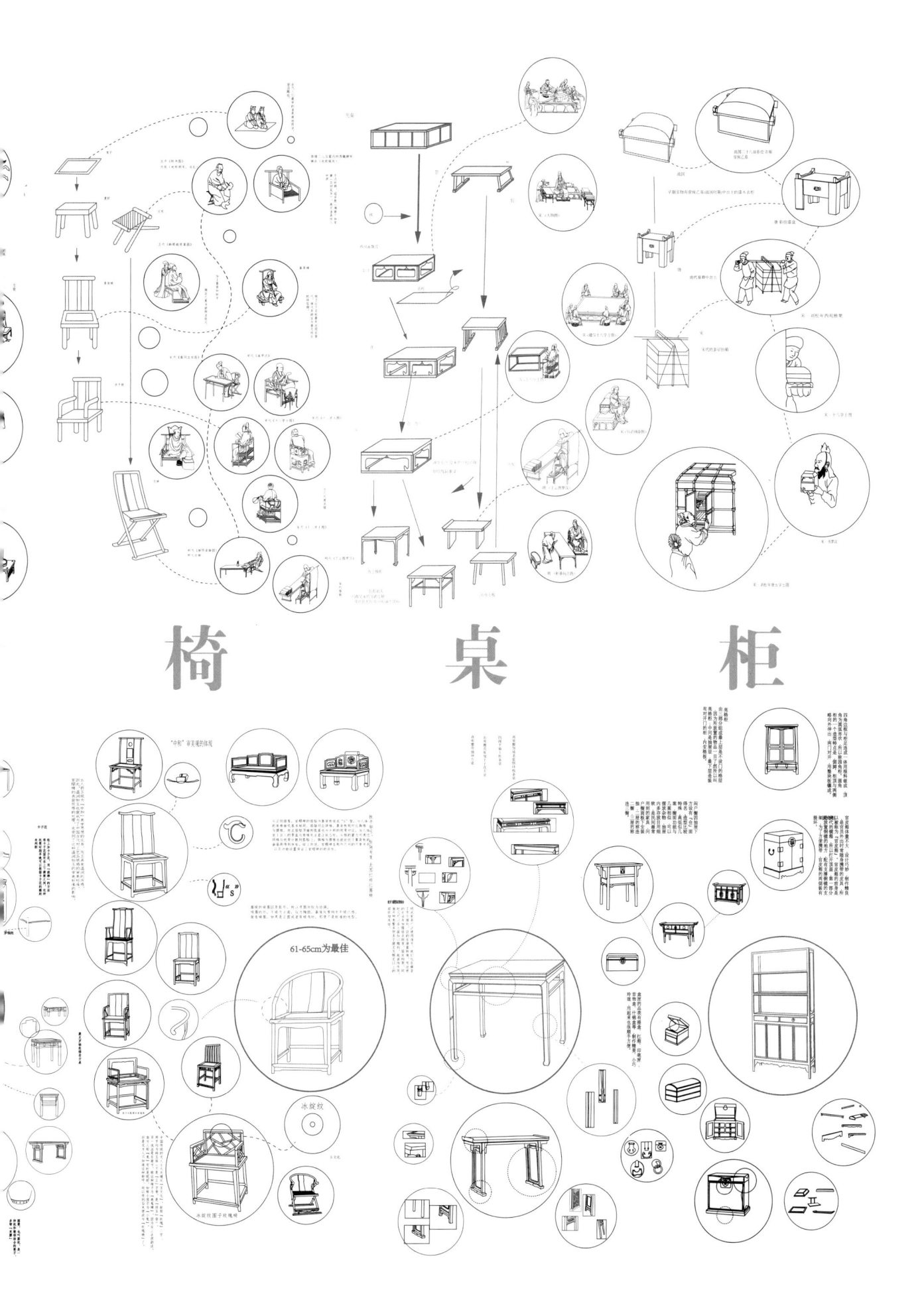

用材考究，造型朴实大方，制作严谨准确，结构合理规范，逐渐形成稳定、鲜明的明代家具风格，把中国古代家具推向顶峰时期。清代家具多结合厅堂、卧室、书斋等不同居室进行设计，分类详尽，功能明确。其主要特征是造型庄重、雕饰繁重、体量宽大、气度宏伟，脱离了宋、明以来家具秀丽实用的淳朴气质，形成了清代家具的风格。

课题组借助绘画、出土壁画、出版图录等图像资料，以及博物馆、个人收藏等实物的研究与测量，绘制了从先秦至明清的古代家具形制及流变图，以直观的视觉形式呈现初步的研究成果。

二、对南官帽椅的研究

南官帽椅主要由座面、扶手、搭脑与靠背板组成，当我们坐在官帽椅上时，重量从腿部和足部转移到臀部和股部，同时重量也分布到臂部和头部。从正侧面看，官帽椅的搭脑与靠背板组成"S"型，与人体的脊椎曲线基本相同，搭脑对应颈椎，靠背板则对应胸椎与腰椎，而且搭脑顶端的弧面也与头部的枕骨对应。当人体坐下且人的骨盆与脊椎失去直立状态时，头部的重力可通过颈椎与枕骨分散到搭脑上，胸椎与腰椎也能依托于靠背板的曲面而得到放松。南官帽椅的这一设计反映了人类肢体的形态特征与基本需求，各个构件以及它们之间的构成关系不仅充分反映了人类坐的行为需要，更体现了坐的舒适与健康。

当座椅的座高为 400mm 时，人体的活动度最高，疲劳感最强，如果高于或低于 400mm，活动度随之降低，舒适感随之增强。这张南官帽椅的座高为 520mm，座宽为 480mm，不易使腰部感到疲劳，前腿下截之间设踏脚板，缓解了活动度的不足；座宽符合了人体工程学大于等于 460mm 的标准，所以坐得舒适。

南官帽椅的靠背板与座面多呈直角关系，人只能正襟端坐，这样有利于养成良好坐姿。良好坐姿有益于精气神的凝聚和注意力的集中，还可达到预防颈、背痛的目的等；而且，良好的坐姿能使呼吸通畅，比较容易让浮躁的心情平静下来，它还能很好地体现人的精神风貌与内在气质。这些设计都符合现代人在坐得舒适、坐得健康等方面的要求。

三、研究中国古代传统家具的目的和意义

我国家具艺术历史悠久，有文字可考和形象可证的已有三千多年，是社会物质文化生活的一部分。随着人们起居形式的变化和历代工艺的发展，到明清时期，家具已发展为具有高

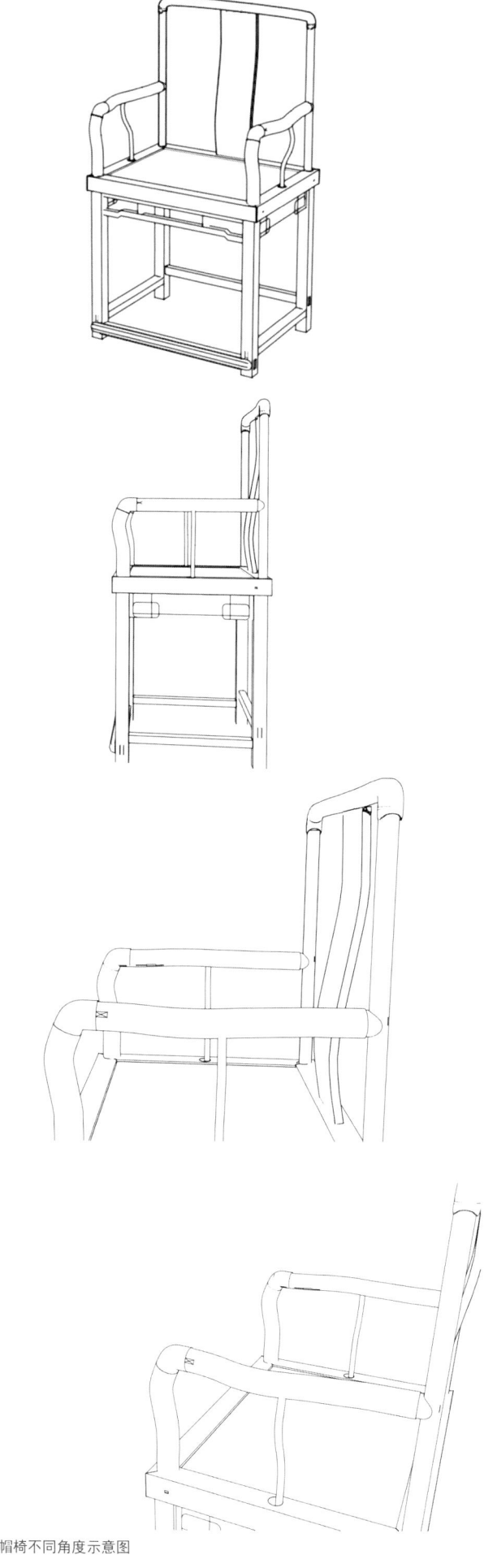

南官帽椅不同角度示意图

南官帽椅爆炸图

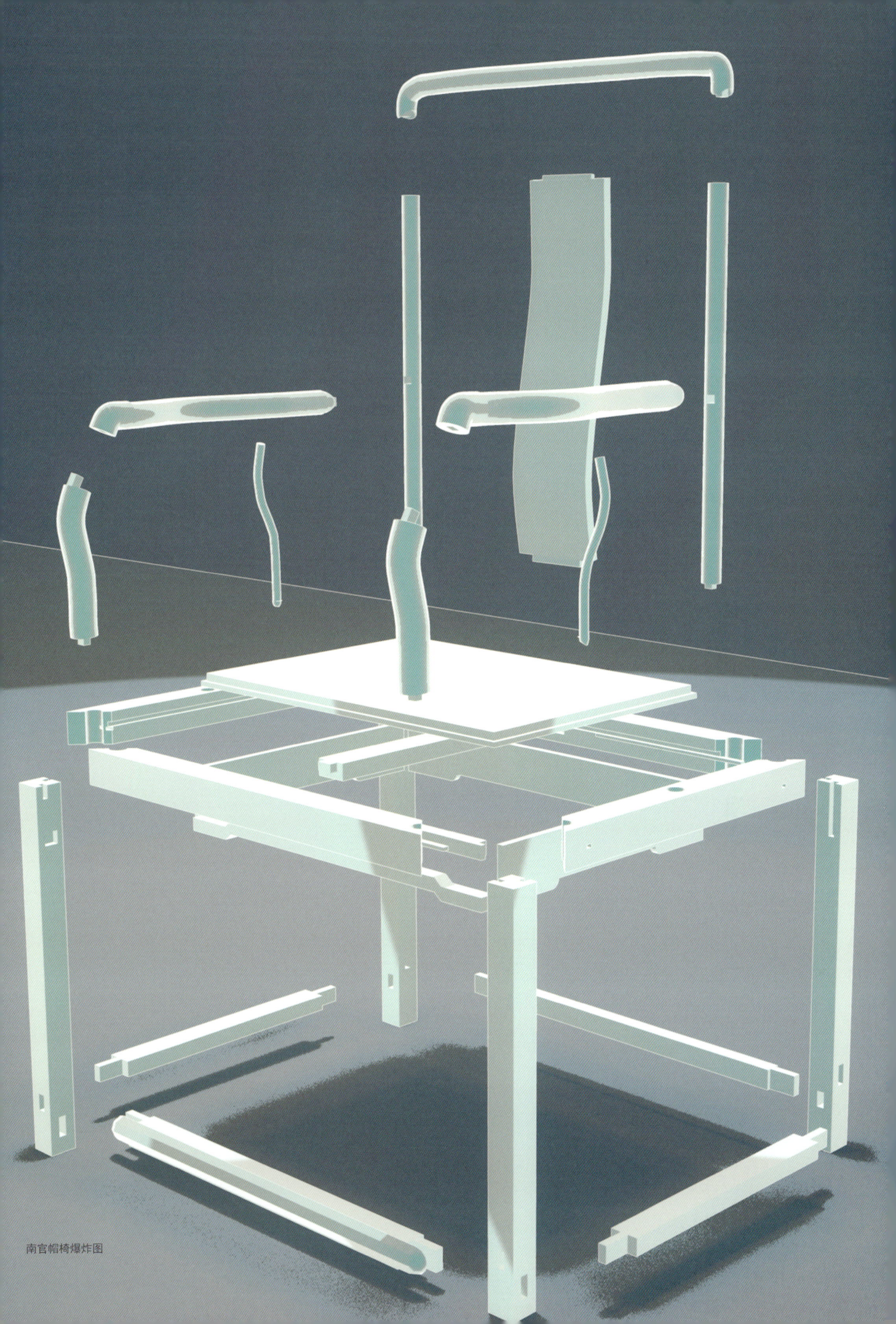

度科学性、艺术性及实用性的优秀生活器具。它在世界家具体系中独树一帜，象征一个国家和民族在经济、文化上的发展，反映着一个国家、民族的历史发展特点和文化传统。

家具作为一种器物，除了能满足人们的生活起居外，还具有丰富的文化内涵。如家具与建筑的关系，家具与人体形态的关系，家具与装饰艺术的关系，家具是多种艺术的综合体。家具的装饰题材，生动地反映了人们的审美情趣、思想观念、思维方式和风俗习惯。在家具的组合与使用方面，它始终与严格的传统礼制和尊卑等级观念紧密结合。我们今天研究中国古代家具的种类、造型、纹饰、材质的变化，深刻认识中国家具的发展过程、风俗习惯和社会形态，从而形成对中华民族传统文化的认识。

中国古代家具作为中华民族文化艺术发展的产物，我们今天研究、借鉴、总结前人为我们留下的宝贵遗产，目的在于继承和发扬中华民族的优秀文化传统，总结历史经验，更好地发展现代新型设计。这既是历史赋予我们的重大使命，也是我们宣传祖国历史文化知识，进行爱国主义教育的极好课题。

参考文献

[1] 佚名. 考工记[M]. 北京：中国戏剧出版社，1999.
[2] 王圻，王思义. 三才图会[M]. 上海：上海古籍出版社，1980.
[3] 故宫. 画中家具特展[M]. 国立故宫博物院.
[4] 朱家溍. 明清室内陈设[M]. 北京：紫禁城出版社，2014.
[5] 马未都. 坐具的文明[M]. 北京：紫禁城出版社，2009.
[6] 扬之水. 明式家具之前[M]. 上海：上海书店出版社，2011.
[7] 李宗山. 中国家具史图说[M]. 武汉：湖北美术出版社，2001.
[8] 王世襄. 明式家具研究[M]. 北京：生活·读书·新知三联书店，2008.
[9] 赵广超. 国家艺术——一章木椅[M]. 北京：生活·读书·新知 三联书店，2008.
[10] 古斯塔夫·艾克. 中国花梨家具图考[M]. 北京：地震出版社，1991.

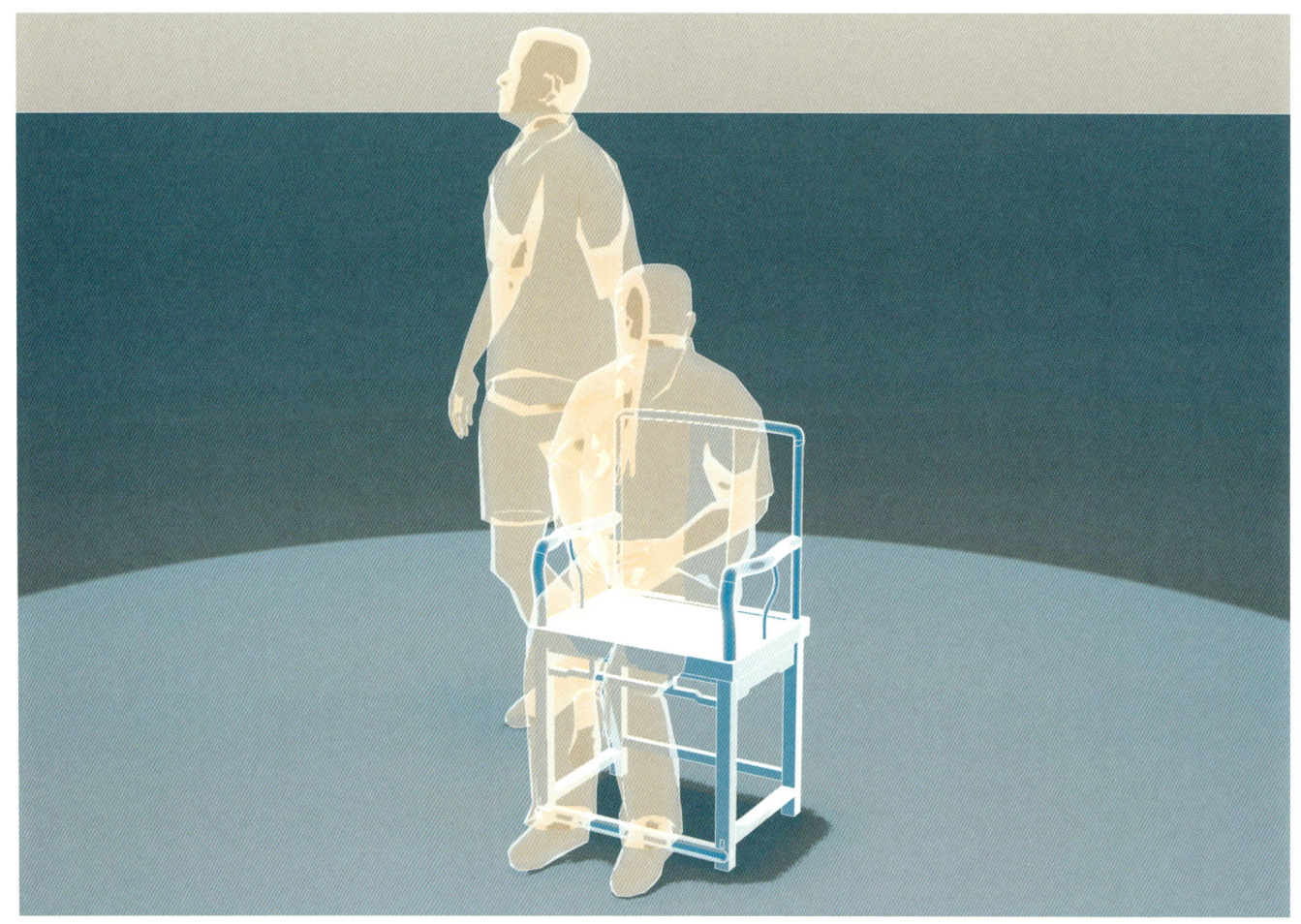

坐姿、站姿与官帽椅的比例图

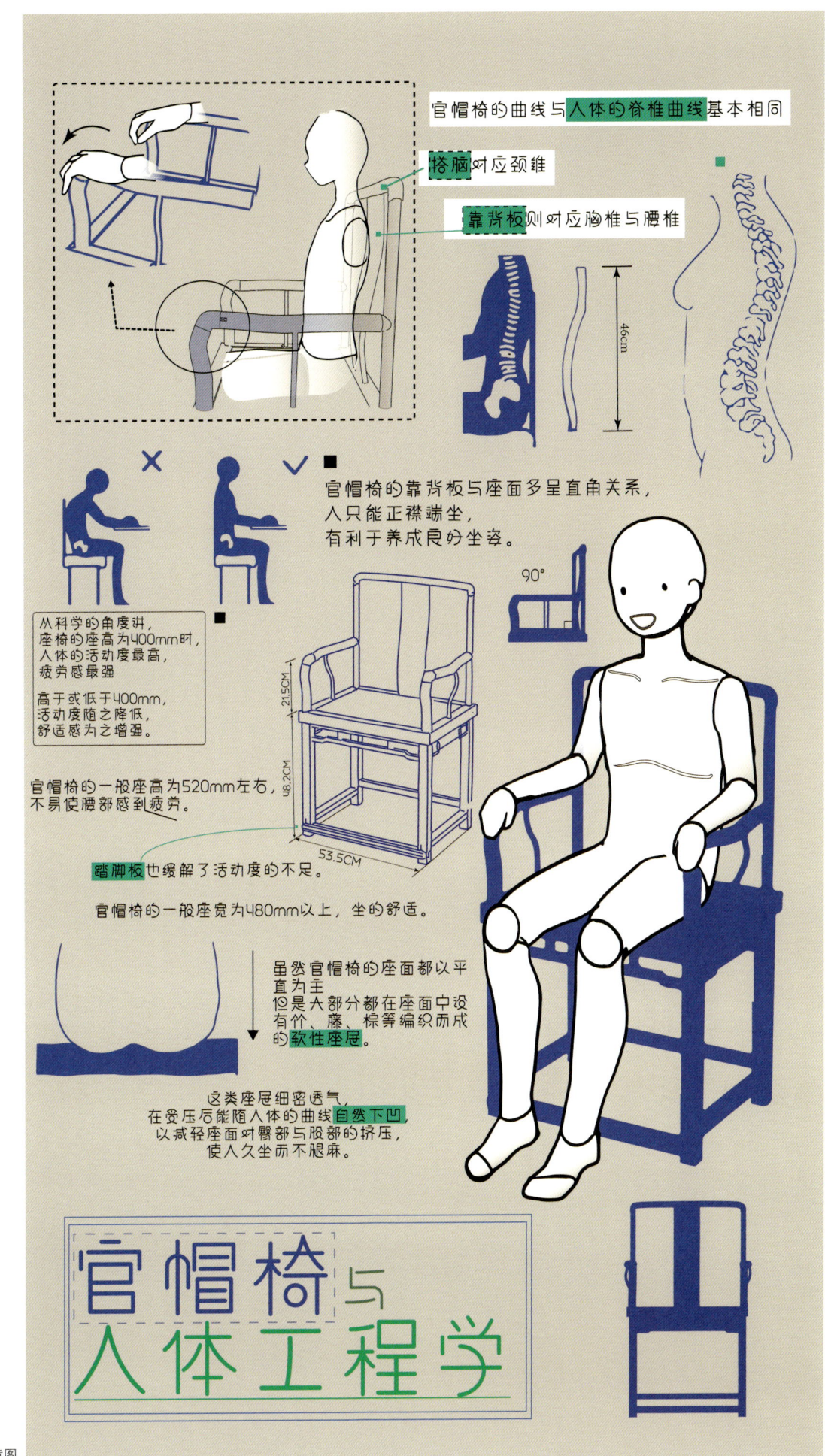

官帽椅的曲线与 人体的脊椎曲线 基本相同

搭脑 对应颈椎

靠背板 则对应胸椎与腰椎

46cm

官帽椅的靠背板与座面多呈直角关系，
人只能正襟端坐，
有利于养成良好坐姿。

90°

从科学的角度讲，
座椅的座高为400mm时，
人体的活动度最高，
疲劳感最强

高于或低于400mm，
活动度随之降低，
舒适感为之增强。

21.5CM
48.2CM
53.5CM

官帽椅的一般座高为520mm左右，
不易使腰部感到疲劳。

踏脚板 也缓解了活动度的不足。

官帽椅的一般座宽为480mm以上，坐的舒适。

虽然官帽椅的座面都以平直为主
但是大部分都在座面中设有竹、藤、棕等编织而成的 软性座屉。

这类座屉细密透气，
在受压后能随人体的曲线 自然下凹，
以减轻座面对臀部与股部的挤压，
使人久坐而不腿麻。

# 官帽椅与人体工程学

官帽椅与人体工程学示意图

各类木工工具

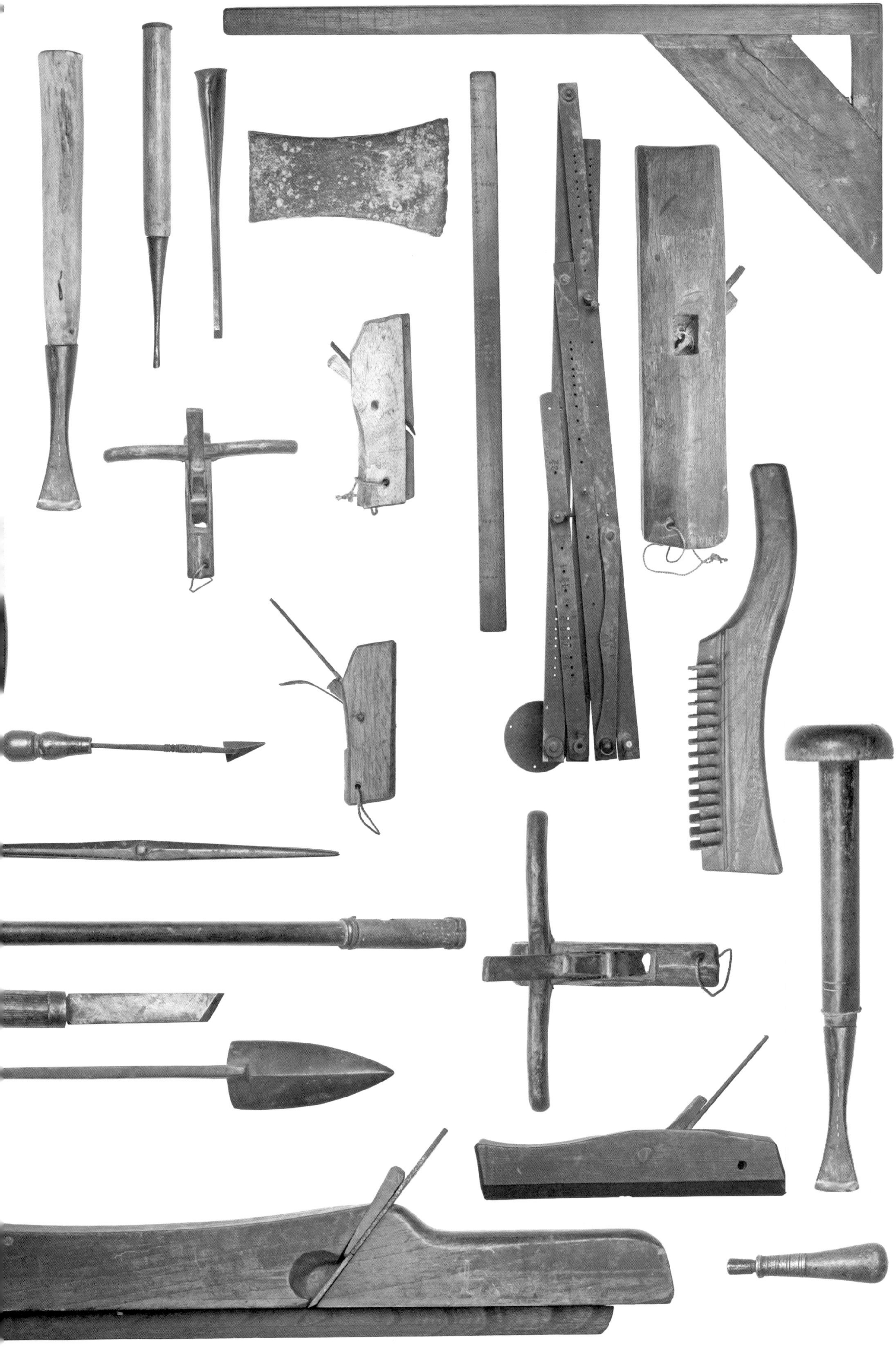

# 后 记

把器物看成一种社会性事物,这样的视角使我们的研究大大深入。它涵盖了太多环境、气候、物产、生活、生产、思想、制度、文化等信息。正因为此,器物与地方能如此紧密地关联在一起;也正因为此,才会有到"田野"中去亲历体验的要求。这可以帮助我们理解物与地方,以及二者在各式各样社会、历史结构中的关联方式。

米尔斯《社会学的想象力》中说:"任何社会研究,如果没有回到有关人生、历史以及两者在社会中的相互关联的问题,都不算完成了智识探索的旅程。"温克尔曼开启了由样式史与精神史切入的两种可能性:沃尔夫林与李格尔侧重于内在样式的自律发展法规;马尔与多维克嘉及瓦尔堡派图像志研究侧重于社会历史和时代精神。"二战"后更高阶段的发展,两种侧重有交融且更丰富,贡布里希汲取了格式塔心理学与精神分析法,潘诺夫斯基将深刻主题置入人文科学整体关系中,克拉克寻求超时代的造型精神。无论研究对象在东在西,发展阶段如何,研究方法都有向外他律与向内自律的倾向,即侧重探求器物的内在规律,或精神含义及社会文化背景。

田野考察作为与文化背景密切联系的地方性实践活动,是学生进行独立思考与细致观察的行为,并在此过程中增进自我理解,呈现自我体验。同学们用画面和文字进行表达,这些内容有可能徒具形式、单薄贫乏,但至少他们开始融入社会现实,学习直接观察,并从现象研究中关联信息,反映了阅读、交谈、学习、写作和创作之间的一个过程,开启大学一年级学生思想发展的旅程。

编　　委：佟　飚　郑端祥　李　沐　仇士杰　胡晓东　刘　莎
　　　　　周晓帆　刘晓东　张　越　方　勇　叶维亮　王乐其
　　　　　刘　曲　郑文昕　陈海燕　张建中　高　嵬　邬露蕾
　　　　　孙谷藏　徐跋骋　龚　啸　国启富　肖　雄

责任编辑：刘　炜
装帧设计：胡晓东
责任校对：杨轩飞
责任印制：张荣胜

图书在版编目（ＣＩＰ）数据

专业通识基础. 田野考察. 器具 / 胡晓东，邬露蕾编著. -- 杭州：中国美术学院出版社，2021.2（2024.7重印）
中国美术学院专业基础教学部新编系列教材
ISBN 978-7-5503-2442-8

Ⅰ.①专… Ⅱ.①胡… ②邬… Ⅲ.①通识教育－高等学校－教材 Ⅳ.①G40-012

中国版本图书馆CIP数据核字(2020)第210696号

## 专业通识基础——田野考察·器具

胡晓东　邬露蕾　编著

出 品 人：祝平凡
出版发行：中国美术学院出版社
地　　址：中国·杭州市南山路218号 / 邮政编码：310002
网　　址：http://www.caapress.com
经　　销：全国新华书店
印　　刷：浙江海虹彩色印务有限公司
版　　次：2021年2月第1版
印　　次：2024年7月第2次印刷
印　　张：9.75
开　　本：889mm×1194mm　1/16
字　　数：200千
印　　数：1001－2000
书　　号：ISBN 978-7-5503-2442-8
定　　价：78.00元